21世纪高等学校通识教育系列教材

http://www.wdp.com.cn

电子商务与电子政务

●主编 张李义

武汉大学出版社

图书在版编目(CIP)数据

电子商务与电子政务/张李义主编.—武汉：武汉大学出版社，2006.6(2016.3重印)
21世纪高等学校通识教育系列教材
ISBN 978-7-307-05020-4

Ⅰ.电… Ⅱ.张… Ⅲ.①电子商务—高等学校—教材 ②电子政务—高等学校—教材 Ⅳ.①F713.36 ②D035.1-39

中国版本图书馆CIP数据核字(2006)第040791号

责任编辑:严红 沈以智 责任校对:程小宜 版式设计:支 笛

出版发行：武汉大学出版社 (430072 武昌 珞珈山)
(电子邮件：cbs22@whu.edu.cn 网址：www.wdp.com.cn)
印刷:武汉珞珈山学苑印刷有限公司
开本：880×1230 1/32 印张:11.125 字数:292千字
版次:2006年6月第1版 2016年3月第6次印刷
ISBN 978-7-307-05020-4/F·982 定价:15.00元

21世纪
高等学校通识教育系列教材

内 容 提 要

本书共分为10章，分别介绍电子商务与电子政务的基本概念、电子商务基本模式、电子商务物流、电子支付、电子商务信息系统建设、电子商务环境建设以及电子政务建设等。

本书可以作为高等学校电子商务与电子政务方面的素质课程教材，也可以作信息化人员学习参考之用。

总序

顾海良

进入新世纪，中国高等教育发展形成的共识之一，就是要着力教育创新。教育创新共识的形成，是以对时代发展的新特点的理解为基础的，以对当今世界和我国教育发展的新趋势的分析为背景的，以实现中华民族的伟大复兴和社会主义教育事业发展的历史任务为目标的，深刻地反映了高等教育确立“以人为本”新理念的必然要求。

教育创新的首要之义就在于，教育要与经济社会发展的实际相结合，要与我国社会主义现代化建设对各类高层次人才培养的需要相适应，努力造就具有创造精神和实践能力的全面发展的人才。为了达到教育创新的这些要求，高等教育不仅要实行教育理论和理念的创新，而且还要深化教育教学改革，着力提高教育教学质量和水平。特别要注重学科与专业设置的调整和完善，形成有利于先进科学技术发展和提高国民经济发展水平的学科专业和教学内容；要注重人才培养结构的优化，形成既能适应现代化建设对各级各类高层次人才的需求，又能体现和反映高校优秀的办学特色、办学风格和办学传统的人才培养模式。教育教学创新的这些措施，必然提出怎样对传统意义上的以"学科"、"专业"为主体的教育教学结构进行整合，并使之与现代社会发展要求相适应的"通识"教育相兼容和相结合的重大问题。

高等教育人才培养模式中的"专"、"通"关系问题，并不是现在才提出来的。至于与"专业"教育相对应的"通识"教育的思想，出现得更早些。在亚里士多德那里，就有与"自由"教育相联系的"通识"教育的思想。这里所讲的"通识"教育，通常是指对学生普遍进行的共通的文化教育，使学生具有一定广度的知识和技能，使学生的人格与学识、理智与情感、身体与心理等各方面得到自由、和谐和全面的发展。

世界高等教育的发展曾经经历过时以"通识"教育为主、时以"专业"教育为主，或者两者并举、并立的发展时期。从高等教育发展历史来看，早期的高等教育似倚重于"通识"教育。随着经济、科技和社会分工的不断发展和进步，高等教育也相应地细分为不同学科、专业，分别培养不同领域的专业人才，"专业"教育的比重不断增大。20世纪中叶以来，经济的迅猛发展、科技的飞速进步、知识的不断交叉融合，使学科之间更新频率加快，高度分化和高度综合并存，"专才"与"通识"的需求同在。但是在总体上，"通识"似更多地受到重视。这是因为，新时代高等教育培养的人才，应该具有很强的应变能力和适应能力，应该具有更为宽厚的知识基础和相当广博的知识层面，应该具有更强的信息获取能力和多方面的交流能力。显然，仅仅依靠知识领域过窄的专业教育，是难以培养出这样的人才的。

我国大学本科教育专业一度划分过细，学生知识结构单一，素质教育薄弱，人才的社会适应性多有不足。随着国家经济体制改革的深入、产业结构调整步伐的加快和国民经济的飞速发展，国家和社会对人才需求的类型和结构发生了急剧变化，对人才的规格和质量的要求也不断提高，划分过细的专业教育易于造成人才供给的结构性短缺。经济全球化发展和我国加入WTO，对我国高等教育人才培养提出了更为严峻的课题，继续走划分过窄、过细的专业教育之路，就可能出现一方面人才短缺、另一方面就业困难的严峻局面，将严重阻碍我国经济社会的发展，也将使我国高等教育陷于困境。我国教育界的有识之士和国家教育主管部门，已经深切地认识到这种严峻的形势。教育部前几年就在多方征求意见的基础上，推出了经大幅度修订的新的本科专业目录，使本科专业种类调整得更为宽泛些。各高等学校也在进一步加大教学改革力度，研究和修订教学计划，改革教学内容，努力使专业壁垒渐趋弱化，基础知识教育得到强化。这些都将有利于学生拓宽知识面，涉猎不同学科和专业领域，增强适应能力，全面提高综合素质。

在高等教育“通”、“专”关系的处理上，教育创新提供了解决问题的根本方法。通过教育创新，一方面能构筑高水平的通识教育的平台，另一方面也能增强专业教育的适应性，目的就是做好“因材施教”，实现“学以致用”。在这一过程中，除了要解决好选人制度即招生制度创新和教师队伍建设创新外，还要注重教学内容、教学方式和方法，以及教材建设等方面的创新。武汉大学有着坚持教育教学改革的优良传统，在教学内容、教学方式和方法改革、教材建设等方面做出了很多有益的努力。学校投入大量的精力和经费加强名师、名课、名教材建设，其中通识教育指导选修课程建设得到全国许多高校教师的积极支持和高度赞赏。

近些年来，我们经过精心组织与策划，奉献给广大读者的这套通识教育系列教材，力图向大学生展示不同学科领域的普遍知识及新成果、新趋势或新信息，为大学生提供感受和理解不同学术领域和文化层面的基本知识、思想精髓、研究方法和理论体系，为大学生日后的长远学习提供广阔的视野。我们殷切地希望能有更多更好的通识教材面世，不仅要授学生以知识、育学生之能力，更要树学生之崇高理想、育学生之创新精神、立学生以民族振兴志向！

（作者系武汉大学党委书记、教授、博士生导师）

前 言

电子商务与电子政务既是信息技术发展的产物，也是经济和社会发展的必然趋势，近年来我国对电子商务与电子政务的重视程度越来越高，高等学校也在不断开设相关课程以满足学生学习的需要。武汉大学将“电子商务与电子政务”作为一门通识素质教育课程在全校范围内开设，经过两年来的实践，效果突出，本书就是在这种背景下编写的。

全书共分为10章。第1章介绍电子商务的基本概念；第2章介绍电子商务的应用模式；第3章讲述电子商务的信息系统建设；第4章介绍电子支付；第5章介绍电子商务安全；第6章讲述电子商务物流；第7章介绍电子商务环境；第8章介绍电子商务的应用；第9、10章介绍电子政务的基本概念与建设。

全书由张李义确定内容的选取、组织和定稿。张前磊、林琰、李凌春、李亚子、程敬文负责相关章节的编写工作。在本书编写过程中，得到了武汉大学教务部和武汉大学出版社的大力支持，在这里对他们表示深深的感谢。同时本书还参考了大量的国内外文献和网站资料，我们也对这些文献的作者、网站版权所有者表示真诚的感谢。

由于电子商务与电子政务的发展非常迅速，书中难免有数据陈旧和错误之处，欢迎广大读者批评指正。

目 录

第一章 电子商务概论

20世纪末，信息技术的飞速发展打开了一片新的空间，互联网投入商业化运营以后，电子商务应运而生并蓬勃发展，标志着一个崭新的商务时代的来临。电子商务正以其无可比拟的优势和不可逆转的趋势，改变着商务活动的运作模式，对企业的经营方式、支付手段和组织形式提出了强有力的挑战，并将给社会经济的各个方面带来根本性的变革。电子商务已经成为21世纪全球经济增长最快的领域之一，它所带来的发展机遇是人类历史上几百年才能遇到的。

本章将系统地介绍电子商务的发展、基本概念、特点与影响，以及电子商务发展的趋势。

第一节 电子商务的产生与发展

电子商务是20世纪90年代初兴起的一种崭新的企业经营模式，实现商务运作的无纸化、直接化和智能化。实际上，电子数据交换（EDI，Electronic Data Interchange）技术早在20世纪60～70年代就已经在商贸交易领域中获得了成功应用。如美国军方和运输部门用ANSIX1.2电子数据交换标准在网络上传递商务报文，1981年，欧共体就开始用GTDI标准在广域网上从事商贸交易活动。不过EDI系统对网络的要求比较高，应用的范围比较小。随着Internet的发展以及EDIFACT标准的出现，这一情况有了革命性的变化，电子商务开始迅猛地发展起来。

电子商务与传统的商务活动通信方式，如邮寄、传真或报纸、电台、电视台传播等相比，其内容和内涵发生了很大变化。电子商务的交互性使单向的通信变成了双向的、互动的通信，扩大了通道的功能；不仅能传递信息，还能用于支付和传递服务。另外，电子商务还能够为企业提供虚拟的全球性贸易环境，大大提高了商务活动的水平和服务质量。

一、电子商务产生和发展的条件

如果将EDI也作为电子商务的一种形式，电子商务的产生可以追溯到20世纪60年代，而兴起于20世纪90年代，其产生和发展的重要条件主要是：

(1) 资源合理配置。目前世界上的资源正在不断减少，这就要求对资源的合理配置；而在市场经济条件下，市场主体面临的约束，无论是搜集信息还是发布信息都要花费成本，占用资源。电子商务形式正可以在实现节约资源的条件下实现经济的增长。

(2) 计算机的广泛应用。近几十年来计算机的处理速度越来越快，处理能力越来越强，价格却越来越低，应用也越来越广泛，这为电子商务的应用提供了基础。同时，Internet的普及和成熟，使其成为全球通信与交易的媒体，全球上网用户呈几何级数增长，也为电子商务的发展提供了有利条件。

(3) 信用卡的普及应用。信用卡以其方便、快捷、安全等优点而成为人们消费支付的重要手段，并由此形成了完善的全球性信用卡计算机网络支付与结算系统，使“一卡在手、走遍全球”成为可能，同时也为电子商务中的网上支付提供了重要的手段。

(4) 电子安全交易协议的制定。1997年5月，由美国VISA和Master Card国际组织等联合制定的电子安全交易协议（SET，Secure Electronic Transfer Protocol），得到了广大厂商的认可和支持，为电子商务提供了一个可靠的安全交易环境。

(5) 政府的支持与推动。自1997年欧盟发布欧洲电子商务协议，美国随后发布《全球电子商务纲要》以后，电子商务受到世界各国政府的重视，许多国家的政府开始尝试“网上采购”，中国也在2004年通过了“电子签名法”并在2005年4月1日正式实施，这些都为电子商务的发展提供了有力的支持。

二、商务活动发展的历史

商务活动是在人类社会发展的历史进程中逐渐发展起来的，经历了易货交易、货币式交换、现代商业直到20世纪后期出现的电视、电话购物等阶段。

1. 易货交易

易货交易出现在原始社会末期，当时每个家庭不仅可以生产能够满足自己需要的产品，还出现了剩余的产品。由于出现了社会分工，使得每个家庭可以专心于某一项生产活动，然后用剩余产品去换取他们所需之物，这就是易货交易。例如，生产工具的家庭可将工具换取由生产农作物家庭所生产的农作物。

易货交易的使用范围很小，其特点是每一次都是独立的，交易双方在各自获得所需后，交易即告完成，再没有其他的联系；同时，在这些原始的交易中，无形的服务也开始兴起，例如，巫医通过施巫术或求神保佑来获得食品和工具。

2. 货币式交换

随着易货交易的不断发展，交易范围和交易数量越来越大，这种交易的局限性也越来越明显，于是一般等价物出现了。一般等价物是一种特殊的物品，交易的双方都使用该物品来换取所需物品。开始时，牲口、布、金属等都当过一般等价物；渐渐地，一般等价物固定在一些携带方便，又不易损坏的金银等贵重金属上，于是就出现了货币。

货币出现后，所有的物品交换就都通过货币来实现，社会也出现了简单分工，人们可以专门从事于某一种或几种产品的生产，然后通过货币来换取所需，但是还没有专门从事产品买卖的商家。

3. 现代商业

现代商业是在商业从生产中分离，社会出现了第三次分工以后开始的，这时商品交换的形式以货币—商品—货币的方式呈现，商业也成为一种专门从事交换的服务。商品的生产者和商品的使用者分离，而从事商品交换的服务者以服务获取价值。

在现代商业中，不论是在商品交换的前期、中期还是后期，交易的各方为了各自的利益，都要尽最大努力去获取关于商品交易的各种信息，于是信息流越来越重要。

现代商业的商品交易可以分为：柜台式售货、开架与自选、电视与电话购物以及最现代的电子购物。

(1) 柜台式售货。这是现代商业的一种传统交易方式，在这种方式中，售货员是顾客和商品之间的纽带，他（她）的服务态度和效率会影响到商品的销售。

柜台式售货也经历了一系列的发展过程，由最早的由售货员既销售商品又收款渐渐发展为售货与收款分离，售货员与收款员之间形成监督，直到采用先进的计算机收款方式。这种闭架的商品交易方式存在一种致命的缺点：顾客必须通过售货员来获取商品，顾客不能直接挑选商品。因此为了方便顾客以及更好的推销商品，开架和自选方式便出现了。

(2) 开架与自选。这是一种全敞开式的售货方式，顾客可以自己挑选商品，有选择和比较商品的权利，当顾客将自己所要购买的商品选好后，在出口处统一结算付款。售货员的任务主要是为顾客提供商品的咨询、监督顾客的购买行为、商品上架陈列。

开架与自选的特点在于：

- 便于顾客选购；
- 减少售货员，提高销售效率，减低销售成本；
- 可以充分利用交易场所；
- 顾客购物自由，可以任意选择自己喜欢的商品，并可以一次购买多种商品，节省时间。

开架和自选购物的最为典型的例子是超市，超市主要经营与人们生活密切相关的生活用品。

(3) 电视、电话购物。这是在20世纪末期出现的一种新型的商品交易方式，它利用电视媒体来宣传商品，介绍商品的详细功能和使用方法、商品的价格和购买方法。顾客通过电话来订货，商家送货上门或邮寄商品，为消费者提供了方便。这种商品交易方式减少了商品销售的中间费用，使商品的销售成本大大降低，给顾客带来了实惠和方便。例如，桶装水就是电话购物的一种典型例子。现在几乎在中国的每一家电视台都有电视购物的广告。

(4) 电子购物。Internet的发展使商家有了更加宽阔的市场，许多商家纷纷推出了自己的电子购物系统，并形成了顾客选择商品、订货、付款、送货等一条龙的电子购物过程，从而可以实现低成本扩张。于是出现了虚拟商店、电子银行、电子货币等一系列与互联网有关的商业名词。电子商务也因此成为商家要大力发展的新领域。

随着互联网的高速发展，电子商务显现了旺盛的生命力。在发达国家，电子商务的发展非常迅速，通过互联网进行交易已成为潮流。1996年全球互联网用户不足4000万，到2000年6月已经超过了4亿，2005年全球上网人数已达9.7亿。在我国，截到2005年12月31日，上网用户总数突破1亿，为1.11亿人，和上年同期相比增长18.4%。其中宽带上网的人数增长迅猛，首次超过了网民的一半，达到6430万人。我国网民数和宽带用户人数均位居世界第二①

三、全球电子商务的发展历程

---

① 数据来源：CNNIC2006年1月19日发布的第17次互联网用户调查报告。

1. 北美和欧洲电子商务的发展

20世纪60年代中期，美国国防部意识到通信和电脑在未来战争中的重要作用，先后安排了多个有关信息技术的科研项目，并于20世纪70年代中期开始建设实用网络。1991年，美国参议员戈尔向国会提交了“高性能计算机网络法案”的提案，获得国会批准。该提案第一次提出了“信息高速公路”的设想，使得网络建设引起了政府的高度重视。1978年，法国总统德斯坦要求财政部长诺拉制订一项有关“促进社会信息化的计划”，该报告向人们展示了未来信息革命的前景，即：通过远程信息处理的办法，将光纤、程控交换机、电脑和卫星等连接起来，构成一个能传播图像、声音及文字（即今天的多媒体）的综合信息处理网。从那以后，法国政府不断推进信息革命，每年投入巨款，改进落后的通信设备。到20世纪90年代初期，法国城市电话已全部实现数字化，在光纤通信宽频带传输系统方面，也走在世界各国的前列。

1998年9月4日，美国总统克林顿和爱尔兰总理荷内成为历史上第一对通过电子方式签署国际协议的国家领导人。他们在爱尔兰的都柏林通过数字签名技术，代表双方政府签署了一项旨在促进电子商务发展的联合声明，此举开创了数字化历史的新篇章。美国和爱尔兰签署的联合声明主要阐述了两国政府发展并促进电子商务的原则立场，即：电子商务在未来的交易中将发挥越来越重要的作用；承认电子签名在电子商务交易过程中具有充分的合法性；电子商务交易应当暂免征税。

随着信息技术的迅速发展，金融系统也进入电子化时代。这一浪潮使银行能快捷地为世界各地的客户提供电子金融服务。通过自动服务终端、自动柜员机等服务，顾客可以进行现金存取、转账、账户查询等活动，大大提高了银行的自动化水平。随着股票、证券、期货、保险等金融衍生业务的需求和发展，金融业成为电子商务领域发展的领头军，而银行提供电子支付服务的最终效果，则消除了电子商务得以全面应用和推广的“瓶颈”因素。20世纪90年代以来，许多银行、航空公司、连锁店及制造业已建立了供货方和客户间的电子通信和处理关系。这种方式加快了供货方处理速度，有助于实现最优化管理，使得操作更有效率，提高了对客户服务的质量。但早期的解决方式均建立在大量功能单一的软、硬件设施的基础上，使用价格昂贵，只有大型企业才能利用。此外，早期网络技术的局限性也限制了应用范围的扩大和水平的提高。而真正促使电子商务提到日程上的关键因素则是Internet技术的飞速发展。以通信和网络技术为支撑的Internet在环境、技术以及经济上都为电子商务创造了有利条件。作为全球上独一无二的最大网络，Internet在地域上包含了一百多个国家和地区、成千上万的子网，并拥有数以亿计的网民。同时，Internet又是一个发展最快的网络，资源每时每刻都在增加。无论对个人、企业还是一个国家，Internet之所以备受青睐，原因就在于它架起了一座通向外界的桥梁。

2. 我国电子商务的发展

我国电子商务发展过程可分为四个阶段：

(1) 1990～1993年，开展EDI的电子商务应用阶段

我国20世纪90年代开始开展EDI的电子商务应用，自1990年开始，国家将EDI列入“八五”国家科技攻关项目。1991年9月由国务院电子信息系统推广应用办公室牵头会同八个部委局发起成立“中国促进EDI应用协调小组”，同年10月成立“中国EDIFACT委员会”并参加亚洲EDIFACT理事会。

(2) 1993～1997年，政府领导组织开展“三金工程”阶段

1993年成立以国务院副总理为组长的国民经济信息化联席会议及其办公室，相继组织了金关、金卡、金税“三金工程”，并取得了重大进展。1994年10月“亚太地区电子商务研讨会”在北京召开，使电子商务概念开始在我国传播。1995年，中国互联网开始商业化。互联网公司开始兴起。1996年，金桥网正式开通。

1997年，国家信息化推进办公室组织有关部门起草编制我国信息化规划。1997年，广告主开始使用网络广告。1997年4月，

中国商品订货系统开始运行。

（3）1998 年开始进入互联网电子商务发展阶段

1998 年 3 月，我国第一笔互联网网上交易成功。1998 年 7 月，中国商品交易市场正式宣告成立，被称为“永不闭幕的广交会”。1998 年 10 月，国家经贸委与信息产业部联合宣布启动以电子贸易为主要内容的“金贸工程”。1998 年北京、上海等城市启动电子商务工程，开展电子商场、电子商厦及电子商城的试点，开展网上购物与网上交易，建立金融与非金融论证中心，以及制订有关的标准、法规，为开展电子商务打下基础。1999 年 3 月 8848 等 B2C 网站正式开通，网上购物进入实际应用阶段。

（4）2000 年，我国电子商务进入了快速发展阶段

电子商务服务商与传统商务企业结合开展电子商务，同时出现了一些较为成功和赢利的电子商务应用模式。由于基础设施等外部环境以及电子商务应用模式的进一步完善，现实市场对电子商务的需求也在不断成熟，电子商务软件和解决方案的“本土化”趋势不断加快，国内企业自主开发或着眼于国内应用的电子商务软件和解决方案逐渐在市场上占据主导地位。

第二节　电子商务的定义与内涵

电子商务（Electronic Commerce）即 e-Commerce，可以直观的理解为通过网络从事商务活动。随着对电子商务研究的不断深入和其应用领域的不断扩大，电子商务的概念和内涵正在扩充、完善和发展。

关于电子商务的定义，国际机构、政府、专家学者以及信息技术公司等从各自的理解，给出了不同的定义。

一、世界电子商务会议的定义

1997 年 11 月，在法国巴黎，国际商会举行了世界电子商务会

议。来自全球各个地区的商业界、法律界和信息技术界的政府代表和专家，共同探讨了电子商务的概念问题。会议提出了较为权威的电子商务定义：电子商务是指对整个贸易活动实现电子化。从涵盖范围方面可以定义为，交易各方以电子交易方式而不是通过当面交换或直接面谈方式进行的任何形式的商业交易；从技术方面可以定义为，电子商务是一种多技术的集成，包括交换数据（如电子数据交换、电子邮件）、获得数据（共享数据库、电子公告牌）以及自动捕获数据（条形码）等。

二、欧洲议会关于“电子商务欧洲动议”的定义

电子商务是通过电子方式进行的商务活动。它通过电子方式处理和传递数据，包括文本、声音和图像。它涉及许多方面的活动，包括货物电子贸易和服务、在线数据传递、电子资金划拨、电子证券交易、电子货运单证、商业拍卖、合作设计和工程、在线资料、公共产品获得等。它包括了产品（如消费品、专门设备）和服务（如信息服务、金融和法律服务）、传统活动（如健身、教育）和新型活动（如虚拟购物、虚拟训练）。

三、IT业界的定义

IBM公司将电子业务（e-Business）分为三个部分：企业内部网、企业外部网、电子商务，强调在网络环境下的商业应用。认为电子商务是指采用数字化电子方式进行商务数据交换和开展商务业务的活动。它是在Internet的广泛联系与传统信息技术系统的丰富资源相互结合的背景下应运而生的一种相互关联的动态商务活动，这种活动是在Internet上展开的。网络计算是电子商务的基础；Internet、Intranet和Extranet是电子商务的三种基本模式。

HP公司认为：电子商务是通过电子化手段来完成商业贸易活动的一种方式，它能够使用户以电子交易为手段完成商品和服务等的交换，是商家和客户之间的纽带，从售前服务到售后支持的各个

环节均实现电子化、自动化。电子商务是电子化世界的重要组成部分，它能够使我们以电子交易手段完成物品和服务等价值的交换。

SUN公司认为：电子商务就是指利用Internet网络进行的商务交易，在技术上强调Java、电子商务的企业和跨企业应用。

四、专家学者的定义

1. 部分国外专家学者认为

(1) 电子商务不仅与互联网络有关，它还应包括从了解在线产品、电子交易到在线客户服务与支持等许多内容。

(2) 在计算机系统和客户的计算机之间，通过一系列的交互式处理，查阅商品信息、订货和联机结算。

(3) 用计算机网络将买方和卖方的信息、产品和服务联系起来，通过改善产品和服务质量、提高服务传递速度，满足政府组织、厂商和消费者降低成本的需求。

还有些专家学者认为，电子商务应该仅限于基于电脑和网络的交易；电子商务有两个要素，一是利用信息科技，二是用来赚钱；把以电子方式取得并处理全部信息的电子交易和网上交易划清界限。

2. 我国专家学者认为

(1) 从广义上讲，电子商务是电子工具在商务活动中的应用；狭义上讲，电子商务是在技术和经济高度发达的现代社会里，掌握信息技术和商务规则的人，系统化运用电子工具，高效率、低成本地从事以商品交换为中心的各种活动的总称。

(2) 在计算机与通讯网络基础上，利用电子工具实现商业交换和行政作业的全过程。

(3) 电子商务是各参与方之间以电子方式而不是以物理交换或直接物理接触方式完成的任何形式的业务交易。

(4) 所谓电子商务就是指利用网络计算，用商务管理系统来实现企业资源优化组合，高度灵活的安排生产和业务流程管理，并通过 Internet 将销售商与其客户紧密地联系在一起。

(5) 电子商务是指买卖双方之间利用计算机网络（主要是指 Internet 网络），按照一定的标准所进行的各类商贸活动。这里的“买卖双方”、“利用计算机网络”、“按照一定的标准”和“进行商贸活动”都具有丰富的含义。

以上列举了一些从不同角度对电子商务所作的定义，这些定义各不相同，但都有共同点：①使用互联网；②从事商业活动；③涉及商家和顾客。实际上，电子商务的外延要大得多，像远程教育、网上招生也在某种程度上属于电子商务的范畴。

现阶段，电子商务的主要活动是指涉及商品交换活动的买卖双方以及所对应的参与方企业、消费者以及政府管理机构、金融业等业务领域，甚至包括新闻媒体、文化教育等行业的活动。随着电子商务的不断发展，可能还会涉及人类活动的多个领域。电子技术主要指基于计算机和网络的技术，特别是 Internet 互联网络。电子商务的发展，还会引发许多新的业务形式和新的行业业态；引发出许多新的问题和解决方法，特别是需要制定新的法律、法规和约束机制以及新的业务规则，建立相应的社会环境和基础设施环境，电子商务的发展对人们的工作和生活方式将产生深远的影响。

电子商务的这些定义反映了不同的定义者对电子商务的不同理解。其中，在对电子商务手段的理解上，概念较广的电子商务包括一切使用电子手段进行的商业活动。从这个意义上讲，现在已经十分普及的电话购物、电视购物以及超级市场中使用的售货终端机都可以归入电子商务的范畴，但大多数定义还是将电子商务限制在使用计算机网络进行的商业活动，因为只有在计算机网络，特别是因特网普及的今天，才使得电子商务得以在真正意义上实现。另外，上述定义对网上进行的商务活动范围大小的理解也不同，狭义的理解认为电子商务只是指在网上进行的交易，而广义的理解则认为电子商务应包含在网上进行的全部商业活动，包括市场分析、客户联系、物资调配、内部管理、公司间合作等。一般来说，对网上商务活动进行广义的理解是更合适的，因为电子商务的发展会涉及对整个商业活动的各个方面和各个环节进行重新整合，它对商业活动的影响是全方位的。

综上所述，可以认为，从宏观上讲，电子商务是计算机网络的第二次革命，是通过电子手段建立一个新的经济秩序，它不仅涉及电子技术和商业交易本身，而且涉及诸如金融、税务、教育等社会其他层面；从微观角度说，电子商务是指各种具有商业活动能力的实体（生产企业，商贸企业、金融机构、政府机构、个人消费者等）利用网络和先进的数字化传媒技术进行的各项商业贸易活动。这里要强调两点：一是活动要有商业背景；二是网络化和数字化。

第三节 电子商务的内容与模型

一、电子商务的内容

一般认为，完整的电子商务的内容由四个方面组成，即：前提条件，人的知识和技能，系列化、系统化的电子工具以及以商品交易为中心的各种商务活动。

1. 电子商务的前提

人类社会发展的总趋势是由技术经济的低级状态向着高级状态转变。历史上出现的各种技术把人类社会的物质文明提高到了一个相当高的程度。但是，这些技术发明和创造主要针对开发和利用自然界的物质，而自然界的物质，许多是不可再生的，例如石油资源。而以计算机为代表的电子信息技术的发明创造和利用，则主要针对人的知识获取、智力延伸，它是对自然界信息和人类社会信息进行采集、储存、加工、处理、分发、传输的工具。在这些技术的帮助下，人类可以更好地继承前人的经验、教训和智慧，大大扩充人类的知识，走出一条内涵式、集约化发展的物质、文化之路。所以，当今社会技术的代表应当是电子信息技术，它是开发和利用信息资源（充分共享、再生、组合，产生新的信息）的有效工具。

信息技术的广泛应用已经渗透到了人类社会的各个领域。在发达国家，信息化的程度很高，如美国的信息产业（包括硬件产业、软件产业和信息服务业）占美国经济 GNP 的 60％以上，已经步入信息社会。我国也正在奋起直追，在国家工业化的同时向信息化迈进，实现跳跃式发展，加速实现国民经济信息化。所以，强调电子商务的前提条件既体现了客观历史条件的作用，又可以提醒人们不能停滞在信息化的初级阶段，不能总是落后于发达国家，而应该积极创造条件,推进我国的信息化进程,为电子商务的开展铺平道路。

2. 电子商务的核心是人

第一，电子商务是一个社会系统，社会系统的中心必然是人。第二，商务系统实际上是由围绕商品交易的各方面代表和各方面利益的人所组成的关系网。第三，在电子商务活动中，虽然我们充分强调工具的作用，但归根结底起关键作用的仍然是人，因为工具的发明、制造、应用和效果的实现都是靠人来完成的。所以，我们必须强调人在电子商务中的决定性作用。也正因为人是电子商务的主宰者，所以，我们有必要考察什么样的人才是合格的。很显然，电子商务是信息现代化与商务的有机结合，所以，能够掌握运用电子商务理论与技术的人必然是掌握现代信息技术，掌握现代商贸理论与实务的复合型人才。一个国家、一个地区能否培养出大批这样的复合型人才，就成为该国、该地区发展电子商务的关键因素。

3. 系列化、系统化、高效的电子工具

虽然从广义来讲，凡应用电子工具，如电报、电话、传真等从事商务活动的，都可称为电子商务，但是，我们现在研究的狭义的电子商务，即具有高效率、低成本、高效益的电子商务，必须依靠能跟上信息时代发展步伐的系列化、系统化的电子工具。从系列化讲，我们强调的电子工具应该是包括商品需求咨询、商品订货、商品买卖、商品配送、货款结算、商品售后服务等，伴随商品生产、流通、分配、交换、消费甚至再生产的全过程的电子工具。如：电视、电话、电报、电传、计算机、电子订货系统（EOS)、POS系统等。从系统化讲，商品的需求、生产、交换是一个有机整体，构成一个大系统，同时，还可以将政府对商品的生产和交换引入该系统，能够达到此目的的电子工具包括：局域网（LAN)、城市网(CAN）和广域网（WAN)。这些网络将通信网、计算机网和信息网相结合，实现纵横相连、反应灵敏、安全可靠的电子商务网络。

4．以商品交换为中心的各种经济事务活动

从社会再生产发展的环节看，在生产、流通、分配、交换、消费这个链条中，发展变化最快、最活跃的就是中间环节的流通、分配和交换。这些中间环节，我们又可以把它们看成是以商品交换为中心来展开的。即：商品的生产主要是为了交换，围绕交换必然产生流通、分配等活动，因此，以商品交易为中心的各种经济商务活动可以统称为商务活动。通过电子商务，我们可以大幅度地减少不必要的商品流动、物资流动、人员流动和货币流动，减少商品经济的盲目性，减少有限物质资源、能源资源的消耗和浪费。

二、电子商务的模型

1．电子商务的概念模型

电子商务的概念模型是对现实世界中电子商务活动的一般抽象描述。它由电子商务实体、电子市场、交易事务和信息流、资金流、物流等基本要素构成。

在电子商务概念模型中，电子商务实体（简称为EC实体）是指能够从事电子商务活动的客观对象，它可以是企业、银行、商店、政府机构、科研教育机构和个人等。电子市场是指EC实体从事商品和服务交换的场所，它由各种各样的商务活动参与者，利用各种通信装置，通过网络连接成一个统一的经济整体。交易事务是指EC实体之间所从事的具体的商务活动的内容，例如询价、报价、转账支付、广告宣传、商品运输等。

电子商务的任何一笔交易包含三种基本的“流”：物流、资金流和信息流。其中物流主要是指商品和服务的配送和传输渠道，对于大多数商品和服务来说，物流可能仍然经由传统的经销渠道，然而对有些商品和服务来说，可以直接以网络传输的方式进行配送。如各种电子出版物、信息咨询服务、商品价格信息等。资金流主要是指资金的转移过程，包括付款、转账、兑换等过程。信息流既包括商品信息的提供、促销行销、技术支持、售后服务等内容，也包括诸如询价单、报价单、付款通知单、转账通知单等商业贸易单证，还包括交易方的支付能力、支付信誉、中介信誉等。

对于每个 EC 实体来说，它所面对的是一个电子市场，通过电子市场来选择交易的内容和对象。因此，电子商务的概念模型可以抽象地描述为每个 EC 实体和电子市场之间的交易事务关系，如图 1-1 所示。

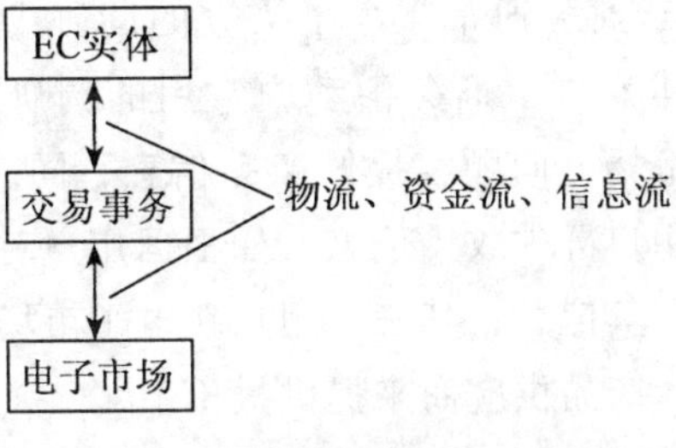

图 1-1　电子商务的概念模型

2. 电子商务的交换模型

所有的商业交易都需要语义确切的信息处理，以减少买方和卖方之间的不确定性因素；这些不确定性因素包括交易产品的质量问题，是否有第三方对委托进行担保以及如何解决纠纷等。

从商品交换的基本过程和这个过程中的一些不确定性因素出发，可以概括出一个电子商务的基本交换模型，如图 1-2 所示。

在电子商务的交换模型中，通信和计算技术成为整个交易过程的基础，同传统的贸易活动相比，电子商务所依赖的贸易基本处

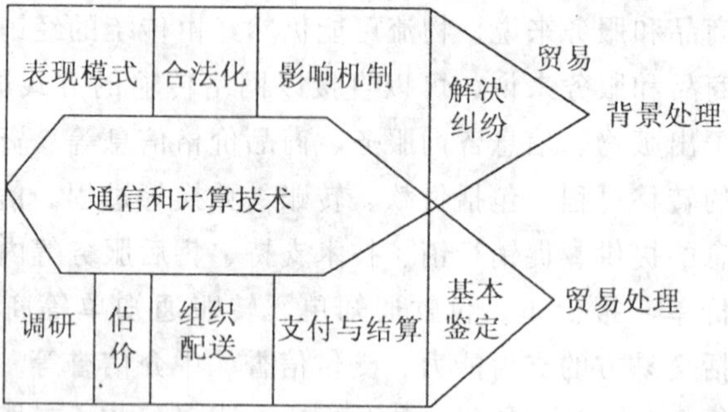

图 1-2 电子商务的交换模型

理过程并没有改变，只是完成这些过程的方式和媒介发生了变化。

(1) 贸易基本处理过程

① 调研。电子商务通常减少了买方的调研成本，而相对增加了卖方的调研成本。电子商务活动中常用的调研方式有三种：其一，卖方在电子市场上向顾客提供产品信息，同时收集顾客偏好。其二，从特定的用户群中收集信息，如根据用户对某类产品的偏好决定己方产品的买卖信息；其三，用户在电子市场上传播他们对产品的需求信息，让产品供应商来提供报价。

② 估价。任何贸易都离不开估价过程，在传统交易模型中，通常由卖方提供一个非协商价格，然后逐渐降价，直到有人来买。而在电子商务交易模型中，商品和服务的定价过程对顾客更为透明。网络交易环境下良好的用户交互性、价格低廉的通信基础设施以及智能软件代理技术，为用户提供了各种不同的动态价格搜索机制，甚至可以为用户提供实时性要求很高的价格搜索，如拍卖活动中的拍卖报价。

③ 产品的组织、配送。在任何商业模型中，产品的组织和配送都是一个重要问题，电子商务在这方面为企业提供了一些新的商机。例如，销售商根据库存信息及时方便地同供应商取得联系，调

整库存，以减少不必要的库存开支；供应商必须建立更灵活、更方便的生产系统和产品交付系统，以便能够为更多的零售商服务。信息和软件经营商利用 Internet 来交付产品或者进行软件升级，但是目前这种方式的使用范围还很有限。

④ 支付和结算。电子商务的支付和结算采用电子化的工具和手段进行，从而替代了以往贸易模型中的纸质单证。

⑤ 鉴定。这主要包括检验产品的质量、价格，确认贸易伙伴的仲裁机构，监督贸易伙伴是否严格遵守贸易条款的内容。电子商务给个别机制带来了挑战，例如，如何检验一家设立在 Internet 上的电子商店是合法的，如何确保自己所购买的商品的质量等。

(2) 贸易背景处理

① 表现形式。表现形式决定了企业如何向买方表达产品的信息和贸易协议。EDI 已经形成了一些企业与企业之间或者不同的行业和部门之间传递报文的文字化模板，但是对于范围更广的电子商务，尤其是对基于 Internet 的电子商务来说，还需要更为严格的、更为专业化的、统一的标准。

② 合法化。它决定了在电子商务环境里，如何声明一项贸易协议才算是有效的。它关系到在电子环境中如何立法才能保证贸易活动的顺利开展。

③ 影响机制。影响机制能够刺激交易双方履行义务，以减少交易双方的风险。声誉影响是一种常用的影响机制，大多数企业总是希望保持自己的声誉。然而，电子商务却向声誉影响的作用提出了挑战，因为在网络环境下，个别用户甚至个人都可以随意地利用这种影响机制来影响一个企业的声誉，而且，他们所产生的影响并不一定客观公正。

④ 解决纠纷。解决纠纷的手段主要有直接谈判、诉诸法律等。传统的纠纷解决机制和纠纷所带来的影响是局部的，而在电子商务环境下，尤其是 Internet 环境下，纠纷的解决将是世界范围的，其影响范围也很广泛。

总之，电子商务在商品交易链中所起的作用是实现了交易链的扁平化，一方面它减少了交易中间商的存在，缩短了商品流通领域卖方和最终消费者的距离，使得以前可能要经过多个分销流程才能到达最终用户手中的商品，现在只需很少的中间环节或者根本不需中间环节就能到达。另一方面，这种交易链的缩短并不意味着为完成一笔交易所需的参与者会减少，事实上，在方便、快捷地完成一笔交易的背后，是一些庞大的机构和复杂的机器在运作。以支付系统为例，只要使用过信用卡的人都明白，在 ATM 机前进行一个简单的刷卡动作，只是 1 秒钟的事，而就在这 1 秒钟内，信息已经从 ATM 机到信用卡授权清算中心再到 ATM 机传递了一个来回。电子商务的支付过程很类似于信用卡的支付过程，只是由于网络的特殊性使得这种支付需要有特殊的中介机构来保证，于是出现了电子证书、授权认证中心，以及为协调纠纷而设立的仲裁机构。这一切意味着交易链在时间上的缩短是以一个庞大复杂的中介机构群为后盾的，中介机构能否良好运转，将直接关系到电子商务的成败。

三、电子商务的主要参与者

企业是电子商务的最主要的推动者和受益者，消费者作为经济活动的不可缺少的一环也必然要介入到电子商务的环境中，它们的角色比较容易定义，也比较容易理解。政府作为现代经济生活的调控者，在电子商务环境中应该起什么样的作用，这是各国政府广泛关注的问题。

美国政府在其《全球电子商务政策框架》一文中，详细阐述了美国政府在处理电子商务方面的几个一般原则：

① 私营企业应起主导作用。

② 政府应当避免对电子商务不恰当的限制。

③ 在政府需参与时，其目的应当是支持和加强一个可预测的、最简单的和前后一致的商业法制环境。

④ 政府应当认识 Internet 的独特之处。

⑤ 应当是在国际范围内 Internet 上的电子商务。

当然，美国的自由经济体制决定了它可以采取这种政府尽可能放开的策略，其他国家是无法也没有必要照搬的。中国的体制决定了电子商务必须在政府引导和控制下进行，那么政府该把精力主要放在哪里呢？这是一个需要深思的问题。

电子商务实施过程中还有一个重要参与者——中介机构，中介机构在一定程度上决定了电子商务的成败。理解中介机构对加深电子商务的理解是十分有益的。电子商务环境中的中介机构是指为完成一笔交易，在买方和卖方之间起桥梁作用的各种经济代理实体。大部分的金融与服务行业，如银行、保险公司、信用卡公司、基金组织、风险投资公司等都是中介机构，其他的如经纪人、代理人、仲裁机构等也都是中介机构。

大致来说，中介机构可以分为三类：一类是为商品所有权的转移过程（即支付机制）服务的，如金融机构；另一类是提供电子商务软、硬件服务和通信服务的各种厂商，如 IBM、HP、微软等；还有一类如 Yahoo、Alta Vista、Infoseek 这样的提供信息搜索的信息服务增值商。表 1-1 详细列出了电子商务环境中的各种中介机构。

表 1-1　**电子商务环境中的中介机构**

中介机构	定义及代表
设备提供商	服务器、客户端、路由器、网卡
网络接入服务	邮电部、东方网景、长城宽带
支付服务	VISA、MasterCard、受理电子货币的银行
网页设计及咨询	帮助用户建立站点，并收取一定费用的公司
网页服务	Yahoo、Infoseek、Alta Vista
市场咨询服务	消费者调查、购买指南

四、电子商务的基本形式

根据不同的标准可以对电子商务进行不同的分类，其中最常见的是按电子商务的参与者分类。按照这一标准，电子商务可分为5类，如图1-3所示，即：

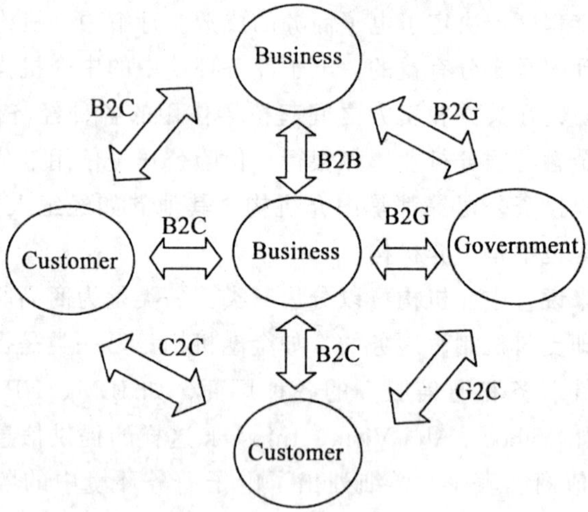

图1-3 按照参与者分类的电子商务模式

- 企业对消费者（B2C）
- 企业对企业（B2B）
- 企业对政府机构（B2G）
- 消费者对政府机构（C2G）
- 消费者对消费者（C2C）

1. 企业—企业（B2B）

通过互联网，打破企业间界限，企业间的合作将如企业内部各部门的合作一样便利。

- 通过互联网，增加市场机会；
- 通过互联网，扩大选择范围；

● 通过互联网，实现高效合作。

B2B电子商务形式的一个最为简单的例子就是使用互联网来订购货品，包括发订单、接收发票和付款，这类电子商务已经有几年的历史了，也是一种较早出现的电子商务模式。

2. 企业—消费者（B2C）

互联网为企业提供了一种与顾客直接沟通的廉价工具，通过互联网，企业可以：

● 降低企业与顾客之间的“寻找成本”；
● 直接与顾客交流，实时了解顾客需求；
● 在网站上为顾客提供丰富的产品及服务信息；
● 分析、跟踪顾客需求，为顾客提供个性化信息；
● 帮助顾客订制产品；
● 建立“呼叫中心”，为顾客提供多种网上、网下联系手段。

顾客可以：

● 方便的检索信息；
● 选择性地接收信息，订制个性化信息；
● 便利地发布信息，提出自己的个性化需求。

3. 企业—政府机构（B2G）

企业对政府机构的电子商务可以覆盖公司与政府机构之间的许多事务，如目前我国有些地方政府已经推行的网上采购、网上企业注册、年检等。

4. 消费者—政府机构（C2G）

消费者对政府机构的电子商务包括社会福利费发放和自我估税以及个人税收的征收等。

5. 消费者—消费者（C2C）

主要指网上二手货的交易。

目前就规模来说，企业对消费者、企业对企业的电子商务占绝对优势。

第四节　电子商务的作用和功能

电子商务有许多现实或潜在的优点，可使企业的经营活动更为经济、简便、高效、可靠，更好地满足消费者需求；也可以提高整个国民经济的运行效率和效益，提高社会生活质量。

一、电子商务的基本作用

1. 节约社会劳动和经济资源

电子商务使以销定产更为简便易行，可以更密切地衔接商品生产和消费。减少盲目生产和库存积压，从而节约社会劳动和经济资源。企业通过电脑网络展示自己产品的质量、性能、价格、售前售后服务及付款条件等，客户各取所需，发出订单，企业生产部门根据电脑网络传递的订购信息及时安排或调整生产规模和品种，从而实现小批量、多品种、零库存、即时制造和交货的理想模式，适应现代社会消费潮流。

2. 节省时间

现代经济生活日趋复杂紧张，工作节奏加快，时间就是金钱，时间就是市场，时间成为第一竞争要素。与此同时，业务人员的劳动强度提高，精神高度紧张，但是生理的局限使工作效率的提高受到一定限制，也难以避免工作中的差错。电子商务设施不但可以大大提高交易速度，加快订单处理和货款结算支付，节省宝贵的时间，而且可以减少人为的疏忽，一些计算机程序甚至能发现业务人员输入的错误信息而提出警告或自动予以纠正，避免可能发生的损失和浪费。通过计算机管理和电子数据交换使贸易过程标准化，减少销售和结算过程中的延迟和错误，这对严格要求单证一致的信用证结算贸易业务显得尤为重要。

3. 加快科技知识传播，促进知识经济的发展

因特网和电子商务环境为科技知识传播提供了快捷、高效的手

段，为教育的发展创造了新的捷径。电子商务发展会直接带动信息产业的发展，而信息产业又是知识经济的核心和主要推动力，因此，电子商务的发展也必将直接或间接地推动知识经济的更快发展。

4. 弱化地理限制，合理配置社会资源

信息传递方便快捷，通信费用大大降低，电脑互联网络把企业间距离似乎突然缩短了，与外地的伙伴开展生产协作和发展贸易关系变得较为容易。此时企业选择合作伙伴将更重视技术的匹配，经济资源的互补而不是距离远近。许多原来由于地理限制或市场信息限制而不能出现的合作现在成为可能，可以更合理地利用全部社会资源。电子商务环境所提供的大量、及时、准确的市场信息，有利于企业领导人做出正确的投资决策，减少企业开发新产品、更新老产品的盲目性；高效率的电子销售渠道可以缩短企业投资回收周期，推动技术进步和产品升级换代。电子商务的发展会使企业投资更为活跃，更为合理，优化经济资源配置，使整个国民经济效率更高。

5. 促进社会分工和新行业的产生

在电子商务条件下，原来的业务模型发生了变化，许多不同类型业务过程由原来的集中管理变为分散管理，社会分工逐步变细，因而产生了大量新兴行业，以配合电子商务的顺利运转。比如，由于商业企业的销售方式和最终消费者的购买方式的转变，使得送货上门等业务成为一项极为重要的服务业务，配送服务公司应运而生。市场的存在必然导致新行业的出现，如配送中心这类具备相当规模的专门从事送货业务的行业等，从而也创造了更多的就业机会。同时，电子商务、互联网本身的发展也需要新型电子产品、新兴服务业与之匹配，这将促进社会分工深化，提高劳动生产率，繁荣国民经济。

二、电子商务的功能

电子商务可以提供网上交易和管理等全过程的服务，因此，它具有广告宣传、咨询洽谈、网上订购、网上支付、电子账户、服务传递、意见征询、业务管理等各项功能。

1. 网上订购

电子商务可借助电子邮件或WWW的交互性传送实现网上的订购。企业可以在产品介绍的页面提供友好的订购提示信息和订购交互格式框，当客户填完订购单后，通常系统会回复确认来保证订购信息收悉和处理。

2. 服务传递

对于已付款客户，应将其订购的货物尽快传递到他们的手中。若有些货物在本地，有些货物在异地，电子邮件和其他电子工具可以在网络中进行物流的调配。而适合在网上直接传递的信息产品，如软件、电子读物、信息服务等，则可以直接从电子仓库发送到用户端。

3. 咨询洽谈

电子商务可借助非实时的电子邮件、新闻组或实时的讨论组来了解市场和商品信息，洽谈交易事务，如有进一步的需求，还可用网上的白板会议来交流有关图形信息。网上的咨询和洽谈能降低交易成本，而且能够避免人们面对面洽谈所受的一些局限。网络能提供多种方便的异地交谈形式，如三地、四地参加的多方洽谈。

4. 网上支付

电子商务要成为一个完整的过程，网上支付是重要的环节。客户和商家之间可采用多种支付方式，保证交易的可靠性，节省费用，加快资金周转。网上支付需要更可靠的信息传输安全性控制，以防止诈骗、窃听、冒用等非法行为。网上支付必须要有电子金融中介的支持，如网络银行、信用卡公司等提供可网上操作的金融服务。

5. 广告宣传

电子商务可凭借企业的 Web 服务器，在 Internet 上发布各类商业信息，利用网页或电子邮件在全球范围内做广告宣传；客户也可借助网上的检索工具迅速地找到所需商品信息，与以往的各类广告方式相比，网上广告成本最为低廉，给顾客的信息量却相当丰富。

6. 意见征询

电子商务能十分方便地采用网页上的"选择"、"填空"等格式文件来收集用户对销售商品或服务的反馈意见，使企业的市场运营能形成一个快速有效的信息回路。客户的反馈意见不仅能提高售后服务的水平，更能使企业获得改进产品的宝贵信息，发现新的商业机会。

7. 业务管理

企业或政府机构的业务管理包括人、财、物等多个方面，涉及与相关部门和单位、个人的复杂关系，如企业和企业、企业和消费者及企业内部等各方面的协调和管理。电子商务技术为提高各项业务管理的效率创造了重要的基础条件。

三、电子商务对各经济层面的影响

电子商务作为信息时代的一种新的商贸形式，不仅对商务的运作过程和方法产生了巨大的影响，实际上带来了一场革命，其影响将远远超出商务本身，将对社会的生产和管理、人们的生活和就业、政府职能、法律制度以及文化教育的各个领域都带来巨大的影响，并且从多方面改变着人类的观念、思维和相互交往方式。在电子商务的环境下，企业的商品生产从以前的小品种大批量变为多品种少批量；消费者对商品的需求从大众化变为个性化；商品的表现形式从单一的实物形式变为兼有实物和文化信息的形式；企业的营销手段从单纯商业手段增加了高技术手段；企业的竞争范围从区域性扩大到全球性竞争。电子商务正把人类带入崭新的信息社会。

1. 电子商务对企业的影响

随着信息技术的发展，电子商务的引入将对企业内部的管理机制带来很大的影响。企业的内部管理以往处于人工处理信息阶段和初级的管理信息系统（MIS）阶段。在手工处理信息阶段，企业信息处理的工作量大、工作效率低、速度慢、出错率高、资源浪费严重；并且外部信息处理基本处于自发和分散的无管理状态，商品从生产厂家到消费者之间存在批发商、零售商等独立环节，企业根本不能与消费者之间直接沟通。在初级的管理信息系统阶段，计算机完成对企业内部的信息处理和管理，包括事务处理、生产管理、财务管理、库存管理。各个子系统在数据共享的基础上协调工作，使企业内部的工作形成一个有机的整体，大大提高了工作效率，减少了差错和浪费。但企业与外界仍然缺乏联系，因为企业之间的MIS是相互独立的，企业和消费者之间也无法直接联系。在整个供应链中的信息传递基本还是靠人工来完成的，存在延迟和错误，使企业与整个市场运行总是出现一定程度的脱节。电子商务促成企业建立高级的管理信息系统，在信息技术高度发展的基础上，以贯通全球的 Internet 为信息传输通道；以 WWW 为工具，使用一切电子化的手段将贸易过程中的各方连接到一起，在一个广泛的领域中建立了从消费者到企业以及整个贸易过程中所有相关角色之间的协同组合，把生产、推销、广告、消费、洽谈、成交、支付、税收等所有过程都集中在一个完善的电子商务系统之中。企业会从层次的指令控制结构转向基于信息的扁平管理结构，企业内部的信息交流、管理职能、工作群体的结构都将发生变化。原来简单信息传递的供应链将发展为功能集成或扩展的供应链，管理着连接客户、生产商、供应商、销售商甚至竞争对手的网络。

电子商务的发展，可以使企业营销信息成本大幅度下降，使企业的库存量和库存积压大幅度减少。电子商务对交易过程带来的影响是要求企业在客户浏览和订购商品、发送购货单、接受票据和更新数据、接收支付、订购商品的送货和客户的意见反馈等全过程进行跟踪服务。对于企业来讲，电子商务改变了企业的经营方式。当企业建立了自己的电子商务系统，就会发现自己面对的是全世界的客户。客户将在网上与供货方联系，利用网络进行结算和支付服务。企业可以方便地与政府部门以及竞争对手进行联系。这种网上联系会使企业经营方式从各个角度发生变化。

2. 电子商务对消费者的影响

过去一提到购物，就会联想到去商场搜寻自己想要的商品，人声嘈杂，费时费力，如今在计算机屏幕上就可以看见店面货架，不仅能浏览、购买有形产品，更能试听、试用、购买数字产品，还可以获得在线服务，如咨询、安排旅游行程、远程医疗诊断等。

电子商务对消费者最明显的影响莫过于消费者在网络上直接面对所有的相关商家，使得他们能最大限度地进行比较和挑选，大大提高了他们的购买效率。通过网络和浏览器，消费者可以足不出户看遍全世界。网上搜索功能可方便地带顾客货比多家，身临其境地浏览各类产品，可以购买书籍、食品、电视机等实物商品，也能买到信息、录像、录音、数据库、软件等知识产品，还能获得如安排旅游、网上诊疗和远程教育等服务商品。消费者将能以十分轻松自由的自我服务方式完成交易，从而使消费者对服务的满意程度大为提高。

3. 电子商务对金融机构的影响

在电子商务的结构系统中，银行是重要和必不可少的角色，银行负责贸易活动的结算，甚至还要负责商家与消费者相互的认证问题。电子商务对银行带来的影响主要有：

(1) 对安全性的要求提高。电子商务交易要求银行采用更坚实的技术和政策手段为贸易提供可以依赖的电子化资金收付机制。银行应该能够给顾客和厂商的网上交易创造一种安全环境，使它们不担心收付风险，保护厂商免受欺诈或赖账损失，同时顾客也不必担心自己的信用卡号会在网上被窃取盗用，消费者个人隐私和个人信息不会泄漏。

（2）与支付有关的系统集成问题。在信息化进程中，银行业一直是新技术应用最广、最先进的行业之一。大多数的银行拥有自己建立在专用网上的业务系统，并且业务模型和流程都已相当成熟。但在电子商务条件下，银行需要将企业已有的软件和硬件环境与贸易环节中其他部门进行衔接和集成。例如，在B2B方式下银行原来的信用证结算方式并没有大的变化，但在技术上需要通过专用的软件和技术支付集成到企业之间的贸易环节中去，使企业只需考虑它们之间的交易而不用去考虑与结算和支付相关的细节。而在B2C的贸易中，银行原来通过信用卡、支票等方式进行支付的手段也仍然可行，但要移植到因特网上，使个人的支付实现电子化。这就需要银行把个人的支付连接到企业的网上商店中去，这一移植在技术上有很高要求。

4. 电子商务对政府机构的影响

一方面，政府对电子商务的支持态度将直接影响电子商务的发展；另一方面，电子商务的发展一定程度上影响政府机构的发展。具体表现在：

（1）政府机构的业务转型。电子商务的发展使一些相关的政府部门因为其职能需要而作为贸易过程的一个环节加入到电子商务当中来，政府部门在这个加入过程中存在着相应的业务转型。

（2）政府的政策导向。电子商务是面向全世界的，一切商务活动均发生在因特网上，其结果必然带来贸易环境的开放。一个国家要发展电子商务，必须坚持执行开放政策，在对外开放和保护民族工业之间存在一定的矛盾，如何保持平衡，趋利避害，需要国家采取合理的政策措施予以引导。

（3）政府机构担任CA。电子商务中十分重要的技术就是安全和信任机制。因为网上的交易使双方都无法确认对方的身份，而这一问题一方面需要通过技术手段来解决，同时也需要一个权威机构负责其中的仲裁和信誉保证。这一角色可以由政府出面或由政府指定相关机构来担当，这就是所谓的认证中心（Certificate Authority)。认证中心必须具有一定的权威性和市场中立性，而政府机构恰好具有这种特性和能力。

第五节 电子商务中所涉及的技术

本节主要介绍电子商务的系统框架及其关键技术，并讨论电子商务技术的理论方法及应用研究的重要领域，包括基本框架、人机交互、企业与渠道的集成、基于 Web 的搜索与商业发展策略，以及谈判、契约和代理的理论与技术的研究。

一、电子商务系统框架

电子商务的系统结构如图 1-4 所示。

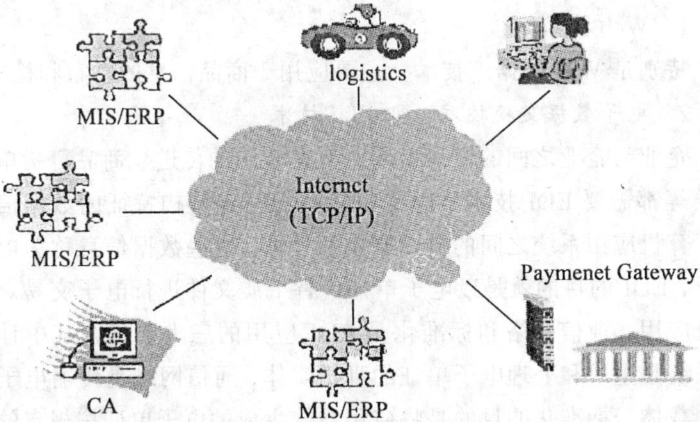

图 1-4 电子商务基本框架

由图 1-4 可以看出，Internet 是电子商务活动的载体，买卖双方通过中间的认证机构在 Internet 上进行交易。完成一次交易活动主要包括以下内容：①客户在 Internet 上浏览各商家的网页，查询自己所需要物品；②客户通过 Internet 向商家发送购货通知单；③

商家收到购货通知单后，向客户发送允许购货通知单；并将购货通知单传送到相应银行，银行对此进行解密和认证；④商家获得银行认证客户所持电子信用卡有效性证书；⑤银行批准商家交易并进行电子签字；⑥客户利用电子钱包付款；⑦商家向客户提供货物和电子收据，并从银行获取款项，交易完成。由于电子商务活动是在Internet上进行的，所以整个交易过程会在很短的时间内完成，因此就会大大节约交易费用，但同时也要注意到其中可能发生的问题。

二、电子商务的关键技术

电子商务系统是一个综合系统，它综合了计算机技术、网络通信技术、金融信息处理技术等，电子商务系统主要包括以下关键技术：

1. Web技术

特别是Web数据库技术，主要应用于商品信息的发布和检索。

2. 电子数据交换技术，即EDI技术

企业与企业之间的交易谈判、交易合同的传送、商品订货单的传送等都需要EDI技术。EDI是指具有一定结构特征的数据信息在计算机应用系统之间的自动交换和处理，这些数据信息称为电子单证，EDI的目的就是以电子单证代替纸质文件进行电子交易。计算机应用、通信网络和标准化是EDI应用的三大要素，其中计算机系统是生成和处理电子单证的真正实体，通信网络是传输电子单证的载体，标准化的目的是将应用系统生成的电子单证按规定的格式进行以适应计算机应用系统之间的传输、识别和处理。

3. 在线支付技术

在线支付技术主要解决付款方式。电子货币支付是任何一个电子商务交易活动的必要环节，也是所有环节中最易受到攻击和破坏的环节。因此应该研究如何安全而可靠地实现这一环节，降低这一过程的风险，以便电子商务的广泛推广。它包括电子支票、信用

卡、智能卡的使用管理以及电子资金的转账、银行资金清算等。

4. 信息安全技术

这是实现电子商务系统的关键技术，其中包括防火墙技术、信息加密与解密技术、数字签名技术等。目前，Internet 上电子商务的安全性主要有两方面：一是交易安全，包括加密、授权认证、信息一致性等；二是站点安全，包括 Web 站点不受侵害等。交易安全的解决方案主要是公开密钥技术（Public Key）、数字签名技术等。VISA 和 MasterCard 于 1997 年 6 月领导并发布的安全电子交易协议（SET），已得到广泛应用，SET 标准实际上已经成为业界安全交易的标准。

5. 电子商务系统的数据一致性、跨平台性及 Java 技术

由于电子商务环境具有高度的分布性、自治性，有可能产生 HTML 主页与数据库中的数据不一致的问题，需要研究定时刷新 Web 视图的方式，以保证数据的一致性。电子商务应用要求一个随处可用的、开放的结构和在不同的平台之间低成本地传递信息的方式，Java 可以满足上述要求。Java 平台由 Java 虚拟机和 Java 应用编程接口（API）构成。Java 应用编程接口为 Java 应用提供了一个独立于操作系统的标准接口。现在 Java 平台已经嵌入了几乎所有的操作系统，这样 Java 程序可以只编译一次就可在各种系统中运行。Java 语言的优良特性使得 Java 应用具有很强的健壮性和可靠性，这也减少了应用系统的维护费用。Java 对对象技术的全面支持和 Java 平台内嵌的 API 能缩短应用系统的开发时间并降低成本。Java 技术中的 Java Beans 是一个开放的、标准的组件体系结构，它独立于平台，使用 Java 语言，Java Bean 还为 Java 带来了可移植性。

6. 计算机虚拟现实技术

虚拟电子商厦的建立、虚拟顾客的商品浏览、商品的展示等都要用到计算机虚拟现实技术。使用虚拟现实技术设计的人机智能交互系统能够丰富顾客网上购物经验，并使顾客感到有趣。

三、电子商务技术的理论方法及应用研究

1. 基本框架的研究

由于电子商务包括很多不同的子领域，因此确定电子商务活动发生的内部结构非常有用。通常认为电子商务包括三个子领域：①企业与消费者之间的接口，包括电子商店、产品市场、信息检索、娱乐和顾客服务活动；②企业与其渠道伙伴（如供应商、经销商、零售商）之间的联系，包括购买、订货单、后勤、协调和存货补充；③企业内部的协作，主要是支持团体的活动以及各部门的活动。这些电子商务活动可以概括为两个层次：企业层和渠道/客户接口层。在企业层，Web 技术用于内部的协调和集中，它主要研究：管理全局的网络组织，管理核心的过程，如通过 Web 的产品实现，通过电子网络来连接生产商和供应商，大规模地用户化，商业过程协调和基于 Web 的商业策略的发展。在渠道和客户接口层，Web 改变工业和市场结构，电子商务技术可被用作数字链来连接和管理市场中价值增值过程的所有方面。电子银行、数字产品的定价等与商业和技术相关的问题，以及与客户行为相关的在线购物、安全、虚拟企业、公司间的协作、供应链管理和战略伙伴关系问题只是其中的一部分问题。

电子商务的研究范围很广，包括很多方面。以下我们结合商业模式和技术发展，讨论电子商务技术研究的四个主要领域，即：①人机交互；②企业和渠道集成；③基于 Web 的搜索与商业发展策略研究；④谈判、契约和代理的理论与技术研究。

2. 人机交互

人们普遍认为，由于受到网络通信方式的限制，人和计算机如何通过与网络的交互作用来访问信息仍然是电子商务应用的最大障碍之一。人机智能交互研究领域与创造更多的简单自然、有效的人机接口方式有关，可以通过多媒体显示方便人机之间进行信息交换。增强人机接口的一个例子是将虚拟现实与 3 D 图像以及声音相

结合，其他实现人机智能交互的可能方法包括自然语言理解能力或者计算机通过人的语音和手势来获取控制信号等。在这一领域内开发的技术和工具对于人们利用计算机进行商业交易是非常有用的。

3. 企业与渠道的集成

日益增长的通过电子网络协调的专门网络结构组织将取代传统的层次结构组织。由于其灵活性，这些网络组织可以快速地被配置或重新配置，网络也为通过 Intranet 协调工作流程、管理文档和增强团体工作提供了新的方式，其中内部过程的协调、客户机/服务器计算和防火墙的设计是非常重要的。

由于 Internet 和 Intranet 使用的增加将提供空前数量的信息，筛选所有的数据并将注意力只集中在那些最有用的数据上显得非常重要。数据挖掘指的是在巨大数量的全体数据（通常指的是与当前操作的数据相对的数据仓库中的归档数据）中筛选数据，以给公司提供一些有竞争优势的核心数据的过程。研究的问题包括：为了更有效地搜索，怎样最好地组织企业数据仓库中的数据，怎样开发有效的数据挖掘工具（软件）。

由于数据挖掘对“感知”市场和消费者的需求非常有用，企业必须能够直接使用数据挖掘的结果，以便更好、更及时地做出决策。通过数据挖掘技术与不断增强的数据收集和通信功能相结合，可以形成一个快速调度的企业级“感知和反应”系统。分析结果将引起必要的产品和过程的决策。一方面，这要求数据挖掘和信息检索操作完全集成；另一方面，需要很好协作的供应链网络。一个公司开发一个全球互连的商业网络和相关的工具以及管理部件的能力将决定该公司的竞争力。基于 Web 的搜索引擎和软件代理可以用来帮助信息的查找、收集和存档。

4. 基于 Web 的搜索与商业发展策略研究

现在的全球信息基础结构给很多工业组织带来了新的变革。由于 Web 给市场和销售提供了新的渠道，在经济的价值增值过程中可以需要更少的中间环节，而这样的一个延迟作用可能会在工业组织中发生。同时，一个新的虚拟价值链将出现，这种基于信息的经济将会得到发展。确定数字产品，如电子出版物、视频点播、软件和信息服务等的价格将需要新的商业模式。这些在 Internet 上销售的产品与传统商品相比，在市场的动态性、对价格的敏感性、顾客的理解、经济的规模和范围、竞争条件和成本结构等方面是显著不同的。例如，这些数字产品可以被描述为在市场中具有“渐增的利润率”（即一种商品卖得越多，那么它的利润率越高），而不是被越来越多的传统商品所证实的“渐减的利润率”的行为(即当一种商品卖得越多，由于渐增的竞争力，其利润率将开始降低)。实践经验还表明，在发展新的电子市场和数字产品中理解消费者行为是很重要的。

现在工业组织中的另外一个主要的变革是信息技术使内部组织的协作不断增加，电子网络连接供应商、制造商、分销商和零售商，为渠道伙伴提供了信息共享的基础，促进了商品流通，降低了成本。直接与渠道伙伴（也就是供应商和分销商）通信，将极大地促进商业过程实施质量和响应的快捷性。Web 技术能够用来重新制订所需要的内部组织协作的商业过程。应用的例子有：订单、材料来源、购买、管理交易以及服务。

Web 搜索代替了物理市场中的目录服务和信息检索过程。与物理搜索相比，电子商务中搜索活动的效率是很高的，其原因在于采用的技术是为单个查询提供过滤、提炼和聚焦结果。更重要的效率收益来自使用计算机带来的一些特性：①具有多种特性的产品或一批产品或产品组合的搜索；②涉及多个买主和卖主的搜索；③逆向搜索，等同于个性化营销；④多媒体查询；⑤基于代理的搜索，包括相关反馈、迭代搜索、多代理搜索、持续搜索和触发。这些构成了搜索算法和系统结构方面的主要研究领域。

5. 谈判、契约和代理的理论与技术研究

电子商务系统通常是基于分布式环境，需要研究其模型、商品的快速搜索技术以及运用分布式计算提高电子商务系统的可移植性、可扩展性和系统间互通性中的关键理论、技术和方法。目前的电子商务交易模式主要有“固定价格”和“拍卖”两种形式，可以讨价还价的“谈判式”交易模式及其核心技术，如知识表述、谈判代理等是其重要的研究内容。在搜索过程完成之后、买卖双方交易之前，他们必须就交换的项目及条款达成一致，这些可能包括产品规格、价格和服务条款。在标准化工业品占主导地位和价格公开的物理市场中，深思熟虑的谈判仅限于诸如房屋、汽车、拍卖、个人或专业服务等高价值项目。在数字经济中，一些因素，如产品的定制化趋势、交易成本的降低、生产商和消费者不断增长的交互作用、空间距离的消失等，对基于讨价还价的单对单市场交易提供了有力的支持。其结果是，谈判和契约履行机制的研究成为重要的研究领域，并具有科学和经济意义。

电子商务中实施谈判协议的主要进展在自动化谈判容易应用的领域中进行，这包括在线拍卖和联盟形成。在履行契约方面，确保安全和不可抵赖性的技术和商务的实践日益受到重视。在大多数电子商务中常应用代理技术，如在搜索、谈判和各种自动化过程中。电子商务中定制的、实时的交互在没有软件代理的支持时常常是费用很高的。

由于移动电子商务将成为电子商务一种新的和更重要的商务方式，需要探索和研究运用智能代理和移动互联网技术在移动电子商务中为客户提供高效、柔性的个性化服务中的关键理论和方法，以改进网络资源的利用率和交易完整性。

第六节 国内外的现状与发展

一、全球电子商务发展的现状

电子商务自产生以来，发展迅速，销售额成倍增长。1994 年全球电子商务销售额仅为 12 亿美元，1997 年达到 26 亿美元，

2000年达到2860亿美元，2003年达到1万亿美元。虽然受到“9·11”恐怖袭击事件和由此产生的经济下滑的影响，世界电子商务却依然迅猛发展。2001年全球B2B贸易额达到5160亿美元，比2000年猛增83%；2004年，全球电子商务的增长率为25.3%，整体营业额为27 748亿美元，通过电子商务实现的交易占全球贸易的15%~20%。

从世界各国电子商务的发展来看，北美地区的电子商务起步相对较早，近几年，北美地区在线零售额以每年翻三番的速度增长。虽然欧洲的电子商务比美国起步晚，但发展也很快。根据Forrester Resarch的报告：从2000年到2004年，欧洲国家的电子商务贸易总额以每年100%的速度增长，并在此4年内达到贸易总额16 000亿欧元的水平，约占欧洲贸易总额的6%。亚太地区信息产业发达的日本、新加坡和韩国，电子商务的发展也很迅猛。美国在“9·11”恐怖事件后，电子商务仅经过5周就恢复到了以前的水平。美国2001年电子商务销售额达到20%的增长率，其销售总额为530亿美元，而第四季度的销售额达到了创纪录的158亿美元。①

二、全球电子商务发展的基本特点

1. 全球电子商务规模急剧扩大

1994年以来，全球Internet用户平均每月增加100万户，为电子商务的使用和普及奠定了良好的客户基础。近几年，无论是客户基础还是网上交易额都出现了惊人的变化，图1-5所示是近几年全球上网户数，图1-6所示是近几年全球电子商务交易额。从图1-6可看出，全球电子商务在1998年的基础上，交易额直线攀升，呈指数规律增长。

---

① 数据来源：互联网数据跟踪公司Comscore公布的调查报告。

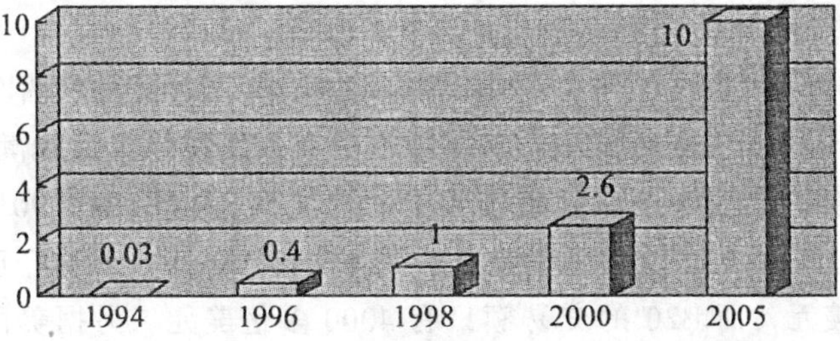

图 1-5　1994～2005 年全球 Internet 接入量

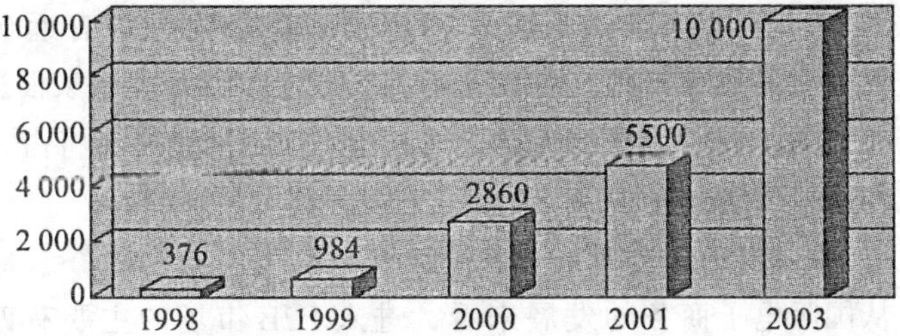

图 1-6　1994～2003 年全球电子商务贸易总额（单位：亿美元）
（数据来源：www.drcnet.com.cn）

电子商务迅速发展不是偶然的，而是有着深刻的社会、经济原因：

(1) 电子商务的发展得益于全球化信息基础设施的快速发展，是信息技术特别是因特网逐步普及的产物。

(2) 是全球经济一体化的要求。随着世界经济一体化的发展，资金流动越来越快，市场变化也越来越快，各国间经济依存关系更加紧密，传统的商务活动方式已不能满足全球经济发展的要求。

(3) 电子商务较传统商务有着巨大的优势。电子商务的突出标志在于它增加贸易机会、降低贸易成本、简化贸易流程、提高贸易效率。

(4) 得益于各国政府的支持。世界各国政府都非常重视电子商务的发展，为电子商务发展提供了良好的生存环境。

2. B2B成为全球电子商务发展的主流

在电子商务的几种交易方式中，B2C和B2B两种所占分量最重，而B2B又是重中之重。从国际电子商务发展的实践和潮流看，B2B业务在全球电子商务销售额中所占比例高达80%～90%。从交易额上看，B2B交易可说是电子商务交易额的大头，迄今已超过6万亿美元，而B2C的交易额只有4000多亿美元。另据美国商务部统计，1998年，美国电子商务的主流是B2C，其交易额占整个电子商务的70%；1999年却恰恰相反，70%的电子商务交易额是B2B。B2B电子商务年增长率为79.98%。2005年中国有近98%的电子商务交易额为B2B，而B2C和C2C只占约2%。专家根据已有的资料预测，在以后几年甚至十几年内，B2B的交易额将占主导地位，而B2C的经营额仅占1/15左右。

3. 进入电子商务市场的企业日趋多元化

从国际电子商务的发展来看，进入B2B市场的主要有四种类型的公司：

(1) 传统的IT巨头。如微软、IBM、Sun、Intel等也纷纷加大投资，期望凭借其以往的技术和软件优势，在竞争日益激烈的市场中分得一席之地。

(2) 新兴互联网巨头。如Yahoo、AOL、eBay、Shopnow.com、Beyond.com和Priceline.com等。与传统IT企业不同，这些新兴互联网巨头凝聚了网上大部分的人气，并且有足够的互联网经营经验。

(3) 传统行业内的跨国公司。如通用汽车、Sears Roebuck、杜邦公司等传统领域的巨头纷纷斥巨资进入这一领域，希望通过B2B平台优化、改造其原有的价值链，以创造Internet时代新的竞争优势。福特汽车、克莱斯勒、通用汽车开始联手构筑新的B2B汽车零部件供应链。

(4) 现有的B2B电子商务公司。面对各种各样的公司纷纷涌向B2B市场，Ariba和Commerce One等这一领域的先行者并不示弱，纷纷表示将凭借他们已经建立起来的技术优势和经验与后来的竞争者抗衡。

4. 电子商务发展的地区差异日益扩大

世界电子商务的发展很不平衡。美国电子商务的应用领域和规模远远领先于其他国家，在全球所有电子交易额中，目前大约有50%以上都发生在美国。世界范围内已经形成了以美国为首、欧洲和亚洲发达国家随后的国际电子商务发展格局。图1-7、图1-8、图1-9是2000～2004年全球各地区B2B的发展情况比较。

	2000	2001	2002	2003	2004	2004年所占比例
北美	1 592	3 168	5 639	9 643	16 008	57.7%
亚太	362	686	1 212	1 993	3 006	10.8%
欧洲	262	524	1 327	3 341	7 973	28.7%
拉丁美洲	29	79	174	336	584	2.1%
非洲/中东	17	32	59	106	177	0.6%
总交易额	2 262	4 489	8 411	15 419	27 748	100.0%

图1-7 2000～2004年全球各区域B2B电子商务份额（单位：亿美元）

三、我国电子商务发展现状

1. 行业电子商务迅速发展

2000年以后，我国外贸电子商务的运行环境得到极大改善，全国进出口许可证联网申领与发证系统全面投入运行，企业可以在网上申领进出口许可证；外经贸部早已在国际互联网上建立了在线广交会、中国商品交易市场、中国技术出口交易会、中国招商等站点，其中中国商品交易市场（www.Chinamarket.com.cn），已有8000多家企业近3万种商品在这个虚拟市场上常年展示，2005年

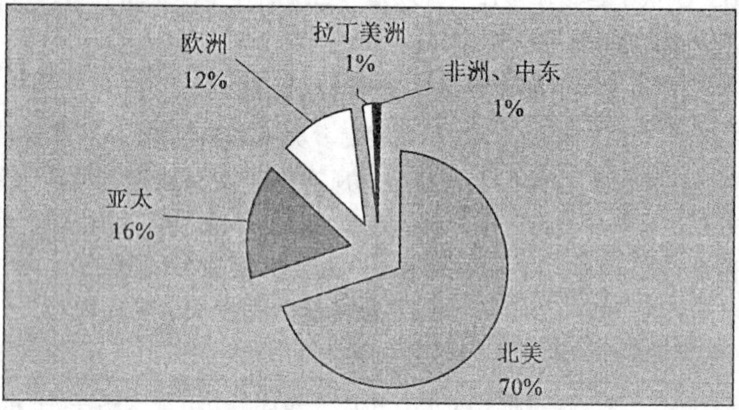

图 1-8　2000 年世界各洲 B2B 的发展情况

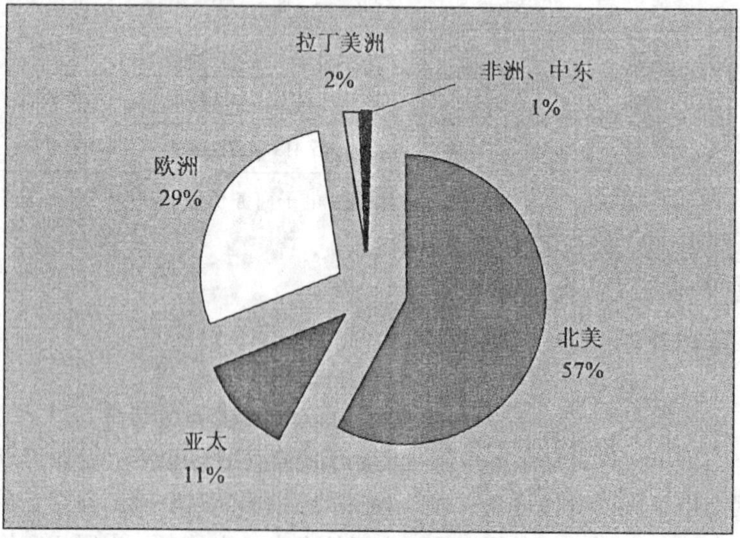

图 1-9　2004 年世界各洲 B2B 的发展情况

开通了网上洽谈平台，通过 www.cantonfair.org，www.cecf.com，www.ccme.org.cn 三个网站，为开展客商提供信息发布、贸易撮合、网上洽谈、辅助成交等电子商务服务。

根据中国物品编码中心抽样调查，2002 年，全国 62.7%的零售企业建成了局域网，38.8%的零售企业在网上公布商品信息；17.9%的零售企业提供网上购物方式；只有 3%的零售企业实施了供应商管理库存（VMI）。

2. 我国 B2B、B2C 市场的发展现状

根据 CCID 的研究分析资料：2002 年 12 月，我国电子商务网站有 3804 家，比 2001 年 3391 家增长 12%，能有效运行的 1533 家，比 2001 年 1326 家增长 16%；消费类电子商务网站 2277 家，其中综合类网站 285 家，专业类网站 1992 家，能有效运行的 737 家；B2B 网站 1527 家，其中综合类网站 189 家，专业类网站 1338 家，能有效运行的 796 家。根据中国互联网络信息中心（CNNIC）2006 年 1 月发布的《第十七次中国互联网络发展状况统计报告》，我国已有 COM 域名 1 202 497 个，共 315 917 个 COM 网站，占我国网站总数的 45.5%。

在电子商务市场规模方面，2000 年，我国电子商务交易总额为 771.6 亿元，2001 年为 1088.12 亿元，比上年增长 41%，2002 年交易额又比 2001 年增长 66%，2005 年达到了 6800 亿元，比 2004 年增长了 41.7%。电子商务的应用涉及银行、运输、海关、税务、保险、电信、证券、金融、民航等各个领域，其中，B2B 市场的交易额继续快速增长，2001 年为 1075 亿元，2002 年为 1784 亿元，2003 年达到 2704 亿元，2005 年 B2B 交易额达到 6446 亿元，比例接近当年电子商务市场交易总额的 95%。B2C 市场交易额也保持高速增长，2001 年为 13.15 亿元，2002 年为 25 亿元，2003 年达到 52 亿元，比上年增长 108%。

3. 我国工业、交通企业电子商务有显著进展

2002 年制造业信息化应用试点示范工程全面启动，全国 27 个

省市、46个重点城市和近2000家企业开展制造业信息化试点示范工程。

2001年8月，CCID对10个城市13个行业600多家企业进行调查，有22.3%的企业参与了电子商务，9.3%的企业开展供应链管理，15.6%的企业开展分销渠道管理，51.4%的企业进行网上销售，72.9%的企业进行信息查询，72.4%的企业进行网上信息发布。

国家经贸委进行的一项调查表明，在6家航空企业中，有66.67%的实施了电子商务，7家石化企业中实施电子商务的占57.14%，15家外贸企业有46.67%实施了电子商务，其他行业如电子、铁道、医药、机械、汽车、化工、纺织、冶金等行业实施电子商务的比重都在20%～50%左右，相应的如轻工、电力、烟草、交通等行业电子商务开展不够充分，在20%以下，特别是煤炭、建筑和有色金属行业，开展电子商务所占比例均在10%以下。2002年，中国约有26.1%的企业参与电子商务。大型企业参与电子商务最积极，比例达32.1%，中、小型企业比例分别为27.8%和21.4%。

计算机在铁路、民航、航运部门的应用有长足进步，铁路运输管理系统TMIS基本建成，各铁路局计算机订票系统投入运行，全国铁路客票发售与预订系统自1996年投入运行以来，2199个车站6000多个窗口已实现计算机售票，建成铁道部客票中心和24个地区客票中心，实现全国范围内的联网异地售票，售票量占全国铁路客票发售总量90%以上。

4. 远程教育迅速发展

全国约10万多所中小学已普及计算机课，1万多所中小学已建成校园网，计算机辅助教学已在大学、中学推广，开发了不少课件，提高了教学质量。近年来通过网络进行的远程教学首先在清华、北大、邮电大学实现，目前全国重点大学都开展远程教育，教育部已批准68所大学都开办网上大学。全国2001年9月共招生

60.8 万人，其中中央电大招生 46 万人。中央电大 2005 年全年开放教育试点招生总数为 636 514 人，创试点启动以来年度招生历史最高水平。

全国中学已有 200 多所正规网校，在 7 万多所中学中注册网校学生已达 60 多万。“非典”时期北京市教委开通了“课堂在线”，供学生在家上网自习。国家基础教育资源网也已经开通。现代网络技术在教学中的广泛应用，为教育系统提供了前所未有的发展机遇。

2005 年 11 月底，易观国际推出《2005 年第三季度中国网络教育市场监测》显示，网络教育市场 2005 年全年市场规模将达到 116.1 亿元，其中网络基础教育市场规模为 15.8 亿元，网络学历教育市场规模为 85 亿元，网络职业认证培训市场规模为 14 亿元，企业 E-Learning 市场规模为 1.3 亿元。

5. 医疗系统启动“金卫”工程，辅助诊断

医院管理系统取得迅速发展，近年来远程医疗已在北京、上海、哈尔滨等医院开始运行，在边远省市，西部地区的病人通过网络获得北京、上海等大医院医生的辅助诊断。“非典”大大推进医疗系统及公共防疫信息系统的建设。

四、对我国电子商务应用现状的基本估计及我国电子商务发展中存在的问题

1. 我国电子商务应用现状

(1) 我国电子商务尚处于起步阶段、初始阶段或初步应用阶段。

(2) 我国电子商务应用尚处于初级水平，大部分电子商务是非支付型电子商务，即网上营销，网下支付；小部分是支付型电子商务，即网上营销，网上支付。个别正在搞协同电子商务。

(3) 我国有 1 000 多万个企业，虽然大部分企业已经通过网络发布企业信息，但开展网络营销、网上采购的并不多，大部分中小

企业及小部分大中型企业尚未上网开展电子商务，企业信息化水平低，企业尚未成为电子商务的主力。

(4) 我国大部分电子商务网站功能单一，大部分是搞电子市场商情，在网上发布广告、电子目录、电子查询、网上互通商品信息；少数搞电子交易（电子洽谈、订购），利用网络进行商务洽谈，签订购货合同，交换文本及单证，进行交易；能完成网上购物、网上支付的较少。

(5) 由于我国行业、地区发展不平衡，东南沿海与中西部地区有很大区别，目前传统产业部分行业及东南沿海大城市已开展电子商务，部分行业及中西部地区广大城乡尚未开展电子商务。但很有可能后来居上。

(6) 国民经济信息化基础薄弱，商业自动化水平低，传统商业与电子商务的现代商业将长期并存；传统商场与网上商城长期并存；我们必须采取多样化、多层次、多模式的有中国特色的发展电子商务的战略。

2. 我国电子商务发展中存在的问题

(1) 国家发展电子商务还缺乏明确的发展战略和有力的技术经济政策。目前国家还缺乏发展电子商务专项规划，电子商务政策框架已起草多年，至今尚未出台。国家发展电子商务还缺乏明确和有力的技术经济政策。

(2) 电子商务法律法规、电子商务标准、规范严重滞后，亟待加强。现有的行政法规不适应电子商务发展之处未得到及时修订。研究制定电子商务的相关法律法规较滞缓，目前依然缺乏电子合同、网上知识产权保护、隐私保护及网上信息管制等多个法律法规，对网络犯罪的定罪和处罚尚没有实施细则。

(3) 计算机应用水平低，上网企业与上网家庭数量还较少，信息技术在企业与家庭中应用不够普及。目前我国网络用户分布主要集中在北京、上海和广州等大中城市，我国企业信息化水平较低，开展电子商务的企业所占比例不足10%。相比之下，美国有60%

的小企业、80%的中型企业、90%以上的大企业已借助互联网广泛开展商务活动。

(4) 电子商务的发展所需要的市场经济环境、运行环境尚不完善，社会信用体系尚未完全建立，网络带宽、反应速度尚不满足要求，电子支付手段尚不完备，物流配送体系尚不配套。

(5) 我国信息产业国产化产品技术水平与市场占有率低，重大电子商务应用工程、应用系统所用的软硬件产品主要依靠国外公司，系统集成，信息服务水平有待提高。计算机应用有关标准、规范既缺乏又不统一，急需加强管理。与电子商务有关的标准比较滞后，投入明显不足。

(6) 企业管理体制、机制、管理理念与组织机构尚不能适应市场经济的要求，部分领导对电子商务应用的重要性、紧迫性认识不足。企业采用电子商务等高新技术尚缺少内在的动力、人力、财力与物力。基础工作薄弱，信息技术人才特别是既懂信息技术又懂行业业务技术的复合型人才更为缺少，广大职工信息意识与信息技术有待进一步提高。

第二章 电子商务模式

电子商务模式决定技术的选择、使用和开发。随着一个社会信息化程度的提高，网络技术对于商务模式的作用力将会增强，商务模式可以围绕信息技术、网络技术所带来的优势进行优化，商业运作将会根据网络技术进行重组。

第一节 企业与企业之间（B2B）的电子商务

一、企业与企业之间电子商务的概念

企业与企业之间的电子商务，即企业与企业或商业机构对商业机构（Business-Business，B2B）之间通过 Internet 或专用网方式进行的电子商务活动。例如工商企业利用计算机网络向它的供应商进行采购，或利用计算机网络进行付款等。这一类型的电子商务已经存在多年。特别是企业通过私营或增值计算机网络（Value-Added Network，VAN）所进行的商务活动。

企业与企业的电子商务是电子商务的主流，缺少 B2B 形式的电子商务，不能算是真正意义上的电子商务。企业之间的交易和企业之间的商业合作，是商业活动的主要方面。而企业目前面临的激烈竞争，需要电子商务来改善竞争条件，建立竞争优势。企业在寻求自身发展的同时，也在逐渐改善电子商务的运用环境。

对于企业与企业之间的电子商务交易，其参与者除了交易双方外，还牵涉银行、运输、工商税务、信息产业部门等，如果是国际

间的贸易，还要涉及外汇、保险、商检、海关等机关部门。如果将企业间电子商务的交易过程比做一个环形的链，则每一个参与者的作用和合作均是这个环形链中的一个环节，任何一个参与者的不协调或不合作，都将使这个链开环，导致的结果是交易的失败，给各方带来损失。

二、企业与企业之间电子商务的实施

一般来说，企业与企业之间电子商务的实施主要有以下阶段：

1. 建立易于实施的可操作系统

随着企业内部网络不断向外延伸，企业将自己的局域网与其他企业的网络相连。这样企业就可以与自己的业务伙伴，包括供货商、经销商、服务商等，随时保持联系与沟通，不断拓展自己的业务。企业开始将传统商务活动中的一部分引入计算机网络信息处理与交换，代替企业内部或对外部分传统的信息储存和传递方式。例如，企业通过国际互联网传输电子邮件，在国际互联网上建立网页，宣传企业形象等。在这一阶段，企业虽然利用了计算机网络进行了信息处理和信息交换，但所做的一切尚未构成交易成立的有效条件，或者并未构成商务合同履行的一部分。企业实施这一阶段的电子商务投资成本低、易操作。这一阶段的电子商务并不涉及复杂的技术问题和法律问题。它是企业与企业之间电子商务的萌芽阶段。

2. 建立新的商务模式和理念，不断拓展商务关系

这一阶段是指企业利用计算机网络的信息传递，部分地代替了某些合同成立的有效条件，或者构成履行商务合同的部分义务。例如，企业实施在线式交易系统，网上有偿信息的提供，贸易伙伴之间约定文件或单据的传输等。在某种程度上，这一阶段的电子商务是使企业走上建立外联网（Extranet）的道路。在这一阶段，企业实施电子商务的程度有所加深，虽然有些计算机网络系统传输的信息并不十分复杂，操作程序也一般，但是，它还需要不同程度的人

工干预，如在线销售环节与产品供应不能有效衔接，仍需要部分传统方式的操作。特别是电子商务的操作要涉及交易成立的实质条件或已构成商务合同履行的一部分。因此，这一阶段的电子商务就要涉及一些复杂的技术问题（如安全）和法律问题（如法律有效性）等，它的实施需要社会各界相互配合，特别是政府机构和商业团体应该为电子商务创造良好的发展环境。在这一阶段中，交易伙伴关系的建立、维持、管理、以及拓展，都将是一些值得研究的新课题，而如何在网络上拓展商务关系，才是最大的挑战。这一阶段是世界各国近期主要发展的目标。

3. 实现企业对企业电子商务全方位的数字化

这一阶段是企业对企业电子商务发展的理想阶段。它是将企业商务活动的全部程序，用计算机网络的信息处理和信息传输来代替，最大程度地消除了人工干预。在企业内部和企业之间，从交易的达成，到产品的生产、原材料供应、贸易伙伴之间单据的传输，货款的清算，产品提供的服务等，均实现了一体化的计算机网络信息传输和信息处理。一笔交易所涉及到的信息，是由相关人员一次性录入，并得到计算机网络的自动处理后，按照交易的流程自动生成适应内部或与外部交流的相关单据或文件。这一阶段是各企业对企业的电子商务，与企业内部的电子商务，企业对消费者的电子商务甚至企业对行政机构的电子交互有机地结合起来，实现企业最大程度的办公自动化和交易的电子化连接。

这一阶段电子商务的实现，将有赖于全社会对电子商务的认同，以及电子商务运作环境的改善。另外，清除许多具体影响电子商务开展的障碍，将有助于这一目标的实现。

三、企业与企业之间的电子商务模式分类

企业与企业之间的电子商务模式包括：在线商店模式、内联网模式、中介模式、专业服务模式。

1．在线商店模式

在线商店模式（Online Store Model）是指企业在网上开发虚拟商店，以此宣传和展示所经营的产品和服务，进而提供网上交易。这种模式与网上在线零售市场类似。

2．内联网模式

内联网模式是指企业将内联网络有限度地对商业伙伴开放，允许已有的或潜在的商业伙伴有条件地通过互联网进入自己的内部计算机网络，从而最大限度地实现商业信息传输和处理的自动化。

随着许多公司允许贸易伙伴和有选择的客户在一定程度上进入内联网，在线商店模式与内联网模式的界限也就越来越模糊。尽管许多公司担心内联网模式存在安全问题但这一趋势仍然有增无减。一些公司已经将内联网络有限度地开放。有些正在积极策划在不久的将来允许商业伙伴进入企业内联网。安全问题是内联网模式首先要解决的。

企业允许商业伙伴进入自己的内联网对公司的业务运作有一定的好处，特别是在一些需要客户录入相关交易信息的场合，内联网模式是比较理想的模式。企业可以将客户录入的表格放到服务器上，客户可以在线填制这些表格。这样，商业伙伴和客户自己录入了交易信息，就减少了企业业务人员的重复录入。

使用内联网模式的企业很多。美国多村房屋贷款公司允许银行和商业伙伴进入其公司的内联网进行抵押申请。当这些第三者进入公司内联网时它们只能看到与自己有关的信息。目前公司的 500 个客户中约有 250 家已经可以通过该公司的网络服务器进入其主机的数据库即内联网络。Cervecrias Quilmes 是阿根廷最大的酿酒公司，该公司使用内联网与供应商和经销商取得信息交流，该网络同时连接公司的六个酿造厂和四个经销中心。1996 年底该公司网络开始有限对外开放的 9 个月后，公司全部交易信息交流的 30％都在网上进行。我国的联想电脑公司，就让其经销商进入到它的内联网络里，查看与其有关的销售信息、广告宣传费用反馈问题等。内联网对客户开放还可以对客户支持提供辅助手段，例如，用友财务软件公司让客户从该公司的网页上进入公司的内联网，输入信息就可以自动跟踪和了解财务软件的技术问题，并可以在线提交数据库里没有的技术问题，后台技术操作人员会在一定的时期内给出解决方案，并在数据库上公布。这样，通过企业的内联网，用友公司的技术人员就可以和用户进行交互性交流。以解决用户的技术问题。还有一些公司通过企业的内联网让客户进行在线产品更新。

3. 中介模式

中介模式指的是一家中介机构将销售商或采购商汇集一起，商业机构的采购代表从中介机构的网址就可查询销售商或销售的产品。多数的中介机构通过向客户提供会员价格收取费用，也有的中介机构向销售商收取月租费或按每笔交易收费。

采用中介模式的网站包括：金融中介网站、医药中介网站、虚拟中介市场等。

Industy.net 是美国一家信息技术公司，是目前所设计的中介模式中最为出色的公司之一。该公司设立的 Industy.net 网站将众多制造厂商汇集起来使它们可以方便地与经销商或其他需要其产品的制造厂商建立联系。它们之间的交易可以直接使用 EDI 成交。目前，该网站提供产品销售的销售商有 4000 多家，聚集的采购商达 20 万家，其通过这一虚拟市场进行潜在采购的能力可达 1600 多亿美元。Industry.net 虽然实行的是会员制，但其会员资格是免费的。会员可以进入该网页并可看到许多不同种类的信息资源，如在线虚拟市场、新闻、在线论坛，另外网页里还连接着许多贸易协会的网址。中国商品交易中心是由原国家经贸委批准组建，集商品信息查询、企业形象宣传、网上无纸交易、最新商品报价、寻找交易伙伴、品牌战略实施、商家决策依据、市场经济调研、政府宏观经济调控等众多形式于一体的为企业提供商品交易中介服务的经济组织。它通过各种技术革新，融资渠道和创造市场机会等将 Internet 付诸商用，建立起一个巨大的、覆盖中国每一个角落的计算机网络。无论在功能上、技术上、服务上，都堪称世界一流，并且，中国商品交易中心在这一新兴技术中扮演着愈来愈重要的角色。

4. 专业服务模式

专业服务模式是指网上机构通过标准化的网上服务为企业内部管理提供专业化的解决方案，使企业能够减少不必要的开支，降低运营成本和提高客户对企业的信任度和忠诚度。一般企业管理涉及多个方面，其中，如何为员工提供高效和方便的工作环境，同时又有效地降低业务开支、维护客户关系是每个企业高层经理人员要考虑的主要管理问题之一。在互联网上，近年来一些公司业务网站利用与客户之间进行相辅相成的协作业务，专门为企业提供管理解决方案。它们以标准化的网上服务为企业解决某一个层面的管理问题。

四、企业与企业之间电子商务的效益及其发展

企业与企业之间的电子商务是电子商务模式中最值得关注和探讨的模式之一，具有非常强大的发展潜力。企业间的商务活动以大大高于企业与顾客之间电子商务的速度发展。这是因为，在现实物理世界中，企业间的商务贸易额是消费者直接购买的10倍。企业与企业间的电子商务提供了企业间虚拟的全球性贸易环境，大大提高了企业间商务活动的水平和质量，其效益是显而易见的。其效益包括：

（1）企业间电子商务提供了廉价的通信手段，由于企业间电子商务采用基于开放式标准上的Internet这一崭新的通信通道，与报纸、电台、电视台甚至直邮相比，Internet的通信费用最低廉。

（2）大大提高了企业间的通信速度，尤其是国际范围内的通信速度。

（3）节省了潜在开支，如电子邮件节省了通信邮费，而电子数据交换则大大节省了管理和人员环节的开销。

（4）增加了客户和供货方的联系。如电子商务系统网络站点使

得客户和供货方均能了解对方的最新数据和动态，而企业间电子数据交换则意味着企业间的合作得到了加强。

（5）提高了企业的服务质量，能以一种快捷的方式提供企业及其产品的信息及客户所需的服务。

（6）提供了交互式的销售渠道。使商家能及时得到市场反馈，改进本身的工作。

（7）提供全天候的服务，即 7×24 的服务。

（8）企业间电子商务的发展为国际贸易的发展提供了一种崭新的运作模式。供需双方可以通过 Internet 获得丰富的供求信息，开拓广阔渠道，捕捉商机、寻找客户，提高工作效率同时了解国际市场的供求变化，获得第一手的商业信息，用最低的成本与全球的贸易伙伴轻松沟通。

（9）企业间电子商务增强了企业的竞争力。企业对企业的电子商务是传统商务关系和商务活动的延续，而这一商务关系是构筑在高信任度和商务合同基础上的，企业对企业的大宗交易能够更大限度地发挥电子商务的潜在效益，并通过供应的集中、采购的自动实现、配送系统的高效率，使企业间的合作得以更好地实现。

企业间电子商务比网络购物类的电子商务流程要复杂，而且应用也更广泛，更重要的是企业对企业电子商务会彻底改变企业之间的关系，有效地改变和改善企业组织结构和市场竞争结构，使得经济运行效率显著提高。

五、国外企业与企业电子商务的发展

目前，国外企业对消费者（Business to Consumer，B2C）市场规模大，知名网络公司迅速发展，包括众所周知的雅虎（Yahoo）、亚马逊（Amazon）和美国在线（AOL）等国际著名公司。不过 B2B 市场更可望借电子商务的发展，分得更大的市场收入。

B2B 电子商务市场的情况，将逐渐由以往单纯的业务咨询和电子文件交换为主转换为以推进所有业务在筹措、物流、市场、消费

者管理等方面的全方位大幅度成长为主；未来“企业对企业间”电子商务市场的交易总额，将以较大的比重超过“企业对消费者”电子商务市场总量。

目前，欧美特别是美国在开发应用电子商务方面起步早、投入大，从而确立了在全球电子商务领域的领先地位。20世纪90年代美国公司用于计算机、软件和其他技术产品的投资超过2万亿美元，仅1999年就达到5100亿美元，占全部企业投资的40％以上。有47％的企业成立了专门致力于电子商务开发的部门。2/3的企业表示制定了系统性的电子商务发展战略，并加大企业对企业间电子商务的投入力度。国外创业投资业者（风险投资人）通过风险投资基金投资于获利潜力丰厚的企业对企业（B2B）电子商务市场；已经上市的B2B公司，绝大多数都给投资人以可观的利润。在欧洲，欧盟15国通过了一系列有关电子商务的统一法规，推动欧盟地区电子商务的发展。比利时、法国、德国、爱尔兰、意大利、荷兰、西班牙、瑞士、英国等9个国家在1997年就开始了企业间电子商务的网上销售；在德国，到20世纪末就有约50％的企业接受或利用电子商务进行网上贸易；英国政府投资380亿英镑建设信息高速公路，鼓励企业大力开展全球性的电子商务活动，发展网上贸易。法国电信公司与德国电信局已结成“战略同盟”，共同建设欧洲的电信基础设施，投资1500亿欧元建设“欧洲信息空间”，为企业发展网上贸易提供快捷可靠的信息平台。在亚太地区，虽然各个国家和地区的经济处于不同的阶段，但对于企业利用电子商务发展贸易的支持态度是相同的。韩国、新加坡、日本等经济发达国家正在积极地引领企业向更广泛的电子商务领域进军。另一些经济不太发达的国家，也通过诸如联合国之类的国际性组织，积极地介入B2B的市场。

现在，欧美许多IT企业已经是全球性的电子商务解决方案和服务供应商，其产品包括全面支持Internet的数据库、应用服务器、客户关系管理、应用系统开发与决策支持工具等，这些工具和产品可以满足客户开展企业对企业间电子商务活动的各种需求。面对全球电子商务应用的兴起，这些公司将把电子商店、电子账单、电子支付网关、网上客户交易等 Web 应用介绍给广大企业，帮助企业转变经营模式，成为新兴的电子商务型企业。

国外电子商务分析师们普遍认为，在 B2B 行业抢得先机至为重要，同样要紧的是在线上建立足够的业务量，并开发涵盖面广的产品。虽然 B2B 公司创业时可能遭遇困难，难度甚至高于 B2C 公司，投资 B2B 公司的目标是使某种产业的公司依照你的模式，重新设计他们的经营过程，虽然这需要更长的时间和更多的努力，但将会树立起别人难以跨越的障碍。

六、我国外贸企业电子商务的发展

我国企业对企业间电子商务开展时间不长，但发展态势很好。1999 年以来，我国 B2B 市场迅猛发展，已经从第一阶段概念的普及进入第二阶段——应用，无论是政府、企业和广大的用户，都已经认识到电子商务的美好未来和其在未来全球网络经济中的作用。越来越多的外贸企业，认清了发展 B2B 市场，是国际贸易中不可阻挡的趋势。

对于习惯于做地区性贸易和传统商务操作的我国外贸企业来讲，B2B 所带来的完全是一个全新的理念、技术和方法。企业间电子商务，对于一个企业而言，不仅仅意味着商业机会，还意味着一个全新的全球性网络经济的诞生。中国外贸企业和产品，必须尽快进入这一领域，并按照由此而产生的国际市场“游戏规则”，变革自己的经营运作模式，否则就会在国际市场竞争上处于了一个极为被动的地位，从而被这个日益兴起的市场淘汰，被这个新的时代抛弃。

随着 B2B 市场的飞速发展，我国对外贸易经济的发展从内容和形式上都将会发生很大变化，它的出现，破除了诸如时间和距离等限制市场的壁垒，达到了全球信息的共享，使世界经济直接、快速地融为一体，促使竞争更为公平，更为激烈。显然，我们传统的对外贸易方式已经不能适应新的业务发展需求。面对即将到来的网络经济时代，中国的外贸企业如何才能在B2B市场中占得一席之地，是所有具有危机意识的企业家最为关切的事。

第二节 企业对消费者（B2C）的电子商务

一、企业对消费者电子商务的概念

企业对消费者（也称商家对个人或商业机构对消费者）的电子商务，是企业和消费者利用互联网直接参与经济活动的形式，它基本等同于电子零售商业，即企业通过Internet为消费者提供一个新型的购物环境——网上商店，消费者通过网络在网上购物、在网上支付。

目前，企业对消费者的销售服务业务领域不断拓展，企业对消费者的业务又称直接市场销售，主要包括：

（1）有形商品的电子订货和付款，这类活动仍需要传统的邮政服务或商业送货服务系统加以配套，所以称之为间接电子商务。

（2）无形商品和服务产品的销售，如计算机软件、娱乐产品消费。订票、付款、信息服务等供需双方可以在网上直接实现交易，称为直接电子商务。

从目前看，软件、游戏、贺卡、报刊、旅游、娱乐、金融等无形商品服务占据企业对消费者市场销售业务的主体。据统计，美国使用率最高的10家网上商店，除亚马逊书店外全部集中于软件、游戏、计算机服务、贺卡的销售业务。这些无形产品及服务产品的销售形式是将其内容数字化，直接在网上以电子形式传送给消费者，而不再需要某种物质形式和特定的包装。它跨越时空，突出体现了网上销售的优势，所以生命力很强。根据专家预测，无形产品和服务商品的传送市场发展会非常迅速，旅游业迅速增长，网上订票、游戏、娱乐等业务量会进一步增长。

从有形商品的销售看，增长势头也很快。一是网上销售的商品范围逐步扩大，几年前，大多数人还只是上网购买电脑软硬件或图书类产品，而今已扩展到各类商品，家电产品、照相器材等，标准化的品牌产品的网上销售已为消费者普遍接受。网上汽车销售增长很快。服装、药品及食品、玩具、饮料、鞋类、家具等一般日常家用商品也越来越多地上网销售。拥有53亿美元资产的圣达公司（Cendant）专门提供消费品类产品及相关的服务，在它的网页上可以买到一般家庭20%的日常所需用品，近一两年内公司打算推出一般家庭所需用品的95%的货品总汇。美国在线（AOL）是拥有1100万用户的互联网服务商，它发现在假期网上购物的商品中，服装类商品居首位。

二、企业对消费者的电子商务模式分类

为了充分利用互联网络达到最佳的商业效果，不同的企业利用电子商务的模式是不同的。企业应根据自身的经营特点，开发适合企业发展的电子商务战略。企业对消费者的电子商务模式主要就是网上在线的商务模式，网上销售又分为无形产品和劳务与销售实物商品。

1. 实物产品的电子商务模式

实物产品的电子商务模式是指产品或服务的成交是在互联网上进行的，而实际产品和劳务的交付仍然通过传统的方式，其所包含的具体产品和劳务的交付实现要按照传统的方式进行，这种产品和劳务的交付不能够通过电脑的信息载体来实现。

目前网上交易活跃、热销的实物产品依次为：电脑产品、旅游、娱乐、服饰、食品饮料、礼品鲜花、书籍、CD盘和品牌电脑等。

企业实物产品在线销售的形式目前有两种：一种是在网上设立独立的虚拟店铺；一种是参与并成为网上在线购物中心的一部分。

如：在线书店、在线商店等。实际上，多数企业网上销售并不仅采用一种电子商务模式。往往它们采用的是综合模式，即将各种模式结合起来实施电子商务。Golfweb 就是一家有 350 页有关高尔夫球信息的网站。这家网站采用的就是综合模式，其中 40％的收入来自于订阅费和服务费，35％的收入来自于广告，还有 25％的收入是该网址专业零售点的销售收入。该网址已经吸引了许多大公司的广告，美洲银行（Bank of America）、Lexus 公司、美国电报电话公司（AT&T）等在这里做广告。专业零售点开始两个月的收入就高达 10 万美元，该网站既卖服务又卖产品还卖广告，一举多得。由此可见，在网上销售中一旦确定了电子商务的基本模式，企业不妨考虑一下采取综合模式的可能性。例如，一家旅行社的网页向客户提供旅游在线预订业务，同时不妨也接受度假村、航空公司、饭店和旅游促销广告。如有可能还可向客户提供一定的折扣或优惠以便吸引更多的生意。一家书店不仅销售书籍，而且可以举办“读书俱乐部”，接受来自于其他行业和其他零售商店的广告，在网上尝试综合的电子商务模式有可能会带来额外的收入。

2. 无形产品和劳务的电子商务模式

网络具有信息传递和信息处理的功能，因此无形产品和劳务（如信息、计算机软件、视听娱乐产品等）就可以通过网络直接向消费者提供。无形产品和劳务的电子商务模式主要有以下四种：网上订阅模式、付费浏览模式、广告支持模式和网上赠与模式。

(1) 网上订阅模式

网上订阅模式（Subscription based Sale）是指企业通过网页向消费者提供网上直接订阅直接信息浏览的电子商务模式，网上订阅模式主要被商业在线机构用来销售报刊杂志、在线电视节目等。网上订阅模式主要包括以下情况：

① 在线服务（Online Service）。它是指在线经营商通过每月向消费者收取固定的费用而提供各种形式的在线信息服务。例如，美国在线（AOL）和微软网络（Microsoft Network）等在线服务商都

使用这种形式，让订阅者每月支付固定的订阅费用以享受所提供的各种信息服务。

1996 年以前，在线服务商一般都是按实际使用时间向客户收取费用，从 1996 年起一些网络服务商改为收取固定的费用，向消费者提供互联网的接入服务，在线服务商现在也遵从相同的做法，以固定费用的方式提供无限制的网络接入和各种增值服务。

在线服务商一般都有自己服务的客户群体。以美国的在线服务商为例：美国在线 的主要客户群体是家庭使用者；微软网络的主要客户群体是 Windows 的使用者。

在线服务商提供的服务有以下共同特点：

基础信息服务到位。在线服务商所提供的基础信息服务一般可以满足订户对基础信息的要求。例如在线服务商一般都提供优秀的剪报信息，有的在线服务商还独家发布在线报纸、杂志和其他信息（如 AOL 就独家发布消费者报刊 Consumer Reports）。

网络安全可靠。由于在线服务都是在专有的网络上运行，通过在线服务商连接的安全保障比直接连接互联网要可靠。在线服务商还提供额外的安全保障措施，如在线服务可供下载的软件都要经过反病毒查询，证明安全可靠后才向客户提供。AOL 不仅提供信息服务，而且还让客户享受到了方便快捷的银行在线业务。目前，在在线服务的环境下，订户可以更放心地通过提供并传输信用卡的号码来进行网上在线购物。

给客户提供支持服务系统。在线服务商既通过计算机网络，又通过电话向客户提供支持服务。在线服务商能够为他们解释技术问题的能力比网络经营商要强。强大的支持服务系统加上有竞争力的价格优势使在线服务商在网络内容日益丰富的情况下继续生存下去。专业网络在线服务商也面临新的竞争。迅速崛起的互联网服务商（ISP）成为在线服务商的主要竞争对手，许多企业转向当地网络服务商寻求更快捷的网络文件下载方式。在线服务一般是针对某个社会群体提供服务，以培养客户的忠诚度。在美国，每台待售的计算机几乎都预装了在线服务免费试用软件。在线服务商的强大营销攻势（如 AOL 的免费试用软件到处都能够看到），使他们的用户数量在稳步上升。

② 在线出版（Online Publication）。它指的是出版商通过电脑互联网络向消费者提供除传统出版物之外的电子刊物。在线出版一般都不提供互联网的接入业务，仅在网上发布电子刊物，消费者可以通过订阅来下载刊物的信息；但是，以订阅方式向一般消费者销售电子刊物被证明存在一定的困难。因为，一般消费者基本上可以通过其他的途径获取相同或类似的信息。因此，此项在线出版模式主要靠广告支持。最初，美国的一些出版商网站向访问该网址的用户收取一定的订阅费，后来在线杂志开始实施双轨制，即免费和订阅相结合。有些内容是免费的，但有些内容是专门向订户提供的。这样，这些网址既吸引一般的访问者，保持较高的访问率，同时又有一定的营业收入。

与大众化信息媒体相对的是，更趋于专业化的信息源的收费方式却比较成功。网上专业数据库一直就是付费订阅的。无论是网上的信息还是其他地方的信息，似乎研究人员相对更愿意支付费用。

③ 在线娱乐（Online Entertainment）。它是无形产品和劳务在在线销售中令人注目的一个领域。一些网站向消费者提供在线游戏，并收取一定的订阅费。目前看来，这一领域还比较成功。游戏成为继“网络门户”争夺战第二波攻击的核心。

(2) 付费浏览模式

付费浏览模式（the Pay-per-View Model）指的是企业通过网页安排向消费者提供计次收费性网上信息浏览和信息下载的电子商务模式。付费浏览模式让消费者根据自己的需要，在网址上有选择性地购买想要的东西。在数据库里查询的内容也可付费获取。另外一次付费参与游戏会是很流行的付费浏览方式之一。

付费浏览模式是目前电子商务中发展最快的模式之一，现在主要解决的问题是小额支付方式跟踪和知识产权问题。

(3) 广告支持模式

广告支持模式（Advertising-supported Model）是指在线服务商免费向消费者或用户提供信息在线服务，而营业活动全部用广告收入支持，此模式是目前最成功的电子商务模式之一。例如，像Yahoo和Lycons等在线搜索服务网站就是依靠广告收入来维持经营活动。信息搜索对于上网人员在信息浩瀚的互联网上寻找相关信息是最基础的服务，企业也最愿意在信息搜索网站上设置广告，特别是通过付费方式在网上设置旗帜广告，通过点击“旗帜”就可直接到达企业的网址。

由于广告支持模式是靠广告收入来维持的，因此，网站能否吸引大量的广告就成为是否成功的关键，能否吸引网上广告又主要靠网站的知名度，而知名度又要看该网站被访问的次数。网景公司之所以取得广告收入第一名，主要是因为网景的浏览器包括了信息搜索功能。可见为访问者提供信息的程度是吸引广告的主要因素。

广告网站必须提供对广告效果的客观评价和测度方法以便公平地确定广告的计费方法和计费额。目前大致有以下几种计费方法：

① 按被浏览量计费，网上广告按该广告在网上被浏览的次数来计费是最普通的计费方式。其具体费率是按看到的千次多少金额来计算的。

② 按用户录入的关键字计费。大多数的搜索网站一般都是按用户录入的搜索关键字（Keywords）来收费的。

③ 按点击广告图标计费。这种计费方法是按照用户在广告网页上点击广告图标的次数来计费。当然，用户看到广告并不意味着会点击广告图标。有研究表明，只有约1%的在线广告被用户点击，动态的广告图标被点击的可能性要大一些，很多服务商将上述各种计费方式结合起来使用，尽量提供市场定位更明确的广告服务。

(4) 网上赠与模式

网上赠与模式（Online-donation Model）是一种非传统的商业

运作模式。它指的是企业借助于互联网广泛性的优势，向互联网上的用户赠送软件产品，扩大知名度和市场份额。通过让消费者使用该产品，从而让消费者下载一个新版本的软件或购买另外一个相关的软件。

由于所赠送的是无形的计算机软件产品，用户是通过互联网自行下载，企业所投入的成本很低。因此，如果软件的确有其特点，那么是很容易让消费者接受的。

网景公司（Netscape）在这方面做得很成功。网景公司较早地运用了这一电子商务模式，将其互联网浏览器在网上无偿赠与以此推动该网络浏览器新版本的销售。

微软公司使用这一模式来扩大市场份额的行为与网景相比有过之而无不及。微软在网上赠送了IE网络浏览器、网络服务器和互联网信息服务器（IIS）等。

网上赠与模式的实质就是“试用，然后购买”。用户可以从互联网站上免费下载喜欢的软件，在真正购买前对该软件进行全面的测评。以往人们在选择和购买软件时只是靠介绍和说明以及人们的口碑，而现在可以免费下载，试用60天或90天后，再决定是否购买。

适宜采用网上赠与模式的企业主要有两类；软件公司和出版商。电脑软件公司在发布新产品或新版本时通常在网上免费提供测试版。网上用户可以免费下载试用。这样，软件公司不仅可以取得一定的市场份额，而且也扩大了测试群体，保证了软件测试的效果。当最后版本公布时，测试用户可以购买该产品或许因为参与了测试版的试用可以享受到一定的折扣。有的出版商也采取网上赠与模式，先让用户试用，然后购买。例如，《华尔街日报》，对绝大多数在线服务商以及其他出版社一般都提供免费试用期。《华尔街日报》在进行免费测试期间拥有65万用户，其中有很大一部分都成为后来的付费订户。

目前，互联网已经真正成为软件销售的测试市场。在以质取胜的同时，互联网使得小型软件公司更快捷地进入市场并取得一定的市场份额，当然消费者在采购软件时对不太了解的软件就更加谨慎，而对于免费试用的软件会有更自由的选择机会。

三、B2C 模式的优点

企业可以通过 Internet 全方位展示产品或服务的外观、性能、品质或服务功能的内部结构，发布企业的新产品信息，并通过网络广告介绍企业和产品，树立企业形象。从而有助于消费者完全认识商品或服务。

通过 Internet，企业将库存、储备量、生产、客户等通用的资料置于网上，供客户 24 小时查询，打破传统时空概念，拓展了广域互联的渠道，使信息存储、传递、使用成本大幅度下降，节约了费用，而且带动了一些本无法通过电话联系到的客户群，改写了传统商品流通的“游戏规则”。企业不再是一个实体、一栋厂房，而只是 Web 上的一个 IP 地址。企业与消费者直接建立联系，从而减少流通环节，降低交易费用，加快信息流动，提供更优惠价格给消费者。

另一方面，通过网络可以将交易的各方联系在一起，及时将信息传达给所需的各方，借助网上的视频电话和传真，可以缩短谈判和交易的时间，节约交易各方的时间和费用。企业通过网络可以对消费者的需求有更广泛的了解，获得关于消费者兴趣爱好等具体的信息，以便加强对消费者的宣传与促销。此外，企业可以通过创立“兴趣群体”来建立新的消费者关系，这些群体把具有共同兴趣和需求的潜在消费者联系在一起，通过为消费者提供一个可以在一起交流并共享信息的场所，企业不仅可以获得消费者的好感，同时也为消费者提供了一个符合逻辑的场所供他们进行购物决策。通过 B2C 模式，企业还可以迅速回答问题和解决客户的投诉，提高服务的质量。

随着 Internet 的迅速发展，网络已经遍及我们生活的每一个角落。电子商务已逐渐成为人们进行商业活动的新模式。越来越多的人通过 Internet 来从事职业活动。商家开始利用 Internet 来买卖商品，消费者可以轻松上网购物。

网络购物利用先进的通信和计算机网络的三维图形技术，把现实的商业街搬到网上。由于网上购物免去了一系列商业环节，成本大大降低，一般商品价格都会低于市场价。网上银行、网上订票、证券交易等服务项目，不增收新的费用，使消费者得到极大的实惠。

网上购物使消费者不必再跨出家门坐在车子里忍受塞车之苦，消费者甚至可以在办公室采购他们想要的东西。自由购物是网上购物的最大特色。网上商店推荐的每件商品都附有彩色图示、价目、送货范围、时间等，消费者选定商品后，只需输入银行账号密码，即可完成购物。网络银行、网上订房、网上订票等，不再受时间、地域的限制，方便快捷的方式可以使人享受全天候的服务。

通过网络系统进行交易，使消费者对商店的选择余地广，由于可供选择的商品种类多，消费者不再需要浪费时间和体力上街逛十几家店去寻找他们想要的东西。通过网上对同一类产品的重复搜索，消费者将可更容易地对产品进行比较和比价。对消费者更实惠。目前有不少的网上零售商不但为消费者包装礼品并提供必要的送货服务。该服务还可追踪货品运送的过程以提高服务的水平。

总之，电子商务是商业领域的重大变革，给企业带来了全面的利益，在 Internet 开展电子商务。建立网上商店有助于树立企业形象，增强竞争力，建立未来发展战略优势；可以使企业接触更大的消费群体，获得更多的新消费者，加深企业与消费者间的联系，有利于扩展市场、保持企业的持续发展。与传统商业相比，网上商贸的营销费用低得多、效率高得多，可以节约大量用于广告和促销方面费用，减少许多繁琐的程序、改变了企业的业务流程，大大提高企业的竞争力。

消费者在网上购物，给消费者更大更广阔的购物环境和更多对商品的选择。通过对商品价格比较，带给消费者更多实惠，同时为消费者节约了时间，更方便、更省力。这种模式节省了客户和企业双方的时间和空间，大大提高了交易效率，节省了不必要的开支。

四、消费者在网上购物的过程

电子商务的推广已经使家庭购物成为现实，只要消费者打开电脑，用手敲一敲键盘就能到网络商店来，查看成千上万的商业目录，从目录中挑选自己想要的商品，然后查看商品的规格和性能。随着多媒体网络的应用，还可以把商品的照片甚至三维图形放在网络上，让消费者进入一个虚拟的商店，对商品进行选择；对于选定的商品，消费者可以调出订单进行填写，然后把自己的信用卡号码加进去，用于付款。用户确定后，商家几乎立即就可以收到订单，随即就会送出或寄出消费者选定的商品。消费者网上购物流程包括（如图 2-1 所示）：

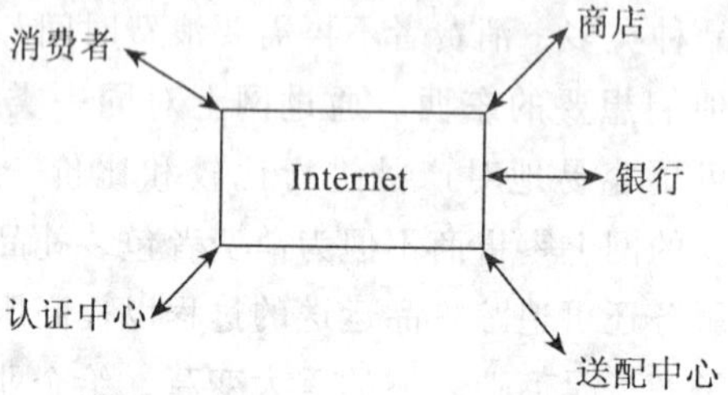

图 2-1　消费者网上购物流程图

（1）消费者坐在自己的计算机前，通过 Internet（大众公用网络）查询自己想购买的物品。

（2）消费者在计算机上输入订货单，包括从哪个销售商店购买什么商品，购买多少，订货单上还注明将此货物在什么时间送到什么地方以及交给何人等信息。

（3）通过电子商务服务器与有关商店联系并立即得到应答，告诉消费者所购货物的单价、应付款数、交货等信息。

(4) 消费者确认后，用电子钱包付钱，将电子钱包装入系统，单击电子钱包的相应项或电子钱包图标，这时电子钱包会立即打开，输入自己的保密口令，消费者确认是自己的电子钱包并从电子钱包中取出其中的一张电子信用卡来付款。

(5) 电子商务服务器对此信用卡号码采用某种保密算法算好并加密后，发送到相应的银行去，同时销售商店也收到了经过加密的购货账单，销售商店将自己的消费者编码加入电子购货账单后，再转送到电子商务服务器上去。这里要注意商店对消费者信用卡上的号码是看不见的，不可能知道，也不应该知道，销售商店无权也无法处理信用卡中的钱款。因此，只要把信用卡送到电子商务服务器上去处理，经过电子商务服务器确认这是一位合法消费者后，将其同时送到信用卡公司和商业银行，在信用卡公司和商业银行之间要进行应收付款钱数和账务往来的电子数据交换和结算处理。信用卡公司将处理请求再送到商业银行请求确认并授权，商业银行确认并授权后送回信用卡公司。

(6) 如果商业银行确认后拒绝并且不予授权，则说明消费者的这张信用卡上的钱不够用了或者是没有钱了，即已经透支。遭到商业银行拒绝后，消费者可以再单击电子钱包的相应项再打开电子钱包，取出另一张电子信用卡重复上述操作。

(7) 如果经商业银行证明这张信用卡有效并授权后，销售商店就可交货。与此同时，销售商店留下整个交易过程中发生往来的财务数据，并且出示一份电子收据发送给消费者。

(8) 上述交易成交后，销售商店就按照消费者提供的电子订货单将货物由发送地点交到消费者在电子订货单中指明的人手中。

对于消费者来说，整个购物过程自始至终都是十分安全可靠的。在购物过程中，消费者可以用任何一种浏览器（例如用 Netscape 浏览器）进行浏览和查看。购物以后无论什么时候一旦需要，消费者即可开机调出电子购物账单，利用浏览器进行查阅。由于消费者的信用卡上的信息别人是看不见的，因此保密性很好，用起来十分安全可靠。这种电子购物方式也非常方便，单击电子钱包调出信用卡，即可利用电子商务服务器立即确认销售商店是真的而不是假冒的。这是与单独使用 Internet 的最大区别。在单独利用 Internet 使用国际信用卡购物时，最令人担心的问题就是害怕销售商店是假冒的，消费者遇到一个自己不了解的假冒商店，一旦买东西就有可能让人把信用卡上的信息全部收去了，这样很不安全。有了电子商务服务器的安全保密措施，就可以保证消费者去购物的销售商店，必定是真的，不会是假冒的，保证消费者安全可靠地购到货物。

就上述电子购物而言，在实际进行过程中，即从消费者输入订货单开始到拿到销售商店出具的电子收据为止的全过程，仅需 5~20 秒的时间。这种电子购物方式十分省事省力省时。购物过程中虽经过信用卡公司和商业银行等多次进行身份确认、银行授权、各种财务数据交换和账务往来等，但所有业务活动都是在极短的时间内完成的。

总之，这种购物过程彻底改变了传统的面对面交易和一手交钱一手交货及面谈等购物方式，这是很有效的、保密性十分强的非常安全保险和可靠的电子购物过程，利用各种电子商务保密服务系统，就可以在 Internet 使用自己的信用卡放心大胆地购买自己所需要的物品。从整个购物过程可以看出，购物的消费者也仅仅就是输入电子订货单说明自己购买的物品，调出自己的电子钱包和电子信用卡，只要电子借记卡上的钱足够即可完成购物，并得到电子收据。这是一种与传统购物方式根本不同的现代高新技术购物方式。

第三节　电子市场

1995 年首先在最发达国家兴起的电子商务迅速普及到全球各个国家。随着 B2B 的广泛展开，新兴的网上电子交易市场出现了。

它总结了人类几百年市场经济的实践，使用现代 Internet 技术，规范性地提供了各种市场组织形式，使市场的启动与关闭逐步个性化，并严格制定了各种市场规则，使竞争更加公开、公平、公正，更有秩序。因而，网上电子市场效率大大提高，电子市场交易成本大大降低。采用网上电子交易市场，标志着人类市场经济活动的一种新手段新方式，它将促进现代化市场体系整体上的成熟和发展。

一、市场的概念

现代经济学认为，市场是一种经济机制，它促使买卖双方通过磋商（洽谈）和竞争达成商品（或服务）的交易，实现商品（或服务）与货币的易位。磋商和竞争的内容包括商品（服务）价格和数量，以及其他事项。传统市场多是有形的，电子交易市场多是无形的，是 Internet 网上的。

二、现代电子市场的分类

现代网上电子交易市场主要分为拍卖市场、交易所（匹配）市场、招投标（投买投卖）市场及洽谈（洽买洽卖）市场等四种类型。不同的市场组织形式在不同的 B2B、B2C、C2C 电子商务中得到应用。

1. 拍卖市场（英、荷、日式、封闭式）

拍卖是人们最熟悉的一种传统市场组织形式，也是 B2C、C2C 电子商务中最常用的市场组织形式。但是，在 B2B 电子商务中，更常常组织反向拍卖。按市场规则分类，拍卖可分为英式、荷式和日式；按信息披露程度，拍卖可分为公开式和封闭式；按交易对象划分，拍卖可分为单式和复式。

（1）英式拍卖的主要特征

最早的拍卖起源于英国。英式拍卖中由卖方启动市场，随着市场的延续，多个买方不断升高自己的购买价格，直至没有更高的买价出现，市场关闭，出价最高的买者胜市。这也是 B2C、C2C 电子商务中最常用的市场组织形式。

英式拍卖可有单式或复式：单式中竞争商品为单一种单个商品（或服务），这时，市场进程为此种商品（服务）的价格发现过程。复式英式拍卖中，可有多个商品参加交易，购买者可在商品价格和数量两方面进行竞争。当市场关闭时，最高出价者获得其欲购买的数量，次高出价者从剩余售货量中获得其欲购数量，以此类推，直至全部商品交易完毕。

英式反向拍卖（Reverse Auction）由买方启动市场，其市场中价格形成的过程与正向拍卖过程正好相反，随市场的延续，出售者不断降低售价，直至没有再低的售价，最低售价者胜市。市场中价格的形成过程见图 2-2。

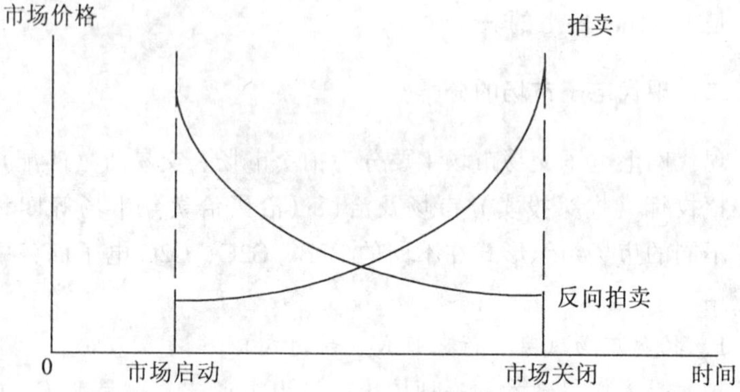

图 2-2　拍卖市场中价格的形成过程

英式反向拍卖是现代网上采购 B2B 电子商务中最常用的市场组织形式。网上采购者（包括联合国、中央政府和各级地方政府、国内外大型采购集团等采购者）通过 B2B 电子商务公司为其组织网上英式反向拍卖，使用网上竞价，大幅降低其采购成本。

（2）荷式拍卖的主要特征

在荷式拍卖中，卖方首先提出一个高位价格，然后按固定差价不断降低报价，只要某一买者接受卖者的报价，市场即刻成交关闭。在荷式反向拍卖中，买方先提出一个低位价格，然后按固定差价不断升高报价，只要某一卖者接受买者的报价，市场即刻成交关闭。荷式拍卖也分为单式和复式，在复式拍卖中，买者可同时报价和报量，直至全部商品成交为止。

荷式拍卖主要起源于荷兰，荷兰是世界鲜花的主要供应国，鲜花市场（比其他消费品市场）要求更显时效性。荷式市场持续时间一般比英式短。

(3) 日式拍卖的主要特征

在英式正向拍卖市场中，大多数买者抱有真实的购物动机，但也有少量买者在这一市场中"哄抬物价"。为了减少上述市场竞争中的这种"不道德"因素，使市场更加公平合理，可以从市场规则和信息披露两方面改进英式拍卖。日式拍卖从市场规则方面改进了英式拍卖，封闭式拍卖从信息披露方面改善了英式拍卖。

日式正向拍卖中，欲参加下一轮竞价者必须在上一轮中报价，在某一轮竞价中未报价者即被市场淘汰出局，无权再参加更高价位的竞价。在这种拍卖中，如果最高出价者只是一个买者，则其胜市；如有多个最高出价者，则按某种随机方式在其中选出胜市者。

日本的许多传统正向拍卖市场中使用上述日式拍卖市场规则，不但改善了市场竞争的公平性，而且缩短了市场的竞价时间，提高了市场效率。

复式日式拍卖规则比单式更复杂一些。在复式日式拍卖中，购买者在卖者价位上报出欲购数量。随着市场的延续，卖者价位逐渐上升，一部分买者逐渐退出市场。这样，买者欲购数量总和（市场需求）也逐渐降低。

卖者欲卖商品数量总和称为市场供给。当市场需求小于或等于市场供给时，市场关闭，最高报价者获得其欲购的商品数量。

在市场供给等于市场需求时，最高报价者恰好可购得其欲购数量。当市场需求小于市场供给时，超供给的（拍卖）商品分配给未做出最高报价的次高报价者（们），分配的方法是按比例分配，即按这些次高报价者（们）欲购数量比例分配。以此类推，直至将全部超供给商品分配完毕。因此，在日式复式拍卖中，非最高报价者还有可能购得部分拍卖品。同样可以制定日式反向拍卖的市场规则。

(4) 封闭式拍卖的主要特征

在英式拍卖中（单式或复式）中，由于市场操作的高度公开性，市场竞争价者的行为在一定程度上缺乏独立性；某一买者的报价和数量信息立即被所有竞价者知晓。为了加强竞价者市场行为的独立性，避免恶意炒作，鼓励买者说实话，不说假话，可使用封闭式拍卖市场。在这种市场中，每个参与者的报价和报量信息对其他参与者是保密的。(例如：可以使用加密电子邮件发送这些信息)。这样，这种封闭式市场的组织者必须严格按市场竞争规则判决胜市者。在网上电子交易市场中，这种组织者经常由计算机（网站服务器）承担，运行按市场竞价规则编制的软件，自动启动市场，延续市场竞争，直至关闭市场，决定胜市者，淘汰违规者。

根据边际价格理论，在某些网上复式封闭市拍卖市场中允许“讨价还价”式报价和报量。例如，在复式拍卖市场中，买者可以报价报量为：“以单价为 10 元买 300 个（商品），以单价为 15 元买 200 个，以单价为 20 元买 100 个。”这样，这位买者实际上做了三种“讨价还价”。根据比较复杂的市场规则，这位买者有可能胜市，或者以 10 元买 300 个，或者以 15 元买 200 个，或者以 20 元买 100 个。当然，这位买者也可能败市。

诺贝尔经济学奖获得者维克瑞早在 1961 年就用高深的数学理论证明：在封闭式英式拍卖规则中，应该让最高出价者胜市，同时，胜市者只需按次高出价者出价付款，购得拍卖品。这种规则可以避免人们在竞价中故弄玄虚，并鼓励说实话者。

在电子商务中，实现封闭式拍卖市场要使用较高的技术环境，对交易双方也提出了较高的素质要求，目前，大多数网上电子交易市场不是封闭式的，而是公开式的。

2．交易所匹配市场

在拍卖和拍买的市场中，买卖双方呈现一对多或多对一的形式：即一个卖者和多个买者（拍卖）或者一个买者多个卖者（反向拍卖）。交易所中存在多个买者和多个卖者，其交易对象经常为同一类（单个或多个）商品，交易所中呈现更复杂的价格发现和形成过程，交易所组织者不断地对多个买者和多个卖者进行匹配（配对）撮合，使他们进入交易环境。匹配的过程又可分为连续匹配和定期匹配：在连续匹配中，当有新的买者或卖者进入市场时，市场立即进行匹配；在定期匹配时，市场每隔一定时间段进行匹配，并将在此时间段内进入市场的买者和卖者一起进行匹配。

一般而言，从交易成交的机会观察，定期匹配好于连续匹配。在定期匹配中，市场往往先匹配卖价低者和买价高者，并提供条件，促进买卖双方进一步洽谈。

3．投卖市场

投卖市场（RFQ）类似于英式反向拍卖市场，不过市场竞争规则更宽松一些。卖者除去报价（和报量）外，还可以投报其他附加条件，如对交易的售后服务的某些要求和承诺。这些附加条件往往加密报送买者，并对其他投卖者保密。投卖市场关闭前专门设置了静场期（例如 20 分钟），以便买者考虑和评价卖者的附加条件（因此，并不一定是报价最低者胜市）。投卖投买可公开操作，亦可封闭运行。B2B 电子商务投卖市场（RFQ）给买者更多的选择和权利，受到集团采购者欢迎。

4．洽谈市场

洽谈市场可分为洽买或洽卖市场，洽买中，买方为主；洽卖中，卖方为主。洽谈的主方称为市场启动者，洽谈的次方称为市场响应者。洽谈中，启动者先提出一个报盘（包括价格和数量以及其他交易条件），响应者或者是接受启动者的报盘，或者提出自己的回盘。双方如此报盘回盘洽谈，直至一方接受另一方的报盘或回盘，双方成交。

洽谈市场可分为平行洽谈市场和顺序洽谈市场。在平行洽谈中，在一个时间段内，一个启动者可以同时和数个响应者洽谈；在顺序洽谈中，在一个时间段内，启动者按顺序一个一个地与响应者洽谈。平行洽谈的竞争性强于顺序洽谈，但市场秩序维持和管理比后者复杂。

第四节 企业内部电子商务

一、企业内部电子商务的概念和特点

1. 企业内部电子商务的概念

所谓企业内部电子商务，是指为了及时、高效地满足市场需求，提高企业的经济效益和市场竞争力，企业各部门之间以企业内部网（Intranet）为基础而进行的电子商务活动。相对电子商务而言，企业内部电子商务是同一企业内部各部门之间进行的商务活动，它以企业的网络资源和各种通讯设施为基础，通过相互间的信息交换及第三方的物流配送，迅速高效地完成企业的各种生产经营活动或服务。

概括来说，企业内部电子商务的功能主要包括：

(1) 信息发布和交流。企业各部门可以在 Intranet 上发布各类信息，也可以通过 Intranet 来检索需要的信息。而且，有业务往来的部门间也可以通过 Intranet 进行交流和沟通，如有关的交易规则、支付和配送方式等。

(2) 内部业务洽谈。有业务发生的部门，可以通过 Intranet（而不必面对面地）进行有关业务事项的商谈。

(3) 意见和信息反馈。作为买方的部门可以把自己的意见反馈给卖方部门，同时，也可以把自己所了解的别的企业或商家有关商品或服务的信息提供给卖方部门，以便卖方部门做出及时调整，从

而更具有市场竞争力。

(4) 商品和服务查询。买方部门可以通过 Intranet 对所需要的商品或服务进行在线查询，也可以对所订购的产品或服务的送达情况进行查询，以便于相互间的进一步沟通。

2. 企业内部电子商务的特点

企业内部电子商务是以企业内部网为基础、在企业各部门之间开展的，因此，它相对企业间的电子商务而言，具有以下几方面的特点：

(1) 与 Internet 相比较，Intranet 具有更好的安全性，并且更加易于管理和维护。由于网络防火墙的作用，具有访问权的人员才能够使用 Intranet。因此，在企业内部电子商务实施过程中，只要企业内部网做好了安全防范工作，企业内部电子商务的安全问题就能得到很好的解决。

(2) 在企业内部电子商务的开发和使用过程中，企业内部因素将对其产生很大的影响。如企业高层领导者的决策，企业内部网的建设、维护和开发，企业各部门之间的相互协作与配合程度，企业所拥有的网络技术人员的素质等必定会影响企业内部电子商务的建立和使用。

(3) 与电子商务的实施相比，在企业内部电子商务实施过程中，网上支付已经不是难以解决的问题。企业各部门可以通过直接转账等方式来完成网上支付问题，有效性相对较高。另外，有些企业各部门之间没有实行独立经济核算，则不存在网上支付这个问题。

(4) 由于企业内部电子商务是在同一企业的各部门之间开展的，与交易有关的标准、规则的制定相对简单且容易操作，而且，不存在是否与外部电子商务贸易准则相一致的问题。

(5) 企业间电子商务实施中存在的税务问题，在企业内部电子商务实施中也相对容易解决。

二、发展企业内部电子商务的必要性

随着计算机通信技术及网络技术的迅猛发展，电子商务作为一种新型的经济运作模式和商务手段得到了迅速推广和普及。任何一个商业组织都面临着改变自己的运作方式和组织机构来适应这种全球性的发展和变化的局面。调查表明，近几年在中国电子商务的研究和应用中，企业与企业之间、企业与个人之间的电子商务活动都有不同程度的开展和实施，但在企业内部利用 Intranet 进行电子商务的研究和应用方面却做得很少。虽然人们在企业间电子商务的研究和实施上投入了许多精力，但是，主、客观条件的限制却极大地影响了企业间电子商务的效果。中国企业的电子商务发展存在下列一些关键问题：

第一，中国在电子商务的研究和应用方面起步较晚，必须在摸索中逐步找到适合中国特色的建设方向和模式。第二，目前我国信息化、网络化建设的许多基础设施还很不完善。第三，有关的法律、法规、制度等还不完善。第四，中国的许多大中型企业缺乏防范风险和抵御风险的能力，对市场反应不敏感。第五，企业自身在发展过程中存在的一些问题，如体制问题，企业高层领导者的业务水平和管理水平问题，企业普遍缺乏高素质信息技术人才的问题等。所有这些问题表明，在中国目前情况下发展和实施大范围、全方位的电子商务存在很大困难。然而，全球范围内经济贸易的一体化、网络化是必然趋势，不会因为某一国家或地区的条件不成熟而发生改变，电子商务适应这种趋势，是信息化、网络化的必然产物。因此，中国企业必须努力发展电子商务，以便融入全球经济发展的潮流中。进行企业内部电子商务，既可以使企业避开目前条件下发展电子商务的许多不足，又可以使企业在实施内部电子商务的过程中逐步开展对外的电子商务活动。

中国企业制度的改革，使得许多大中型企业各部门相对独立并拥有一定的经营自主权，各部门之间可以以商务形式建立联系。同时，各部门像企业一样，直接受到市场作用的影响，有各自经济效益的考虑。在旧体制作用下彼此间必然的业务往来，却在新的体制下由于受市场的影响而变得很有弹性：在价格不合适或对原料质量不满意的情况下，生产部门不一定必然使用采购部门供应的原料，生产部门可以使用通过别的途径得到的更理想的原料。因此，受经济利益的驱使，各部门都会考虑采用先进的贸易方式，减少不必要的中间环节，降低交易成本，提高效率和效益。

在市场经济体制下，顾客需求是企业和商家的第一推动力，几乎所有企业的生产和服务都是围绕顾客需求展开的；而人们的需求是多方面的，也是迅速变化的。为了占有一定的市场，具有一定的竞争力，企业不仅需要先进的技术、高素质的管理人员和专业技术人员，还需要引进科学的运作模式。

企业内部电子商务是信息化、网络化的产物，是一种新的经济运作模式，它能够减少无效中间环节、降低交易成本、提高企业生产效率和经济效益，能够很好地满足企业各部门及时掌握市场信息、提高市场竞争力的需要。为了能够在中国现有的条件下适应全球经济发展的趋势，中国的大中型企业就必须注意调整战略方向，把着眼点放在企业内部电子商务的发展和完善上，重视企业 Intranet 的重要作用，将企业内部电子商务的建设与改善企业经营管理相结合，降低成本，提高生产力，将企业信息化与电子化转化为企业生产效率的增长。同时，企业经济效益和生产力水平的提高必然推动中国经济效益和生产力水平的提高，从而为中国大范围内电子商务的发展和实施创造有利条件。

三、发展企业内部电子商务的优越性

在全球范围内发展和实施电子商务，存在两大主要问题：一是安全问题，二是配套设施的建设和完成电子贸易所涉及的成本费用问题。企业或商家都以提高自身的经济效益为目的，商业机密被窃取、某一贸易的成本大于收益（经济效益为负值）都会直接影响

企业或商家的利益，这是他们所不能接受的。在企业内部实施电子商务将有效地克服这两方面的问题。目前中国大中型企业开展企业内部电子商务具有以下优越性：

(1) 大中型企业普遍建立了企业内部网，可以充分利用 Intranet 有效避免 Internet 所固有的可靠性差、网络结构不清晰以及缺乏统一管理和维护等缺点，使企业内部秘密或敏感信息受到网络防火墙的安全保护，同 Internet 相比，Intranet 更加安全可靠。

(2) 企业内部电子商务是在企业内部展开的，比较容易操作。一方面，企业各部门之间经常需要相互协作，对彼此的业务需求和规程比较熟悉；再者，一个企业的生产规模相对较小，部门间的业务来往也比较简单，相应的电子交易规则也较简单。

(3) 企业内部电子商务在业务方面相对集中且单一，对相关配套设施要求不高（如认证体系、配送体系、支付方式等），对专业技术人员要求也较低。这些也极大地降低了企业开发电子商务的初期投资。

(4) 企业内部电子商务的信誉风险明显降低。

总之，开发和实施企业内部电子商务，可以充分利用企业内部网络资源，降低企业开展电子商务的投资规模，缩短流通渠道及生产周期，减少企业库存及无效中间环节，从而提高企业运行效率和经济效益。

四、企业内部电子商务的发展策略

企业内部电子商务是在 Intranet 的基础上实施的，Intranet 在企业内部电子商务的开展和实施过程中起着基础性作用。企业开展和实施内部电子商务需要一定的人力、物力和财力，尽管电子商务能够减少贸易环节、降低交易成本，但是，如果企业内部不具备开展电子商务的条件，只是附和着别的企业开展电子商务，将会导致花费巨大的电子商务系统不能发挥应有的作用。因此，企业开展和实施电子商务要结合企业自身特点进行，在综合考虑各方面条件的基础上进行。

(1) 在企业内部采用电子商务模式之前，应做好各项基本准备工作，如征求企业各领导层的大力支持，有一定的专项技术资金，有相当完善的企业内部网络设施，培训相关技术人员等。

(2) 企业在实施企业内部电子商务时一定要结合本企业的具体情况和实际能力，找到适合自身发展需要的模式。

(3) 跟踪市场，加强政策研究。电子商务的发展速度快，在发展过程中，既有自身的先进性，又存在与现有体制之间的矛盾，因此，企业在开展电子商务过程中，要对市场变化反应敏感，加强研究，并适时地调整企业有关的方针政策。

(4) 企业在实施企业内部电子商务之前，一定要做好经济效益评估，进行成本-效益分析，不要为了追求形式而不考虑实际情况。

(5) 加强电子商务技术人才培养和开发。电子商务需要大量的计算机技术和网络信息技术人才，企业在培养出自己需要的专业人才之后，还要给员工创建良好的工作和生活环境，提高企业高层管理者的管理水平。

(6) 寻找机会与国外企业或公司进行合作，学习国外电子商务先进的运作模式和技术手段，在学习国外电子商务先进经验的基础上加以借鉴和运用，以形成具有企业自身特色的电子商务模式。

第三章　电子商务的信息系统建设

信息系统作为电子商务的后台，是电子商务系统的一个重要组成部分。本章主要介绍电子商务系统信息系统建设，包括信息系统的基本原理、物流信息系统和数据库技术等内容。

第一节　信息系统概述

一、信息系统的基本概念

信息系统（Information System，IS）是以加工处理信息为主的系统，它对信息进行采集、处理、存储、管理、检索和传输，并在需要时提供有用的信息，它是由硬件和软件、方法、过程以及人员组成的联合体。

信息系统的基本模式可以用图 3-1 来表示。

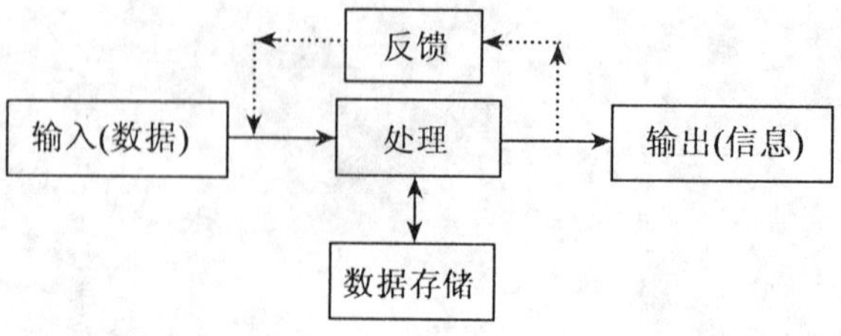

图 3-1　信息系统的基本模式

1. 输入

在信息系统中，输入是获取和收集原始数据的活动。例如，要制作一个学生的某一学期的成绩单，首先应该从各个从事该学生教学的教师那里收集该学生的各门功课的成绩。输入的方式有很多种，可以是通过计算机的某一个处理系统，也可以通过电话等。输入还可以包括手工输入和自动输入等多种方式。例如超市中的条形码阅读器就是一种自动输入设备，它主要是读取商品上的条形码，然后将商品号和价格传输至计算机化的收银台中。但是不管采用何种输入方式，输入数据的准确性是非常重要的。

2. 处理

在信息系统中，处理是将数据转换或者变换为有效的输出，处理包括计算、比较、替换操作。处理可以手工完成，也可以由计算机辅助完成。例如，在一个学生学分计算系统中，必须将每个学生的学习成绩替换为学分，所要求的处理就是将成绩与学分对照进行替换；又比如，在工资信息系统中，必须将每个员工的工作时间转换为工资数，其处理就是将员工工作时间乘以员工的单位时间工资，以得到总工资数，在加上一些员工加班等的工资，减去税额、保险等的支出，就是一个员工的应得工资数。

3. 输出

在信息系统中，输出是指生成所需要的信息，通常以文档或图形的形式出现。例如，给员工的工资单是以文档的形式给出，而股票交易所的股票交易，则通过文档和图形两种方式给出。

输出也可以有多种不同的形式，但在以计算机为主要手段的信息系统中，打印机和显示器是最常用的输出设备。

4. 反馈

在信息系统中，反馈是用来改变输入或处理输出的一种机制。反馈回来的误差或问题可以用来修正输入数据或改变某个过程。例如在一个学生成绩计算系统中，如果输入的学生成绩超过 100 分（以百分制计算），则系统就会产生一个出错提示，这就是一个反馈，否则系统的正确性就令人怀疑。

反馈对管理和决策人员也非常重要。比如，一个信息系统的输出可能表明某些商品的存货水平正在下降，这时，管理人员就可以利用该反馈信息进行必要的订货，这样新的存货订单就变成了系统输入信息。在这种情况下，反馈系统就会告诉管理人员，存货已经低于所要求的最低库存了。

5. 数据存储

在信息系统中，数据存储是将信息系统的输入或处理数据加以保存，以备将来使用。一般地，管理的数据需要一次存储，多次使用，并且要求多个处理过程实现数据共享。因此要将大量的加工或为加工的数据保存在适当的存储设备上，在需要时可随时进行存取或更新。数据存储可以使用文件或数据库方式，不同的存储方式具有不同的存取方法和存取途径。人工处理过程所需要的数据存储，则以账册、单据、资料等形式组成。

二、基于计算机的企业信息系统

基于计算机的企业信息系统由硬件、软件、数据库、远程通信和网络、管理人员以及数据和信息的收集、操作、存储等各种过程所组成。

1. 硬件

硬件是用来执行输入、输出和处理活动的计算机设备。其中输入设备包括键盘、自动扫描设备、字符阅读设备以及其他能够输入数据的设备。处理设备包括中央处理器、内存、存储器等；输出设备包括打印机、计算机显示器等设备。

2. 软件

软件是各式各样的用于完成特定任务的计算机程序。这些程序可以使计算机处理诸如工资单、报表等任务的信息。软件主要分为系统软件和应用软件两类。例如，操作系统是一种系统软件，而Microsoft 的 Office 2000 就是一种应用软件。

3. 数据库

数据库是信息的有组织的集合，如学生、成绩单、学分等各种有关的事实和信息。许多管理人员和领导认为数据库是计算机信息系统中最为重要的组成部分之一。

4. 远程通信和网络

远程通信可以将计算机系统连成高效的网络。网络可以在一栋大楼内，也可以在一个城市或国家内，甚至可以是整个世界的计算机设备连接成一个计算机网络，如互联网。利用远程通信和网络，人们可以通过电子邮件或语音邮件来进行交流，还可以进行团队式的工作。

5. 管理人员

管理人员是信息系统的一个最为重要的因素。信息系统的管理人员包括运行管理、程序设计管理等各类管理人员。

6. 过程

过程包括使用计算机信息系统的战略、政策、方法和规则等。例如，权限过程中就规定了不同的信息系统用户能访问数据库中的那些信息，特别是在当今计算机飞速发展的时代，信息系统的安全已经变得越来越重要了。

三、各类信息系统简介

在企业的信息系统分类中，一般将信息系统分为事务处理系统（Transaction Processing System，TPS）、管理信息系统（Management Information System，MIS）、决策支持系统（Decision Support System，DSS）和专家系统（Expert System，ES）四类。

1. 事务处理系统

事务是所有与企业有关的交易，如对员工工资的支付、对顾客的销售等，事物处理系统是组织中用来记录完成企业交易的人员、过程以及数据库和各种有组织的集合。从20世纪50年代开始，计算机已经应用于一般的企业中时，事务处理系统就开始应用了。

事务处理系统最为典型的例子包括民航订票系统、订单处理系统、销售点 POS 系统等。

2. 管理信息系统

管理信息系统是用来为管理人员和决策者提供日常信息中的人员、过程、数据库和设备的有组织的集合。管理信息系统主要关注企业的经营效率，管理信息系统可以支持营销、生产、财务和其他职能部门的工作，并将这些部门通过一个主题数据库联系在一起。管理信息系统兴起于 20 世纪 60 年代，主要是利用管理信息系统来生成各种管理报告和报表。在大多数情况下，这些早期的报告是定期生成的——每天、每周、每月或每年定期生成。当然还可以为决策者生成某类需求信息的需求报告。

管理信息系统往往具有综合性较强的数据处理功能，典型的例子包括市场信息系统、职工管理信息系统、生产管理中的材料需求计划信息系统（MRP）以及后来发展的制造资源规划系统（MRP Ⅱ）、企业资源规划系统（ERP）。在一般情况下，完整的管理信息系统应该是包括企事业中人、财、物、设备、技术与方法 5 个方面信息的综合性系统。

3. 决策支持系统

到 20 世纪 70 年代，技术进步使得信息系统比早期的系统成本低但功能强。组织中各个层次的人们都开始使用个人电脑来完成各种工作，他们并不仅仅依靠信息系统部门为他们提供全部所需的信息，在这个期间内，人们开始认识到计算机还可以支持其他的决策活动。决策支持系统是支持某些决策人员、决策过程、数据库和设备的有组织的集合。决策支持系统的关键在于决策的有效性。决策支持系统的作用在于帮助企业的管理和决策人员“做正确的事情”。

决策支持系统可以支持和辅助各种问题的决策过程。决策支持系统的范围已超出传统管理信息系统的范围，能够对传统管理信息系统所不支持的诸如半结构化或非结构化的复杂问题提供立即支持和帮助。例如，国家想在一个地区建立一个核电厂，传统的管理信息系统很少解决这个问题，决策支持系统可以帮助提供各种备选方案，并帮助做出最终决定。问题很复杂且制定决策所需的信息难以获得和利用时，通常使用决策支持系统。决策支持系统还包括管理人员自身的判断，他们常常在开发和实施决策支持系统时发挥积极的作用。决策支持系统从管理某个方面开始运行，并认识到不同的管理风格和决策类型要求不同的系统，例如，两位处于相同职位的部门经理要解决相同的问题时，两人所需的信息和支持可能不同。决策支持系统的重点是支持管理和决策人员做出决策，而不是代替管理和决策人员做决策。决策支持系统主要包括用于支持决策者的用户模型库、知识库、数据库等。

4．专家系统

随着计算机的飞速发展，人工智能的概念已经越来越被人们提起，人工智能的领域包括机器人学、自然语言理解、学习系统、专家系统等多个方面。特别是专家系统经过一定时期的发展，已经变得越来越重要。

专家系统是帮助一个组织获取和利用专家和专门人员的智慧。因此，某人多年的经验和技能不会由于这个人的死亡、退休或工作调动而丢失。专家系统可以应用于几乎所有的领域或学科，例如，监控复杂的系统（如电力系统）、确定可能的维修问题、设计和配置信息系统的组成、为新产品或新投资战略制作营销计划等不同的领域。

从20世纪80年代末开始，人工智能和专家系统在经历了一定时期的挫折后得到了充分的应用。越来越多的组织开始使用这些系统来解决复杂的问题，在面临困难的决策问题时予以支持。

四、建设信息系统的注意事项

电子商务企业在进行信息系统建设的时候，面对市场上眼花缭乱的软硬件产品和系统集成商的解决方案与承诺，如何成功地将网络构建、硬件选型、软件应用、数据库等各类系统一揽子有机地集成在一起，并不是一件简单的事。要达到企业自身的需求和目标，全面而系统地优选先进的技术和产品，完成信息系统软硬件配置，取得满意的实际应用的效果，企业自身必须要有一个清醒的认识，必须要有一个全面系统的规划和方案。

实践证明，由于企业在信息系统建设之前考虑不周，导致系统建设好了以后实际应用效果不佳的例子屡见不鲜。往往是一套系统并没有怎么使用，就需要重新构建新的系统，做成了“半拉子”工程。因此，企业在进行系统建设之前，应注意以下几方面的问题。

1. 准确定位自身需求，确定系统实现目标

企业的需求定位对系统的构建至关重要，需求定位往往决定系统的规模和投资，以及后期的应用和维护。然而我国近 20 年来信息系统建设的教训告诉我们，有些企业由于对自身需求缺乏有效的分析和认识，对信息系统的预期目标期望太高，结果虽然投入了大量的人力、物力，最终应用效果并不理想，造成了财力的巨大浪费和企业员工对信息化热情的锐减。

例如，某集团型企业准备构建一套信息网络系统，希望实现企业生产经营过程中各类数据的传递和共享，并且希望通过网络实现 IP 语音电话和视频会议等功能。但是，该企业的实际情况却是，集团总部与下属企业均处于山区地带，总部下属企业之间、下属企业相互之间，都相距甚远。传输介质的选择成为系统构建首要考虑的问题。要达到数据、语音、视频传输，就要求带宽特别高。铺设光缆当为首选，但是工程浩大，所需资金可想而知；租用电信 DDN 专线，2 兆以上每年下来将近百万元；用无线微波，山高路远，条件制约。

所以，在确定企业需求的时候，企业的决策层必须立足现状，做出抉择。实际上，企业目前最为迫切需要解决的问题是如何将生产经营中的各类数据有效地采集、归并、分析，实现企业信息共享。因此，该企业的需求应定位在数据的采集和共享上。由此可见，企业在系统规划时，对自身需求和所要达到的目标要有一个清

醒的认识，准确的定位是系统构建的第一步，这项工作做好了，才能为后面的工作扫清障碍、奠定基础。

2. 调研与咨询同行业中已取得成功的案例，汲取经验，确定实施计划及方案

在企业对自身需求有了一个明确的目标之后，就要进行方案的具体研究、设计、论证，最终确定具体的方案实施细则。此项工作应紧紧围绕系统目标来进行。尤其是要建设一套大型的信息系统，这类项目有一个总体规划。分步实施过程，更要在事前进行周密、详细的调研，细化方案，层层分解，既要拿出总体设计框架结构，又要根据企业近期目标设计出一期方案。

最为有效的方法是，直接在同行企业中了解同类系统已取得成功案例的经验，在“走出去”与“请进来”中，抛弃狭隘的封闭观念，参观一些展览和走访一些企业，或聘请专业的咨询公司进行方案的规划、设计、可行性论证和相关的培训，吸收他人成功的经验，发挥“后发优势”，借人所长，为我所用，从而形成适合本企业具体特点和需求的详细的方案设计。

当然，对于缺乏技术支持和项目经验的企业来说，在上述系统分析和方案设计的时候，就可提前与几家集成厂商取得联系，征询他们的意见和方案，并由企业主管部门反复研究和分析，优选方案，形成观点，呈报决策机构。经过决策层从总体规划和管理角度的全盘考虑，做出立项的最后决策。

3. 进行市场调查，选择优秀的系统集成商

随着国家企业信息化建设的推进和理论体系的成熟，企业对系统集成商的要求也越来越高，系统集成商从硬件供应的“搬箱子”和“螺丝钉”的阶段已经过渡到向软硬件解决方案提供者的阶段。目前，国家已经建立了计算机信息系统集成资质管理制度，并开展了相应的资质认证工作。在信息产业部颁布的《计算机信息系统集成资质等级评定条件（试行）》中，明确规定“从事计算机信息系统集成业务的单位，必须经过资质认证并取得《计算机信息系统集

成资质证书》”。因此，企业在进行信息系统建设的时候，可以根据自身需求和目标以及集成商的资质等级来选择具有相当实力的承建单位，尤其是集成商的资质、信誉、经验，相当重要。系统集成不仅仅是软硬件组合的简单过程，更为重要的是工程建成后的服务、培训、支持有没有保障，能不能为企业提供一个长期有效的信息化服务，是企业成功应用的关键。“软件就是服务”的观念应当得到认同。

4. 企业信息系统要围绕着企业的核心业务和主导流程

任何一个企业，无论是资源型企业、商业企业，还是金融、制造以及社会中介机构，只要是企业，就必须有其独特的主营业务，即核心业务，而核心业务的运作过程就是企业的主导流程。

许多成功的企业在搞企业信息化时，总是紧紧地围绕着企业的核心业务和主导流程来开展的。零售帝国沃尔玛的核心业务是商品零售，而要保证其遍布全球的连锁店能够正常经营，货物配送就成了它的主导流程，因而，沃尔玛不惜花费巨资来“化”它的核心业务和主导流程。再比如，青岛海尔是一个制造型企业，它在国内率先采用了 CIMS（计算机集成制造系统），取得了非常好的效果。现在，海尔全面实行了“索酬、索赔、跳闸”（SST）的内部市场链管理制度，彻底打破了原先“金字塔”式的企业架构，形成了促使企业发展的有序非平衡结构。索酬就是通过建立市场链为服务对象服好务，从市场中取得报酬；索赔体现了市场链管理流程中部门与部门、上道工序与下道工序之间的关系，如果不能“履约”，就要被索赔；跳闸就是发挥闸口的作用，如果既不索酬也不索赔，第三方就会自动“跳闸”，“闸”出问题来。“市场链”实质上是以订单信息流为中心，带动物流和资金流的运行。如果再深入一步认识海尔的市场链管理，其实就是企业的业务流程再造。还有玉溪卷烟厂，也是紧紧围绕其核心业务，几年前就开发成功了市场营销信息系统，大大地提高了企业的运营能力。

5. 要充分发挥各个方面人员的才能

在建造以计算机为支撑的信息系统时，如果计算机专业人员与管理专业人员不能很好地沟通，那么系统也必然终致失败。因此成功的信息系统必须融合各个方面人员的力量。

第二节　电子商务信息系统解决方案——Intranet

一、Intranet 的概念

Intranet 并不是一个独立于 Internet 之外的新领域，实际上，它是一系列使用 Internet 标准协议的客户网络，这种网络是基于 TCP/IP 协议的，我们可以这样来定义 Intranet：Intranet 是在一个组织内部使用 Internet 技术实现通信和信息访问的方式，它是一个针对企业的人员、处理和信息的集成机制，是一种协作信息网络，它的用途完全取决于用户的需求，作为信息系统的一种模式，它是基于 Internet 标准的、在组织内部的、能够提供一定程度的集成和访问的信息系统。

1. Intranet 的结构

企业 Intranet 实际上是将企业信息系统和通信系统结合在一起的一个环境，它是一种典型的 C/S 三层结构，具体表现在：

第一层　用户服务层：WWW 浏览器，在客户端，向由 URL（Uniform Resource Locator，统一资源定位器）所指定的 Web 服务器，提出服务请求。Web 服务器在对用户的请求进行身份验证后，使用 HTTP 协议把用户所需要的信息传送给用户，并将所接收到的信息显示在计算机显示器上。

第二层　业务服务层：具有 CGI（Common Gateway Interface，公共网关接口）和 ASP（Active Server Page）的 Web 服务器，这类服务器接收用户请求，首先执行 CGI 或 ASP 程序，与数据库相连接，进行用户数据请求处理，并将满足需要的数据返回给 Web 服务器，再由服务器传送给客户端。

第三层 数据服务层：数据库服务器，用户所需要的数据均存放在数据库服务器中，通过业务服务层来进行连接。

Intranet 的参考模型如图 3-2 所示。

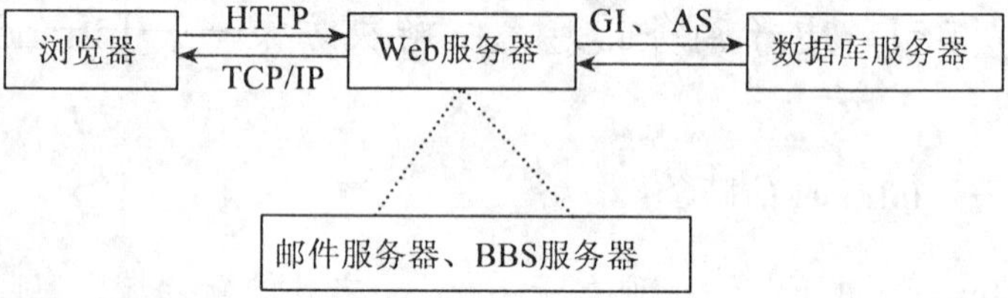

图 3-2 Intranet 参考模型

在图 3-2 中，客户机部分以 Web 浏览器为主导，支持 HTML、XML 文档显示以及 Java Applet 的运行，Web 服务器部分以 Web 服务器为核心，通过接口与数据库服务器相连接，并耦合其他的服务器应用，如邮件服务器、BBS 服务器等。

2. Intranet 的应用

Intranet 可以应用于企业的各个方面，特别是对电子商务企业来说，Intranet 的应用更加广泛，这里主要介绍 Intranet 在企业各个部门的应用情况。Intranet 的应用可以包括信息公告、企业内部信息的处理、网络营销、客户服务、行政事务处理、信息收集以及企业决策等各个方面。

(1) 信息公告

Intranet 的一个重要应用就是信息公告，在 Intranet 上发布各种消息。

① 公布企业或公司的非机密性的技术资料，提供给其他部门、企业或顾客来访问。这样，一方面可以让别人了解公司的有关技术背景、技术力量，同时还可以让顾客来参与企业的产品开发，可以吸收顾客的一些有价值的建议。

② 公布企业产品的竞争对手产品的对照资料，在确信自己的产品比对手的产品具有更大的优势时，可以通过 Intranet 与 Internet 的连接，宣传自己的产品，以吸引更多的顾客。

③ 公布企业或公司的各种规章制度，以便员工或顾客了解，例如在 Intranet 上公布公司的员工手册、预算方针、人力资源政策和计划细节。

④ 提供访问和提交各种公司表格的功能，如出差报告、费用凭证、休假申请等。

(2) 网络营销

网络销售是电子商务时代的一种重要的产品销售模式，在这种销售模式下，Intranet 的作用将变得非常重要，特别是对于有很多销售网点而且地域分布广的电子商务企业。

① 市场和销售。通过 WWW 迅速发送市场销售信息、产品相关信息、产品价格列表以及销售点的资料，并可以将相关资料在企业内部通过 Intranet 传送到其他相关部门，以取得信息的共享，而不是采用人工方法来完成这些工作。

② 产品销售策略。可以在企业内部的各个部门之间实现产品销售策略的共享。

③ 允许中途截取或跟踪订单。根据客户的订单了解订单的整个处理过程，以便随时应答客户的问题，在必要时可以中途截取客户的订单。

④ 在 Intranet 上出版多媒体信息、发布产品广告，以此取代手册或录像资料并吸引更多的客户。

⑤ 允许市场销售人员从世界的任何地方访问由公司负责维护的最新客户资料库、产品信息库等信息。

⑥ 为完整的销售周期提供支持，包括销售支持资源、销售工具、参考信息的链接定制等以及销售周期的每一个步骤。

(3) 客户服务

电子商务中，客户服务是非常重要的环节之一，客户服务中心作为 Intranet 的内容之一，在电子商务应用中是直接关系企业成败的关键因素之一。Intranet 可以应用于客户服务的下列方面：

① 提供放置订单、订单跟踪的途径，并提供让顾客询问问题的通道，通过 Intranet，企业的各个部门可以了解公司目前订单的处理情况，并可以根据需要进行特殊处理，这样在顾客提出关于订单处理的问题时就可以通过 Intranet 的一些辅助功能（如电子邮箱、Web 页面等）提供解决问题的通道。

② 客户服务中心可以通过 Intranet 主动为顾客解决问题，客户服务中心可以将顾客所提出的问题进行分类，并制作成数据库，这样在出现相同或类似的问题时，就可以直接从数据库中找出该问题的解答。同时，客户服务中心还可以公布自己的网页，让客户自己通过互联网进入客户服务中心的问题解答项中，寻找所提出问题的答案。在顾客可能提出一些与客户服务中心无关的问题时也可以通过 Intranet 联系其他部门来解决。

③ 发布公司技术公告，以供用户访问，顾客可以通过服务中心的公告，了解公司的更多产品以及有关信息，达到更多的产品销售机会。

④ 支持与卖主和供应商的交流，包括询价、报价、按时间表发货等，客户服务中心还可以实现与供应商等的沟通，以得到产品价格、货物发送时间、货物到达时间等的信息，以便给企业相关部门提供更好的服务信息，以解决公司内部的信息需求。

(4) 行政事务处理

电子商务企业的行政事务包括财务、人事、后勤等多个方面，通过 Intranet，使得企业行政事务电脑化、网络化，从而可以提高整个企业的工作效率。具体来说表现在：

① 行政业务信息的计算机化。通过在企业的 Intranet 上发布行政业务信息，可以指导员工特别是新员工了解企业的有关情况，使他们更清楚地知道如何办理相关业务。同时也可以让员工通过网络办理相关的业务。例如对员工出差费用的申请，传统的方式是员

工填写一些表格，再到总务部门去申报；而通过 Intranet，员工就可以在网络上填写这些表格，再传递到总务部门的相关人员处，从而可以节省时间。再比如，有了 Intranet 后，企业员工的签到、签退、加班、请假等事务就可以减轻许多，也不再需要原来的那些打卡设备了，而是通过电脑来完成这些工作，并自动完成相关的计算任务。

② 提供询问的通道。通常一个部门的业务只有该部门的员工比较熟悉，因此有必要提供一个通道让其他人在遇到困难时可以通过该渠道来解决问题，而行政部门也可以将一些员工经常询问的问题做成表格供员工通过 Intranet 来查询。

(5) 信息处理

电子商务中的信息处理是特别重要的，这种信息的处理通常是由公司的信息部门来完成的，信息部门的任务就是进行信息的收集、处理并将结果通知其他部门，传统方式下这些工作都是手工完成的，而在 Intranet 方式下，这些工作变得简单而有序。具体来说，电子商务中的信息处理包括：

① 信息分类。通过 Intranet 将所收集到的信息进行分类并传递到相关部门，这样使员工（或顾客）在需要信息的时候可以非常容易地得到所需信息。

② 提供信息搜寻功能。也就是帮助员工方便地查找他所需要的信息。此外如果员工要找的信息分布在多个类别中，或者员工不太清楚此项信息应该属于哪个类别，这项功能就可以很快地解决员工的困难，这样员工可以快速查找信息，工作效率自然也就提高了。

③ 发布新闻。可以将企业的新闻发布在 Intranet 上，从而可以让员工以及顾客了解公司（或企业）的有关新动向。

(6) 企业决策

电子商务企业建立 Intranet 可以为企业的决策提供非常即时、重要的信息，具体表现在：

① 实时取得信息。决策部门或决策人员可以通过 Intranet 实时地得到所需要的信息，从而为决策提供必要的帮助。

② 迅速收集资料。如果在做决策时发现资料不能满足要求，可以通过 Intranet 来迅速收集资料，例如，当要做一些公司部门的决策而需要员工的意见时，可以通过 Intranet 准备好意见调查表，要求员工参与并填写好意见，再由 Intranet 的相关部分完成统计、加工和提炼，达到快速收集资料的目的。再比如，如果需要进行新产品的决策而需要了解客户的意见也可以通过 Intranet 与 Internet 的连接广泛向客户征求意见。

③ 电子投票。这一点与意见调查类似，但又不完全相同，比如通过 Intranet 来选举企业或公司某一个部门的成员。

二、Intranet 的计划与建设

1. Intranet 的建设计划

一个成功企业 Intranet 的建设并不只是技术和系统开发就可以实现的，系统建设人员应该把精力集中在 Intranet 的内容、组织的信息需求以及员工的使用方式等方面，在建设 Intranet 之前，必须有一个完整的 Intranet 建设计划。

Intranet 的建设计划包括成立 Intranet 领导小组、系统调查、制定 Intranet 策略、规划建设方案、评估建设成本和时间、时间安排等六个部分。

(1) 成立 Intranet 领导小组

要建设一个成功的 Intranet，一个责任明确、运作得当的领导小组是一个重要的因素。领导小组将负责指导 Intranet 的开发和实现。一般来说，该小组的组长应该由企业或公司的信息主管或第一把手来担任，他的主要工作就是促进领导小组工作的开展，保证小组工作的高效、顺利进行。小组的成员应该是跨部门的，并且应该包括各个部门的主要负责人、系统开发专家、网络专家等。

(2) 系统调查

系统调查的主要目的就是收集资料，收集到的资料越多，对后续阶段的工作开展就越有利，调查出的数据越准确，对后续阶段的预测也就越有帮助，系统调查包括：

① 硬件设备调查。该调查的主要目的是了解企业目前的计算机化程度，这是因为建立 Intranet 的基本环境就是让单位的每个员工都能够连上公司的内部网络，所以对于组织内部各个部门的计算机化程度要有一个明确的认识，硬件设备调查包括：计算机设备清单、单位内部已有的服务器数量、各台服务器的工作任务、服务器的运行状况、内部网络的运行状况、对外网络是否顺畅等，通过计算机设备调查，就可以决定在后续的 Intranet 建设中设备的投资。

② 员工计算机水平调查。员工对于计算机和网络的熟悉程度对于 Intranet 的成功与否有直接的关系。如果一个企业内部员工对于计算机的使用或网络的概念都不清楚，那么推广 Intranet 的难度可想而知；如果原来企业内部已经具备计算机化的作业流程，则员工对于 Intranet 的接受程度也会高一些。所以在建设 Intranet 之前，需要对企业内部员工的计算机水平进行比较细致的调查，以便为 Intranet 建成后培训工作提供相关资料。如果员工的计算机水平很低，则应该在建设 Intranet 之前就对员工进行一定层次的培训工作，以免员工由于对新环境的不适应而产生逆反心理，进而导致 Intranet 的建设失败。同时，对企业领导的计算机接受程度也要进行一定的调查，这对 Intranet 的成功是非常重要的一个因素。

③ Intranet 产品调查。在信息时代，产品的更新换代是非常快的，通常每到一定的时间一个计算机产品或软件产品的一个生命周期就结束了，所以对 Intranet 产品的技术动向的调查是十分必要的，对目前市场上的产品的各个方面的了解也是非常重要的，一般地，对于 Intranet 产品的选择，可以考虑两种策略：一是全部使用一家公司的产品；一是依照不同的功能选择最佳的产品。两种方式各有利弊，可以根据需要来决定。

在收集产品信息时，要尽可能收集所能收集到的所有产品信息以及开发该产品公司的资料，这是因为 Intranet 建立得越久，对公司的影响也就越深，公司对于 Intranet 的依赖也就越高。中途更换产品一般会对公司造成较大的影响，所以企业需要一个可以持续发展下去的产品。

④ 其他单位建设 Intranet 情况调查。在建设企业 Intranet 时，还应该参考其他单位的 Intranet 建设的过程，吸取别人的经验和教训，特别是同类组织或公司的经验和教训是最值得参考的。在调查其他单位 Intranet 建设情况时可以从以下几个方面来了解：Intranet 策略、Intranet 发展的程度、Intranet 的规模、使用哪些厂家的产品、客户服务的提供程度、组织内部接受 Intranet 的程度、建设 Intranet 的完整计划。由于一般情况下，其他单位不会将它的 Intranet 计划公开，所以在调查时应该将重点列在最后一项，其他项比较容易调查，因为这些多半是公开的（在其网站或产品介绍中）。对于一个企业信息主管来讲，对对手的 Intranet 建设情况的了解是特别值得注意的，因为一个好的 Intranet 所代表的是一种高效率行政、高生产力和畅行无阻的信息渠道，它为公司或企业带来的效益是令人吃惊的。

多方面调查、详细评估、审慎分析，是建设一个成功 Intranet 的制胜法宝。所以在建设 Intranet 之前，一定要保证应该收集到的资料都收齐了。如果还没有收全，则应该加紧收集。

(3) 制定 Intranet 策略

首先要明确地制定出 Intranet 的发展目标，对目前企业或公司的各种程序、作业方式以及现行各个部门的工作，作一个详细的分析，分析要针对每项程序或是作业方式，先说明原来的做法并对每一项工作指出其缺点（最好有具体的数据加以说明）。接下来要说明使用 Intranet 如何改进这些缺点，最好对原来的缺点所提出的数据进行一一说明。

(4) 规划建设方案

在制定 Intranet 建设策略后，接着要进行建设方案的规划工作，此阶段的目标是要制定 Intranet 的结构和各个部门之间配合协调方式。此部分需要非常仔细用心地评估。如果规划发生错误，将会导致以后 Intranet 建设的失败。规划的制定步骤应该先进行整体规划，然后再进行各个部门的规划。规划包括以下四个方面：初步规划、信息规划、教育培训规划以及各个部门的建设规划。

① 初步规划。初步规划中，首先需要确定的是 Intranet 模型，模型包括：

● 中央集权型。这种模型的 Intranet 主要是把所有的工作交给一个专门的部门去管理，也就是说，所有的服务器资源都集中在该部门，其他部门并不参与 Intranet 的建设，只是在 Intranet 建设成功后，使用 Intranet。这种模型适合于规模中等或偏小的电子商务企业的 Intranet 建设，或者是各个部门中没有非常熟悉计算机人员的企业。

● 分散型。这种模型特点是所有的责任完全由企业的各个部门自己负责，没有一个专门的部门来参与各个部门的 Intranet 建设。其优点在于各个部门可以根据自身的情况来决定建设方式，建设的成果完全满足部门自身的需求，缺点是整个企业的 Intranet 的集成度会下降，这种模型只适合于各个部门彼此相对独立的电子商务企业。

● 混合型。这种模型基本上是综合以上两种模型，比较适合于一般的企业，也是目前绝大多数电子商务企业建设 Intranet 的基本模式。这种模型的 Intranet 建设有一个专门的部门或小组来负责整个 Intranet 的建设状况，并且要求各个部门必须提供某些功能，其他功能由各个部门自行负责建立。这样一方面可以保证 Intranet 的整体性，同时又可以满足各个部门自身的需求。

② 信息规划。在完成初步规划后，还必须进行信息规划，也就是对一个企业内部的各种信息进行分类，并根据不同的信息决定不同的处理模式，要弄清楚信息的来源和去向。信息规划的成果是要提供一份完整的信息规划表。

③ 教育培训规划。企业员工对 Intranet 的各个功能的熟悉与否，将直接决定 Intranet 的被接受程度，在 Intranet 建设的各个阶段，都要对相关的员工进行必要的培训，因此教育培训规划对电子商务企业来讲也是必不可少的。企业 Intranet 的最基本的培训是基本的计算机知识培训、基本软件的使用培训以及 Intranet 的各项功能介绍培训（或者叫做 Intranet 认识培训），此外，也需要对企业员工清楚地说明企业内部所建立的 Intranet 将会提供的功能、各项功能所属的部门、可以在何处找到这些功能、应该如何使用这些功能等。

④ 各个部门规划。各个部门的规划既要考虑目前的情况还要考虑部门的未来发展，在规划时首先要满足企业的整体 Intranet 建设目标，其次才是部门自身的功能需求的规划，最后可以根据相关部门的情况增加新的功能。

(5) 评估建设成本和时间

在完成 Intranet 规划后，接下来是要对先前所做的规划进行评估。估计 Intranet 系统建设的成本和时间花费，有了这样一个评估，企业的领导心里就有了一个底。成本的评估包括：

① 硬件开销，要将任何与 Intranet 建设有关的硬件设备包括在内，例如：个人计算机、服务器、网络设备、打印机等。

② 软件开销，要将所有与企业 Intranet 相关的软件开销计算在内，包括自身开发的费用和购买软件的费用。例如：操作系统的费用、网络程序的费用、各种服务器软件费用、开发 Intranet 各个功能的费用等。

③ 教育培训开销，例如，Intranet 推广说明培训费用、计算机基本操作培训费用、网络使用培训费用、Intranet 各项功能使用培训费用等。

④ 人力资源开销，建设电子商务企业的 Intranet 需要各种人才，这些人员都是有费用开销的，例如：规划 Intranet 人员的费用、Intranet 开发人员的费用、调查资料人员的费用等。

⑤ 其他开销，包括一些临时性的支出费用，例如 Intranet 开发人员偶尔发生的误餐费。

另外，在实际建设 Intranet 之前还要对可能花费的时间加以估计，至少必须知道 Intranet 到底在何时可以使用。时间估计包括：

- 硬件设备建立完成的时间；
- 软件设备购买以及完成的时间；
- 网络投入使用的时间；
- 系统开发所需要的时间；
- 各项培训所需要的时间；
- 系统测试的时间；
- Intranet 系统投入运行的时间等。

这些时间的估计是非常重要的，正确的时间估计可以降低整个系统的开销，同时也为企业的电子商务运行起到特别重要的作用。

(6) 时间安排

在完成上述所有工作后，就要对 Intranet 建设的各个时间进行日程安排，指定具体的进度计划，这些计划包括：

① 准备阶段日程安排计划；

② Intranet 基础建设日程计划，如各种服务器的架设、网络的建设等；

③ Intranet 实际建设日程，如系统软件开发进度安排等；

④ 培训日程安排；

⑤ 测试日程安排，系统建设完成后，还需要对整个系统进行测试，测试以后，才能决定系统是否正式投入使用，因此必须有一个测试日程安排；

⑥ Intranet 正式投入使用日程安排，系统由原来的手工系统切换到 Intranet 的使用过程的时间安排；

⑦ 系统验收日程安排。

2. Intranet 建设

当准备工作完成以后，接下来的任务就是对前面所做的规划进行实际建设，Intranet 的实际建设包括 Intranet 的各项基础建设、测试与成果审查、系统运行等阶段。

（1）Intranet 的各项基础建设

Intranet的基础建设包括数据库、Web 服务器以及浏览器、Mail 服务器以及 News 服务器、文件服务器以及打印服务器、远程注册系统、防火墙以及与 Internet 的连接等。

① 数据库。在电子商务企业的信息系统建设中，数据库的地位是举足轻重的。在防火墙以及与 Internet 的连接中，数据库除了负责各种资料的存储外，还担任着与其他计算机之间交流的任务，并通过与 Web 的结合，形成动态页面的制作，并根据 Web 服务器的要求提供数据。

② Web 服务器以及浏览器。Web 服务器与浏览器相结合，可以实现超链接、单一界面以及多媒体的能力。所谓超链接，是指可以从一个页面链接到另外一个页面，而该页面可以不在同一台计算机上，甚至不在同一个区域的计算机上。通过浏览器，可以实现任何一台计算机拥有相同的界面。随着计算机技术的发展，多媒体的技术也得到了发展，通过在 Intranet 系统的各个页面上增加多媒体技术，将会使 Intranet 的使用具有更广大的拥有者。

③ Mail 服务器以及 News 服务器。Mail 服务器在 Intranet 中实现电子邮件的功能，电子邮件使得企业各个部门以及各个员工之间的沟通更为方便和快捷，同时也可以实现企业内部与企业外部的有效沟通，从而可以更好地从事电子商务工作，例如，在电子商务的实际操作中，顾客可以通过电子邮件订购商品，而顾客的邮件在企业内部的传递要经过多个部门，这时就可以通过电子邮件来完成各个部门之间的信息沟通。在电子商务企业中，Mail 服务器的设计应该考虑以下一些因素：

- 要确保 Mail 服务器在进行大量的邮件处理时能够正常工作；
- 完善 Mail 服务器的安全措施，安全对于企业的 Intranet 是非常重要的，对企业正常从事电子商务也是一样；

• 能够识别非法的电子邮件，以保证电子商务工作的正常运作。

④ 文件服务器以及打印服务器。在 Intranet 中包括信息共享和资源共享两个方面，信息的共享可以通过 WWW 来实现，而资源的共享就需要通过文件服务器以及打印服务器来实现。文件服务器的目的在于：第一提供软件或文件，以实现文件或软件在企业的各个部门或员工之间共享。第二节省用户的磁盘空间。当然软件在文件服务器上执行速度要比单机上的执行速度要慢。

打印服务器主要用于打印机的共享。

⑤ 远程注册系统。远程注册是指企业内部或购买商品的顾客可以通过外部连接到公司或企业的 Intranet 中，当然对于购买商品的顾客还要加以一定的限制。一般的，远程注册是通过电话线来实现。

⑥防火墙以及与 Internet 的连接。防火墙是一种计算机设备，用于实现 Intranet 与 Internet 之间的沟通和隔离，以防止不怀好意之徒非法进入系统，窃取他人的资料，这些人一般是指网络黑客(Hacker)。企业内部在与 Internet 沟通时必须要先通过防火墙才能连接出去，可以限制外部的某些信息不能进入网络或者内部网络的信息不能发送出去，这样就可以避免员工连接到一些不适当的网络上去，例如，在工作时间使用公司网络连接到色情网站。

(2) 测试与成果审查

一个新的 Intranet 系统建成后，不可以立即投入运行并取代原来的企业内部手工系统，必须先进行测试。在测试阶段，新旧两个系统同时存在、并行运行，在进行系统测试时要考虑下列几个方面的因素：

①系统的稳定性。如果 Intranet 系统在运行时经常发生问题，应该立刻找到问题的症结，并且判断发生的原因，并做必要的记录。如果出现的是一种突发性状况，应该在找出原因的基础上评估这种突发状况对企业或公司的影响，如果影响不大，那么可以暂时

不处理；如果发生的是持续性状况，此时应该立刻找出原因所在，然后拟定对策。但不论是哪一种情况都要保证在系统完全投入运行后，这种状况已经得到解决。

②系统的性能。在对 Intranet 进行测试时，要尽量使系统运行的环境同实际工作的环境相接近，对系统进行性能测试，主要是测试各项功能在普通使用量时，能够处理的工作量有多少，或者同时服务的人有多少；同时对系统性能的测试，还要考虑员工对系统的满意度大小，也就是要测试系统能否满足员工的实际工作需要。

③系统的正确性。系统设计人员，根据以前的规划资料以及建设时的资料，来进行一步一步的检查。

④系统的集成性。是指对系统的各个功能进行集成测试，以免运行时发生问题。

(3) 系统运行

在进行完上述所有的工作后，Intranet 系统就可以完全投入运行了。

三、如何管理和维护 Intranet

任何一个信息系统都需要不断的管理和维护过程，从软件工程的角度来看，系统维护的工作量是整个系统开发中最大的，Intranet 的建设和使用也不例外，Intranet 是一个持续性的项目，需要不断的维护和不断的改进。Intranet 的维护包括硬件维护、软件维护以及系统改造等方面。

1. 硬件维护

硬件维护包括计算机网络维护和计算机维护两个方面。

(1) 计算机网络维护

与计算机网络有关部分的维护属于网络维护，在网络维护方面，最重要的是要保证计算机网络的正常运行，因为一旦网络出现故障，就有可能危及整个企业的所有业务；对电子商务企业来讲，有可能导致顾客不能正常的进行商务活动，从而损失公司的利益和公司的声誉。网络维护包括主要节点维护和网络线路维护两个方面，路由器、集线器等属于主要节点，良好的网络线路对于 Intranet 的正常运行也同样非常重要。

(2) 计算机维护

计算机维护包括各种服务器的维护以及用户计算机的维护两个方面。

2. 软件维护

软件维护包括服务器软件维护以及员工计算机的软件维护等，同时对软件的维护还要考虑软件的病毒防止、软件更新等。

(1) 服务器软件维护

服务器上运行的软件主要有操作系统、WWW 服务器、Mail 服务器、数据库服务器、文件服务器等。一般情况下，这些软件都能正常运行，但也要进行定期检查。例如，对有些软件可能存在的一些缺陷进行修补（一般由供应商提供）；当服务器的运行出现异常时，管理人员要通知维护人员进行必要的判断，以便即时发现和解决问题，否则当真正的错误发生时，就可能导致系统崩溃。

(2) 系统备份

软件维护中经常性的工作是对一些重要的数据进行备份。无论多好的软件都可能因为某种原因导致数据的丢失，而对企业来说，这些数据可能是非常重要的。例如，对电子商务企业来讲，客户的资料（如订单）就是非常重要的，一旦丢失，就没有办法查到顾客订购的商品，这直接影响到公司的声誉。一旦数据丢失而又没有备份，所造成的损失是显而易见的，因此备份是绝对重要的，对于非常重要的数据，甚至要做到每隔几个小时就要进行一次备份，这样在系统发生故障或数据丢失时，可以使用备份的数据进行系统的恢复。备份所使用的设备可以有多种，如磁带、光盘等。

(3) 系统安全与病毒防止

在互联网时代，系统安全已经变得越来越重要了，如果发现企业内部的数据被更改或者服务器上出现异常的存取记录，就应该立即进行调查，对于软件出现的安全漏洞，要即时地加以修补。特别是在现时，病毒泛滥，要经常使用国家公安部门或软件公司提供的病毒防止软件进行系统的病毒检测，并要求员工不要使用一些来路不明的软件，不随便复制文件到公司的服务器上或计算机中，对于顾客发送来的电子邮件也要进行检测，以防止非法软件或病毒的入侵。

(4) 软件更新

随着计算机技术的快速发展，软件的生命周期越来越短，每天都有新的软件诞生，因此 Intranet 系统要密切关注与之相关的软件发展的最新动态。如果 Intranet 上新增的功能需要新的软件才能配合，就应该赶快将新的软件放置到服务器上，以便所有的计算机都能尽快地使用最新版软件。

3. Intranet 的改进

随着环境的变化，Intranet 系统也要随之发生改变，环境的变化包括系统所承受的工作量的增加、系统需求的变化、员工的要求变化、企业组织机构的变化以及新技术的出现等。

由于在建立 Intranet 时 Intranet 有其所能承受的工作量的上限，这个上限如果没有经过补充，是不会自动增加的，而随着企业规模的扩大，工作量将会随之增加，这时就要求 Intranet 系统所承受的工作量也要增加，因此有必要对系统进行改进以适应这种变化。同时，电子商务企业在不断的发展和完善之中，必然导致组织机构发生变化，这也要求系统能随之改进，同时新技术的出现也为 Intranet 的改变产生了需求。

在对 Intranet 进行改进时同样需要前面提到的一些过程，例如，需要对改进进行调查、规划设计、改进的实施以及系统维护。

第三节　电子商务的物流自动化管理——物流信息系统

在电子商务购物过程中，将顾客所订购的商品及时送到顾客的手中是一个电子商务企业成功的重要因素之一，我国目前制约电子商务发展的一个重要因素就是物流配送，试想一下，如果一个顾客在互联网上所订购的商品在很长时间内都不能送到自己的手中，那么他还会在网上购买商品吗？而且在电子商务发展的初级阶段，顾客还可能通过电话来购物，这样会导致电子商务企业接待的顾客数量急剧增加，特别是物流系统中，由于配送的商品数量大，地域分散，传统的依靠人工运行的物流管理方式是无法承受的，必须实现物流的自动化管理——物流信息系统。

在物流信息系统中，信息流是物流管理的关键要素。一般的物流信息形式包括顾客和补给部门的订货、各种存货要求、仓库作业命令、货运单证以及各种发票等。传统的物流信息是建立在书面基础上的，导致了缓慢的、不可靠的以及有误导倾向的信息传输，既增加了作业成本，又降低了顾客的满意程度。而依靠物流配送信息系统进行信息的传输和管理可以减少物流费用，并且能够向顾客提供更好的信息服务。顾客可以借助于物流配送信息系统，及时查询自己的订货情况、所购商品目前的在途状态、送货执行情况，这使顾客能在一个虚拟的环境中感受所购商品的流动过程。

一、物流信息系统的功能和原理

信息技术正在以非凡的效率提高着信息传递的速度和存储能力，同时戏剧性地降低了物流管理的成本和规模。及时而准确的信息之所以对构建有效的物流信息系统越来越关键，主要是由于：

① 顾客感受到有关订货状况、产品可得性、交货计划表，以及发票等信息是整个顾客服务的一个必要的因素；

② 为了达到降低整个供应网链上库存量的目的，经营管理者认识到信息能够有效地减少存货和对人力资源的需要，特别是利用最新的信息制订的需求计划，能够通过减少需求的不确定性来减少库存量；

③ 对有关从战略优势出发考虑的何时、何地及如何利用各种资源的问题，信息可以增加其灵活性。

1. 物流信息系统功能

物流信息系统必须具有以下三个方面的功能：

(1) 管理控制。管理控制将主要精力集中在功能评估和报告上。功能评估对于提供有关服务水平和资源利用等反馈信息来说是非常必要的。因此，管理控制以可估价的、策略的、中期的焦点问题为特征，它涉及评价过去的功能和鉴别各种可选方案。当物流信息系统有必要报告过去的物流系统功能时，它能否在系统运行过程中识别出异常情况也是很重要的。

(2) 决策分析。决策分析主要将精力集中在决策应用上，协助管理人员鉴别、评估和比较物流战略和决策。

(3) 制订战略计划。制订战略计划主要将精力集中在信息支持上，以期开发和提炼物流战略。这类决策往往是决策分析层次的延伸，并且更加抽象、松散和注重长期性。物流信息系统的制订战略计划层次，必须将较低层次的数据结合进范围更广的交易计划中，以及结合进有助于评估各种战略的概率和损益的决策模型中去。一般来说，牢固的基础要求物流信息系统为交易系统作出更大的投资，并相应地减少更高的系统层次的投资。

2. 物流信息系统要解决的问题

切实可行的物流信息系统要解决电子商务企业在从事电子商务时所出现或面临的问题，这些问题包括：

- 缩短顾客接收货物的时间；
- 库存的最优化；
- 提高运输效率；

- 提高接受定货和发货的精度；
- 防止发货、配送时出现错误；
- 调整需求和供给；
- 回答顾客的信息咨询。

解决这些问题的目的是为了提高企业对顾客的服务水平和降低企业的物流成本。因此在设计物流信息系统时必须考虑下列几个方面的原则：

(1) 可用性原则。物流信息系统必须始终具有可用性，才能迅速地对消费者做出反应，并及时改进管理决策。物流信息的可用性能够减少作业上和制订计划上的不确定性。

(2) 精确性原则。物流信息系统必须能够精确地反映当前状况和定期活动，以衡量顾客订货和存货水平。当实际存货和信息系统之间存在较低的一致性时，就有必要采取缓冲存货或安全存货的方式来适应这种不确定性。增加物流信息的精确性，也就减少了不确定性和存货需求量。

(3) 及时性原则。物流信息系统必须提供快速的管理反馈。例如，如果不能即时反映当前的库存实际数量，就会减少计划制订的有效性，而使存货量增加。及时的信息可以减少系统的不确定性并发现存在的问题，因此，减少了存货需求量，增加了决策的精确性。

(4) 异常处理能力。物流信息系统必须以异常情况为基础，突出问题和机会。物流信息系统能够根据决策规则识别“异常”情况，使管理部门将注意力集中在最需要关注的改善服务和降低成本等重要的决策问题上。

(5) 灵活性原则。物流信息系统必须具有灵活性，以满足系统用户和顾客的需求。一个灵活的物流信息系统，必须有能力提供能迎合特定顾客需要的数据。

(6) 适当形式化原则。在物流信息系统中，物流报告和显示画面应该具有适当的形式，能用正确的结构和顺序准确地表示信息。

物流已经成为企业未来物流竞争优势的关键因素之一。竞争性的物流信息系统是建立在交易系统的基础上的，包括管理控制、决策分析和制定战略计划原则。

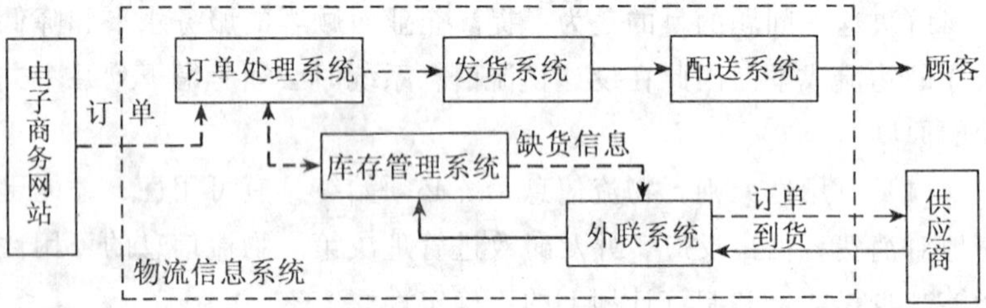

图 3-3 物流信息系统结构

二、物流信息系统的结构

物流信息系统的结构如图 3-3 所示。

1. 订单处理系统

订单处理系统从电子商务网站接收顾客购买商品的订单信息，并且与客户关系管理系统、库存管理系统、发货系统相连接。首先接收顾客订单，然后检查库存，如果能够满足顾客的需要，则根据客户关系管理系统中顾客的信息给出发货请求，由发货系统发货，如果库存不能满足顾客的需要，则向外联系统发出请求，由外联系统负责同其他的物流服务中心联系，将该顾客的订单交由其他物流中心负责发货。

2. 发货系统

发货系统是一种与客户关系管理系统、订单处理系统以及库存管理系统紧密联系的系统。发货系统根据顾客的订单向保管场所发出指令，并根据不同的配送方向进行分类，同时修改顾客的订单信息，将订单信息改变为顾客货物在途运行，这样顾客就可以查询到自己所订购的商品目前是否已发出。

3. 库存管理系统

库存管理系统是根据顾客所购买的商品情况，保证适当的库存，并对保存在物流中心内的商品进行实际管理、指定货位并进行商品的一些统计功能。库存管理系统是一般物流中心的管理关键，对于制订恰当的采购计划、发货计划等是必不可缺的。

4. 外联系统

外联系统负责向其他的商品供应商订货，在顾客的订单由于库存不足向其他物流中心发出请求信息或将顾客的订单转向其他外流中心时，由其他物流中心进行商品发货。外联系统在电子商务实施过程中是非常重要的，因为任何一个物流中心也很难保证自己能够满足顾客的所有商品需求，同时，对于有些顾客的个性化商品需求，可能也需要物流中心同其他供应商联系。

5. 配送系统

减少成本对于高效率的配送计划是非常重要的，配送系统是将商品按配送方向进行分类，制订车辆调配计划和配送路线计划的系统。配送系统所包括的功能主要有：

(1) 根据顾客的订单请求和发货系统所选商品，动态计划和调度运输资源，在满足顾客的商品时间需求情况下，确定顾客的最优送货时间。

(2) 计划和调度运输能力，向运输部门下达送货作业通知。

(3) 监控配送的状态，并根据目前货物的运输状态，修改货物运输在途信息，便于顾客查询自己所订商品的目前状态，同时还可以在应急情况下，调整和安排运输任务。配送系统中，对运输线路的选择是最为重要的，也是物流管理的难点之一。

第四节 数据库技术

计算机与人相比最大的特点就是能高速处理大量数据，从计算机诞生以来的应用实践表明，数据处理是计算机的基本功能之一，如果计算机不具备处理数据的能力，企业就无法利用计算机完成大量的数据处理活动。数据处理的中心问题就是数据的管理，也就是如何对数据进行分类、组织、编码、存储、检索和维护。数据库就是在这种数据处理的要求下产生的，电子商务由于要处理大量的顾客数据、商品数据以及其他类型的各种数据，自然少不了数据库的使用，可以说，没有先进的数据库，电子商务是无法实现的。电子商务中的数据库应用包括：

- 各种商务数据的存储与管理，如查询、分类等。
- 决策支持，从大量的商务数据中提取对从事电子商务企业有用的信息，这就涉及数据仓库、数据挖掘等新的技术。

本节首先介绍数据管理的一些基本知识，然后介绍数据库基本技术和数据库发展趋势，最后介绍数据库的新技术。

一、数据管理基本方法

1. 数据管理的传统方法

电子商务企业作为一种组织，需要在不断变化的环境中处理数据和信息的需求，对于任何一个正在成长或变化的电子商务企业来说，管理数据都会随着企业规模、业务量的迅速增加而变得越来越复杂。在计算机应用的初期，管理数据的最基本方法是利用文件管理数据。我们知道，一个文件是相关记录的集合，这样我们就可以将与某个特定应用相关的所有记录都收集在一个特定的文件中，通过管理该文件来管理数据。例如，在电子商务应用中，存在着大量的消费者，为这些消费者所进行的处理是不同的，有的处理是进行订单处理，而有的则是进行顾客所订购商品的发货处理，这些不同处理的数据通常存放在各自的数据文件中进行维护，这种数据管理方法称为传统数据管理方法。

图 3-4 描述了电子商务应用中数据管理的传统方法。

在图 3-4 中，订单处理产生的数据是订单，它作为一个文件存放在文件“订单”中，而发货管理则将所发货品的数据存放在文件

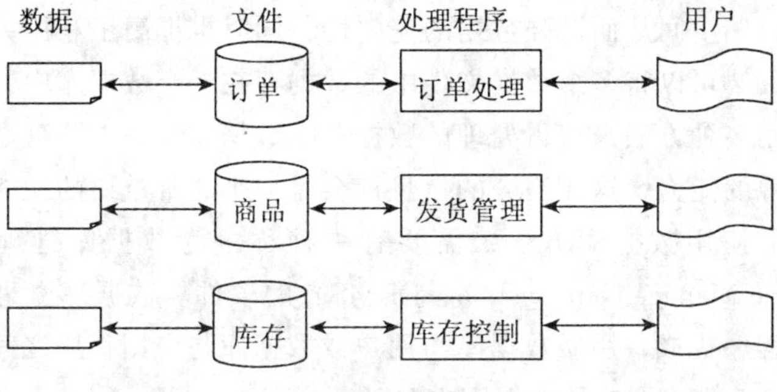

图 3-4　传统数据管理方法

“商品”中，表示所发商品的有关数据。在需要时可以对订单或商品文件进行统计、查询等操作。

从表面上看，使用文件来管理数据可以实现电子商务所需要的所有功能，然而，随着数据量的不断增大，这种面向文件管理数据的缺陷就会越来越明显，例如，顾客的姓名和地址会在多个文件中重复出现，从而出现数据冗余。数据冗余（data redundancy）是指分散在多个数据文件中数据的重复，它所带来的后果是当某个文件中的数据发生变化时（如订单数据文件中顾客的地址发生了变化），其他相关的文件必须重复进行操作，该顾客的相应数据才会变化，从而会引发数据的完整性问题。数据完整性（data integrity）是指任何一个文件中数据的正确程度。数据完整性是从控制和消除数据冗余中产生的，如果将顾客的地址只保存在一个文件中，就可以减少由于存放在不同位置而出现的顾客地址不统一所造成的错误。

2．数据库方法

由于传统数据管理方法所存在的问题，使得人们寻求一种更有效率和效益的数据管理方法，这种方法就是使用数据库方法。在数据库方法中，相关数据集合可以由多个应用程序所共享，而不是放置在各个独立的数据文件中。数据库方法与传统的数据文件方法相比，具有更多的优点，包括：①通过控制数据冗余，可以更为有效地利用存储空间从而增强数据的完整性，同时也提高了利用数据的灵活性；②可以将多个数据文件中的数据存在一个数据库中，从而可以使用多种方法来获得处理的数据；③数据库提高了共享数据和信息资源的能力，这在当今的信息社会是一个非常重要的功能。

为了使用数据库方法，需要有一种称之为数据库管理系统(Database Management System，DBMS）的软件。数据库管理系统由一组程序构成，用做数据库与用户或数据库与应用程序之间的接口。图 3-5 描述了这种数据库方法。

使用数据库方法管理数据涉及计算机的软件和硬件的组合，在采用数据库时要综合考虑成本、可控性、复杂性等因素。

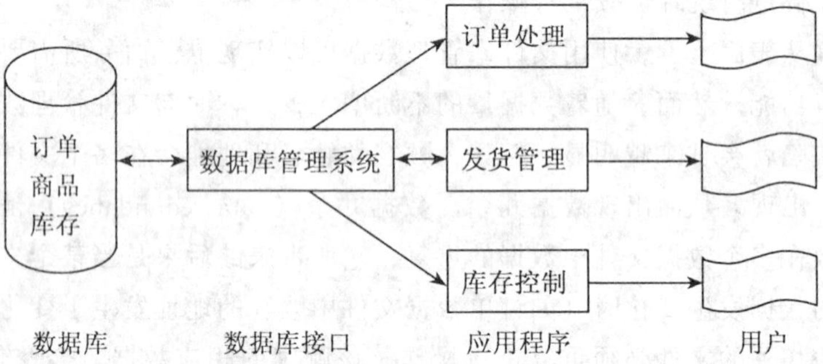

图 3-5 数据管理的数据库方法

与传统的数据管理方法相比，数据库方法具有下列优点：

- 减少了数据冗余　数据库方法可以减少或消除数据冗余，数据只存放在一个数据库中，可以使计算机系统更为有效地利用系统的存储空间。
- 提高了数据的完整性　在传统方法中，数据的变化并不能反映在各自独立文件中，而数据库方法由于不包含相同字段的独立文件从而可以提高数据完整性。
- 数据与应用程序彼此相互独立　DBMS 独立与应用程序组织

数据。应用程序不受数据存放位置或数据类型的影响，从而使应用程序完全独立于所存放数据的数据库。

● 数据存取的标准化　数据库方法中，所有的应用程序可以使用相同或相似的过程来检索数据或信息。

● 共享数据和资源　多个应用程序可以共享同一个数据库，例如，电子商务应用中，顾客的信息存放在一个数据库中，而交易应用程序、物流管理系统等都可以使用该数据库来进行顾客有关数据的处理。

但是，数据库方法也有一些缺点，比如，在大中型计算机环境下，数据库管理系统的成本相对较高，有些数据库以及数据库管理系统的价格高达数万美元，使得一些小的应用难以支付这样高额的费用，同时这样的数据库也增加了企业对人才的需求，从而导致管理成本的上升。

二、数据库基本理论

数据库作为企业信息系统的关键技术之一，在电子商务应用中的地位是非常重要的，因此，这里介绍一些数据库的基本理论。

1. 数据库模型

电子商务应用中使用数据库要考虑两个方面因素：①数据库中应收集哪些数据以及这些数据的访问者是谁；②在①的基础上，创建数据库。同时构建一个数据库需要进行两种设计：逻辑设计和物理设计，其中逻辑设计主要是设计一个抽象模型，表明如何对数据库进行构架和组织以满足电子商务企业的信息需求，逻辑上设计要明确各数据项之间的关系并有序地对它们进行分组。一般情况下，电子商务企业的各个部门都要参加数据库的逻辑设计；而物理设计是指数据在数据库中如何组织和存放的模型，通常由数据库的设计人员进行数据库的物理设计。

要进行数据库设计，必须要先选择适当的数据库模型，大部分的数据库都涉及三种模型：层次模型、网状模型以及关系模型。三种模型中，关系模型的应用最为广泛，要注意的是，每一种模型所反映的记录实际上是逻辑相互链接或相关的。

（1）层次模型（hierarchical model）

层次模型又称为树状模型，在这种模型中，数据呈一种“自顶向下”（或称为“倒挂树”）的结构，数据之间的关系要求满足：

① 有且只有一个结点无双亲，该结点称为根结点；

② 其余结点有且只有一个双亲结点。

例如，一所大学的机构设置就可能是这种模型，如图 3-6 所示。在该图中，一所大学涉及学院、系以及行政管理机构，而每个行政管理机构可能有多个科室，学院也可能包括多个教研室，这样的关系就可以用数据库模型的层次模型来表示。

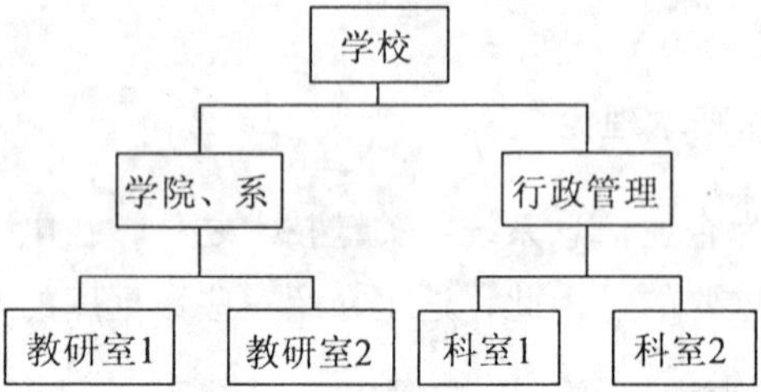

图 3-6 数据的层次模型

层次模型最适合的使用场合是当数据间的关系是一个双亲—多个子女（即：一对多关系，用 1∶m 表示）的表示方式时，但是与实际生活中的父子关系不同，层次模型中的低层数据（即子女）能充分展示上层数据元素（即双亲）的所有相关属性。经过适当的“若干代”可逻辑的存取数据，从而得到所需的数据元素，并且任何特定的数据元素只有一种存取路径。

（2）网状模型（network model）

网状模型是层次模型的一种扩展，它描述数据间的网状关系，这种结构与层次模型的显著区别在于：

① 可以有一个以上的结点无双亲；

② 至少有一个结点有多于一个的双亲；

③ 两个结点之间可以有两种或多种联系。

例如，有两个项目需要三个部门参加，如图 3-7 所示，项目 1、项目 2 位于网状模型的顶部，在项目的下方列出了每个项目所需的不同部门（部门 A、B、C），通过连线表示项目与部门之间的关系，如部门 B 参加了项目 1、项目 2，而部门 A 只参加项目 1。

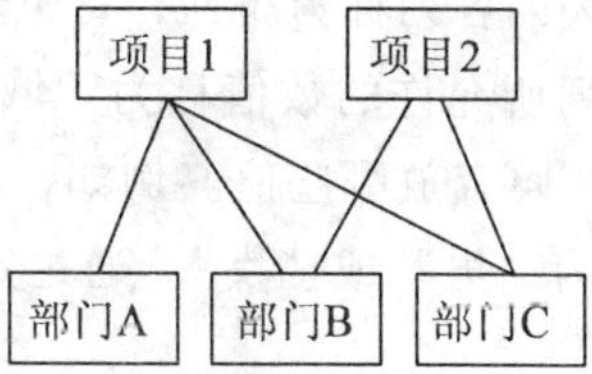

图 3-7　数据的网状模型

在网状模型的数据库中，存取某一个特定的数据元素可以有多种途径，在图 3-7 中，部门 B 的某一数据元素便可经由项目 1 或项目 2 进行存取，部门 C 也一样。

但是网状模型和层次模型的一个共同的缺点就是：一旦数据元素间的关系被确定，就难以对其进行修改或创建新的关系，从而使得这两种模型在复杂数据库应用中很难满足要求。

(3) 关系模型（relational model）

关系模型是目前仍然广泛使用的一种数据库模型。所谓关系模型是把数据的逻辑结构归结为满足一定条件的二维表的模型，而不是通过指针连接来表示和实现两个数据元素之间的关系。在关系数据库模型中，所有数据都存放在二维表中，它在逻辑上等同于文件，关系数据库以行和列的形式来组织数据，从而简化了数据的存取和操作。图 3-8 就是一种关系模型。

编　号	姓　名	性别	进校时间	职　称
04－01001	张三	男	1990.10	副教授
04－01002	李里	女	1965.8	教授
04－02010	王小二	男	1999.7	讲师

图 3-8　关系数据模型

在关系数据模型中，表的每一行称为一个元组，表示一条记录或相关事实的集合。表的各列称为属性，每个属性的取值是有一定限制的，这些属性或列所允许的数值称为“域”，每个属性的域表明了关系表中的每一列可存放哪些值。例如，在图 3-8 中，性别属性的域就被限制取值为“男”或“女”。通过定义域可以增加数据的准确度。

一旦数据存入关系数据库中，就可以对其进行各种操作，如选择、投影或连接等，其中，选择（selecting）是指根据某一标准对数据库中的记录进行筛选，假设一个教师情况表中包括了编号、姓名、性别、进校时间、职称等属性，而某一领导想知道姓名为“张三”的教师的职称，就可以使用筛选操作，筛选掉姓名为“张三”以外的所有行记录，从而可以得到该教师的职称是“副教授”。投影（projecting）是对数据库表中的列进行筛选，例如，图 3-9 中所表示的一个教师情况表中包括了编号、姓名、性别、进校时间、职称等属性（列），现在某一领导希望创建一张新表格，其中仅仅包括姓名、性别、职称等属性，投影可用于筛选姓名这一列，并建立一张新表，只包括所需要的列。连接（joining）是将两张或多张表组合起来，例如，除了图 3-9 所示的表外，还有一张教师所教授课程表，可以通过连接将这两个表连接起来，从而得到一张包括编号、姓名、性别、进校时间、职称、所教授课程等属性的新表。

一般地，只要数据库表中有一些共同的数据元素，就可以将关系数据库中的这些表连接起来，以提供有用的信息和报表，通过共同的数据元素将多个数据库表连接起来，是关系数据库具有灵活性和强大功能的关键之一。

(4) 三种模型的比较

上述的三种数据库模型中，层次模型的主要优点是它的处理效率，由于层次模型中的数据关系比较简单（每个子女只有一个双亲），所以一个层次型数据库系统处理数据时所花费的时间较其他数据库模型少，因此当数据自然形成层次时，适合采用层次模型，但是层次模型的数据库缺少灵活性，对其改动也非常困难，数据库不易安装。

网状模型在组织数据方面较层次模型具有更大的灵活性，但由于数据关系的复杂性导致网状模型很难开发和使用，在个人计算机上，用户不欢迎网状模型。

关系模型的应用最为广泛，这种模型直观、易于控制、灵活性好，目前使用的数据库绝大多数是关系数据库，比较著名的有SQL Server、Oracle、Sybase等。

(5) 数据库中数据的规范化

一个好的数据库应当是没有冗余的、灵活的、简单的、可应用于不同场合的，为了达到这些要求，在设计数据库时要对数据库中的数据属性进行规范化处理。规范化的目的包括：

- 保证数据库中每一个列都不能再分；
- 消除数据冗余，简化检索操作；
- 消除数据库对数据的插入和删除所引起的异常。

规范数据要通过三个步骤。下面将通过一个例子介绍这三个步骤。假设有一个大学教师的数据库文件，包括编号、姓名、性别、所在系编号、所在系名称、职称、教授课程号、教授课程说明等列。

① 消除所有重复组。重复组是指出现过不止一次的属性集合。例如，教授课程号、教授课程说明、所在系就是一个重复组，图3-9说明如何将原始的表分成两张表从而消除重复组。

教师基本情况表：

编号	姓名	性别	所在系编号	所在系名称	职称

教授课程表：

编号	教授课程号	教授课程说明

图 3-9　消除重复组

② 消除多次出现的数据。将图 3-9 表示成图 3-10 之中的表(分解为三张表)，以消除数据冗余。

教师基本情况表：

编号	姓名	性别	所在系编号	所在系名称	职称

教授课程表：

编号	教授课程号

课程说明表：

教授课程号	教授课程说明

图 3-10　消除冗余数据

③ 消除表中不依赖于主键的属性。所谓主键，又称为主关键字，是指一个数据库表中能惟一决定一条记录的属性（或列），例如在图 3-11 中职工编号就惟一决定了该数据库表中的记录。

教师基本情况表：

编号	姓名	性别	所在系编号	职称

教授课程表：

编号	教授课程号

课程说明表：

教授课程号	教授课程说明

所在系表：

所在系编号	所在系名称

图 3-11 消除非依赖于主键的列

经过这三个步骤的操作，这些表均已规范化了，每张表中的属性都依赖于所属表的主键。在数据库研究领域将规范化称为数据库的范式，上面的三个步骤称为第一、第二、第三范式。在使用关系数据库系统时，规范化也是其中的一个优点。

2. 数据库管理系统

在前面已经提到，数据库管理系统（DBMS）是用做数据库与应用程序之间或数据库与用户间的接口的一组程序，根据数据库模型，可将数据库管理系统所支持的数据库模型对 DBMS 进行分类，如关系数据库管理系统就支持关系模型，但是无论数据库管理系统支持何种模型，它都应该具备某些相同的功能。

（1）创建与修改数据库

创建数据库时有一个很重要的步骤，即建立数据字典，数据字典是对数据库中所有数据的详细描述。数据字典所包含的内容包括数据项名、别名或者可能用来描述该数据项的其他名字、取值范围、数据类型（如字符型）、该数据项所需的存储空间、负责更新该数据项的人员代码、可以对该数据项进行存取的各个用户以及使用了该数据项的报告列表等。

（2）存储及检索数据

当某一应用程序需要数据库中数据时，就向DBMS发出请求，DBMS再与其他多个系统软件合作，访问一个存储设备（如磁盘、磁带等），当DBMS在这些存储设备中检索数据时，它沿着一条物理路径，找到存储着要查找数据项的存储单元，要注意的是，应用程序从DBMS中搜寻数据时，遵循的是一条逻辑存储路径，只有DBMS自身查找数据时才会使用物理路径。

当有多个用户或应用程序试图在同一时间访问同一数据库中的同一条记录时，就有可能产生问题。例如，在电子商务应用中，当订单处理系统查询某一商品的库存时，恰恰采购系统正在更改该商品的库存数据，这时订单处理系统可能就不能得到正确的该商品的库存数据，从而有可能导致订单的不即时处理或将能够满足顾客的订单转向其他物流中心，这本是不应该发生的。为了避免这类问题的发生，就需要使用并发控制，并发控制是指用一种称为加锁的方法来防止多个用户同时访问某一其他应用程序正在更新的记录，当一个应用程序正在更新某一条记录时，就将该记录锁上（加锁），这样其他应用程序就不能在该时刻使用该条记录。

（3）提供用户视图

用户视图是用户可以访问的数据库中的部分属性，它可以由多个数据库组成。例如，在教师基本情况数据库中，可以建立一个用户视图，只包括姓名、性别、职称等三个属性，其他属性则不需要。用户视图也称为数据库的某个子集。

（4）操纵数据和生成报表

一旦安装了DBMS，则各个用户都可以使用各种编程语言所提供的专用命令来使用该系统，这时就要使用操纵数据库的操纵命令（数据操纵语言），该种命令可以让用户存取、修改以及查询数据库中的数据以生成各种报表。

一旦安装了数据库并且输入了数据，就可以生成各种形式的报表、文档或其他输出，这些输出可以在屏幕上显示，也可以在打印机上打印出来。数据库程序的输出控制特性可以让用户选择报表上要显示的记录和字段，通过操纵数据库字段，也能对报表进行特定的计算。

三、数据库管理新技术

数据库技术发展到今天，出现了多种多样的数据库产品，而且随着信息技术的不断发展，数据库的处理正朝智能化方向发展，出现了数据仓库、数据挖掘等新的数据处理技术。

1. 数据仓库（Data Warehouse，DW）

数据仓库为商务运作提供结构与工具，以便系统地组织、理解和使用数据进行战略决策。大量的组织机构发现，在当今这个充满竞争和快速发展的世界，数据仓库是一种有价值的工具。W.H.Inmon 对数据仓库的定义是：数据仓库是支持管理决策过程的、面向主题的、集成的、随时间变化的、但信息本身相对稳定的数据集合。其中，“主题”是指用户使用数据仓库辅助决策时所关心的重点问题，每一个主题对应一个客观分析领域，如电子商务的成本、利润等。而“面向主题”是指数据仓库中的信息是按主题组织的，按主题来提供信息。“集成”是指数据仓库中的数据不是业务处理系统数据的简单汇总，而是经过系统的加工处理，是相互一致的、具有代表性的数据。“随时间变化”是指数据仓库中存储的是一个时间段的数据，而不是某一时刻的数据。

数据仓库一般是非常庞大的数据库，包容了数以百万或千万计的数据记录，由于数据是从不同的系统中产生或收集的，这样就为业务分析建立了一个历史基础。为保持最新和准确的数据，数据仓库不断接收新数据。建立数据仓库的最大好处在于其可用全新的、创造性的方式来关联数据库，但要注意的是，数据仓库增加了数据的冗余，导致难以控制数据的完整性和准确性，同时建立一个数据仓库，工作量是非常大的。

2. 联机分析处理（On - Line Analytical Processing，OLAP）

目前绝大部分数据仓库的用户是依靠电子表格、报表、分析工具或专门订制的软件来从数据仓库中检索数据，然后形成企业报告和图表。对于那些涉及数据量不大和借助简单的对照表就能回答的问题，这些方式是能够满足要求的。

近20年来，多维数据库及其分析信息显示系统已经提供了最新的销售演示和发展趋势。现在已经有一种称为联机分析处理（OLAP）的程序集合用于存储和传递数据仓库信息，OLAP允许用户从不同角度来利用公司的数据。

联机分析处理是针对特定问题的联机数据访问和分析，通过对信息进行快速、稳定、一致和交互式的存取，对数据进行多层次、多阶段的分析处理，以获得高度归纳的分析结果。同时OLAP又是一种自上而下、不断深入的分析工具，在用户提出问题或假设之后，负责提取关于此问题的详细信息，并以一种比较直观的方式呈现给用户。

3. 数据挖掘（Data Mining，DM）

数据挖掘是一种能够自动地寻找数据仓库中的模式和关系的信息分析工具，它代表了决策支持解决方案的下一发展趋势。数据挖掘利用先进的统计技术及设备，力图在大型数据库（包括互联网上的数据库）中找出各项事实，与要求用户给出公式并检验某一假设的查询工具不同，它利用了内嵌的分析算法，可在用于预测将来活动的数据中自动生成有关模式和异常时间的假设。数据挖掘所采用的技术包括模式识别技术、OLAP、大批量并行处理（MPP）、对称多重处理（SMP）以及统计学等。

数据挖掘的商业目标是抽取隐藏在数据仓库中的模式、趋势和规则，从而对已提出的商业策略作出评价，而这些商业策略反过来又可以提高竞争力，并转变业务流程。数据挖掘的应用领域包括：市场、渠道和定价分析；商业管理活动；顾客分段分析（特别是电子商务中一对一的销售模式）；保留顾客等。

第四章　电　子　支　付

电子支付是电子商务的重要组成部分，没有电子支付的电子商务系统不能说是真正的电子商务系统。广义地讲，电子支付是发生在购买者与销售者之间的金融交换，这种交换的内容通常是银行或中介机构支撑的某种形式的数字工具。这种非实物形式的虚拟货币以电子形式在网络中流通时，其表示形式和安全传输是非常关键的。

第一节　电子支付的概念

电子商务支付系统是电子商务系统的重要组成部分，它指的是消费者、商家和金融机构之间使用安全电子手段交换商品或服务，即把新型支付手段（包括电子现金（eCash）、信用卡（Credit Card）、借记卡（Debit Card）、智能卡等）的支付信息通过网络安全传送到银行或相应的处理机构，实现电子支付。

与电子支付发达国家相比，中国电子支付的差距还相当明显。根据计世资讯 2004 年 6 月发布的一份调查报告，虽然电子化支付手段及金卡工程在北京市已经推广几年，但截至 2004 年第一季度，北京市民每月通过电子化支付手段交易额仅占居民消费支出的 8.4%。在北京市家庭电子化支付手段中，银行卡支付比例占 13.7%，网上银行支付占 2.2%，公共事业 IC 卡占 2.5%。调查还显示：北京市家庭每月通过电子化支付手段交易额平均为 79.78 元。北京市家庭每月通过电子化支付交易总额为 33 314.4 万元。

一、现实世界的支付与互联网上的支付比较

1. 现实世界的支付

现实世界的支付如图 4-1 所示。消费者用各种卡通过商家与银行连通的 POS（销售终端）实现支付。

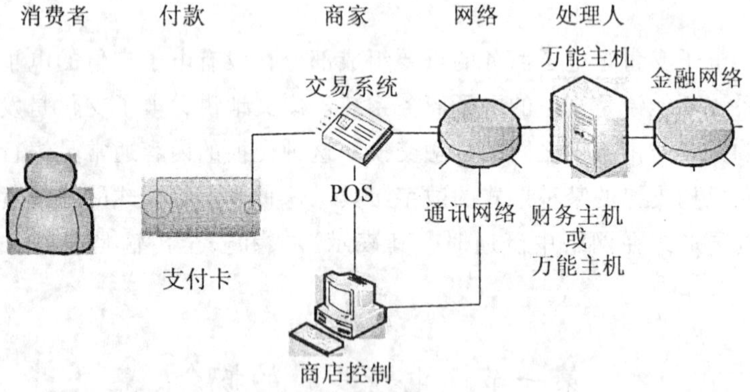

图 4-1 现实世界的支付

2. 互联网上的支付

在现实世界的购物支付方式中，消费者是到实地购物，然后用卡或现金支付，完成购物活动。在电子商务方式中，消费者坐在自己家里购物，不可能将卡送到商家的销售终端去刷卡，而是通过键盘输入自己的电子钱包的号码，通过一系列的验证，银行将资金划拨给商家后，商家就会把商品送到消费者家里。互联网上的支付如图 4-2 所示。

二、电子商务支付的主要形式

在传统商务活动中，支付主要采用两种方式：一是票据支付，多用于企业的商贸过程；二是现金，常用于企业对个体消费者的商品零售过程。在电子商务环境下，传统的支付方式已经不适应商务

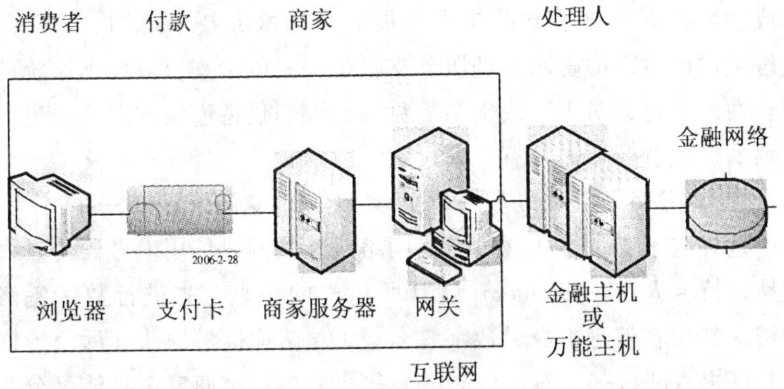

图 4-2 互联网上的支付

活动电子化的要求，而必须由全新的电子支付方式来代替。由于使用的传输网络、传输协议和支付程序的不同，在实践中衍生出了各种各样的电子支付工具。如果将各种电子支付方式加以分类，可以分为互联网环境下的电子支付和非互联网环境下的电子支付。前者包括网上银行和电子货币，后者则是指自动柜员机 ATM，销售终端 POS 等。

根据电子支付的表现形式和特点，可以将电子支付方式概括地分为三种形态：

1. 电子支票（eCheck）

电子支票是一种借鉴纸张支票转移支付的优点，利用数字化网络将钱款从一个账户转移到另一个账户的电子付款形式。这种电子支票的支付是在与商户及银行相连的网络上以密码方式传递的，多数使用公用关键字加密签名或个人身份密码（PIN）代替手写签名。用电子支票支付，事务处理费用较低，而且银行也能为参与电子商务的商户提供标准化的资金信息。1996 年美国通过的《改进债务偿还方式法》成为推动电子支票在美国应用的一个重要因素。该法规定自 1999 年 1 月起，政府部门的大部分债务将通过电子方式偿还。1998年1月1日，美国国防部以及由银行和技术销售商组成的旨在促进电子支票技术发展的金融服务技术财团（FSTC）通过美国财政部的财政管理服务支付了一张电子支票以显示系统的安全性。不过，对于在线支票的兑现，人们仍持谨慎的态度。电子支票的广泛普及还需要有一个过程。

2. 以信用卡系统为基础的支付（Credit Card Based System）

这种电子支付方式通过专用网络或互联网以信用卡号码传送做交易，持卡人（cardholder）就其所传送的信息，先进行数字签名加密，然后将信息本身、数字签名经CA认证机构的认证后，连同电子证书（electronic certification）等一并传送至商家。具体又分为以下几种形式：

（1）账号直接传输方式。即客户在网上购物后把信用卡号码信息加密后直接传输给商家。这种方式的不足在于要求商家必须有良好的信誉，从而使客户能放心地告知其信用卡号码。账号直接传输方式在互联网上尤其是美国应用非常普遍。

（2）专用账号方式。这种支付方式要求商家在银行的协助下核实每一个客户是否为银行卡的持有人，并且由商家为每一个客户建立一个与银行卡对应的虚拟账户，每个虚拟账户都有独立的账号和密码。当客户使用虚拟账户在互联网上付款时，账号和密码加密后传输到商家系统，避免在网上直接使用银行卡的卡号和密码，保证了银行卡账户的安全。这种方式提供了较高的安全性，但是由于虚拟账户必须由商家建立，建立过程比较复杂，并且同一张银行卡在不同的商家有不同的账号和密码，使客户使用起来很不方便。

（3）SET方式。SET是VISA、Master Card两个信用卡组织联合微软、IBM、网景等著名的电脑公司在1996年共同推出的，为了在互联网上进行安全的信用卡支付而定义的电子支付协议。SET协议的技术标准非常复杂，对信用卡持卡人、商家和银行三方的要求都很高。由于SET提供商家和收单银行的认证，确保了交易数据的安全、完整可靠和交易的不可抵赖性，特别是具有保护消费者信用卡号不暴露给商家等优点，因此它成为公认的信用卡/借记卡网上交易的国际标准。

(4) 专用协议方式。这种方式的关键是在客户、商家和电子支付服务供应商之间采用一种专用加密协议把信用卡账号转化为密码。由电子支付服务供应商向其客户和商家免费提供客户端软件。这种软件自动地通知商家把电子订购表格发送给客户，让客户填写姓名和信用卡号码，再通过这种软件译成密码发送给商家。由于采用这种具有加密功能的软件及特殊的服务器。商家无法从客户的支付数据中得到信用卡账号的任何信息，保证了支付信息的安全性。

3. 电子现金（eCash/Digital Money）

电子现金是一种以数据形式流通的货币。它把现金数值转换成为一系列的加密序列数，通过这些序列数来表示现实中各种金额的市值，用户在开展电子现金业务的银行开设账户并在账户内存钱后，就可以在接受电子现金的商家使用。

电子现金具有多用途、灵活使用、匿名性、快速简便的特点，无需直接与银行连接便可使用，适用于小额交易。其主要好处是可以提高效率，方便用户使用。以目前支持电子现金方式的不同来区分，电子现金可分为两类：

(1) 需要新硬件并以其为核心的电子现金支付系统。主要是智能卡形式的支付卡，适用于多种用途，具有信息存储、安全密码锁等功能，安全可靠。最常见的是我们日常使用的各种IC卡。

(2) 只需要软件支持的电子现金支付方式，如数字方式的现金文件。基于安全使用的考虑，消费者、销售商和发行者之间交换金融申请都有其自己的不同类型的协议。每个协议由后端服务器软件——电子现金支付系统和客户端的“钱包”软件执行。所谓电子钱包（E-wallet），是一个可以由持卡人用来进行安全电子交易和储存交易记录的软件，就像生活中随身携带的钱包一样。持卡人可以直接使用与自己银行账号相连接的电子商务系统服务器提供的电子钱包软件，也可以从 Internet 上调用并采用各种保密方式使用 In-

ternet 上的电子钱包软件。而这些软件通常都是免费提供的。

三、电子支付是支付手段的革命

实施电子商务，支付方式可以是在线的电子支付（如“一卡通”等），也可以采用离线的传统支付方式“网上贸易，网下结算”，如采用邮政、电传的方式。传统支付方式的优点是人们比较熟悉，感觉安全；缺点是效率低下，使电子商务失去了快捷的特点。因此，使用电子支付是电子商务走向成功的关键因素。

现有的电子支付方式是从现实世界物理介质的支付方式发展演变来的。代币的发展使其与自身的价值越来越分离，抽象成符号货币比如支票，但符号货币仍然与存储在别的地方的真正价值相关联。接下来又发展了信用卡系统，在进行贸易时可能连存储在别的什么地方的价值都不用依赖了。现今蓬勃发展的电子支付方式，将货币的形式提升到了一个新的高度，从物理介质的货币进入到虚拟的电子世界。

第二节 电子支付的解决方案

一、电子支付技术的发展

电子支付伴随着线路转账的建立而出现。20 世纪 60 年代到 70 年代初期，私营网络技术促进了电子资金转账（EFT）系统的发展。电子资金转账系统缩短了银行之间支付指令传输的时间，降低了在途流动资金。然而，EFT 系统并没有改变支付系统的基本结构，在过去的 20 年，很多所谓的支付革新目的在于减少银行成本、加快支票清算速度以及减少欺诈，然而，客户很少与早期的 EFT 系统交互。电子商务中的创新试图影响消费者处理支付的方式，即朝着实时电子传送、清算和结算系统的方向发展。

新的支付工具和支付系统不断涌现，比如当前广泛流行的银行卡、电子现金、电子支票和网上银行等。

1．传统支付工具的局限性

传统支付方法（例如支票）用于实时支付是不可行的。“实时”意味着当消费者点击浏览器上的“付款”键时发起并完成交易。对于实时支付来说，消费者通过 Web 浏览器传送支付指令给商户，商户把这些指令传送给银行，银行验明个人身份并支付给商户资金。在对客户认证的基础上商户传送给客户所购物品。

离线支付方式做了两个基本假设：交易双方（买卖双方）会在某一时刻会面；支付过程存在足够的延迟以发现欺诈、透支和其他需要验证的问题。而这些假设对于电子商务是无效的，因此要修改这些支付机制，以适应通过计算机网络完成交易的有效性。

2．传统支付方法的问题

出于以下原因，传统支付方法不能在线运作。

(1) 缺乏方便性。传统支付方式要求消费者离开在线平台，利用电话或发送支票以进行支付。

(2) 缺乏安全性。为了在互联网上完成传统支付，消费者必须在线提供卡/账户细节和其他个人信息，通过电话或邮件提供卡/账户细节也承担着安全风险。

(3) 缺乏覆盖面。信用卡只能在签约商户处使用，一般并不支持个人之间或商户之间的支付交易。

(4) 缺乏适宜性并非所有潜在的购买者都具有合适的信用度，以允许他们具有信用卡或支票账户。

(5) 缺乏对微型交易的支持。在互联网上完成的很多交易价值很低，相对来说电话或信用卡的成本较高。由于处理这些支付的成本很高，从而很难使销售者不亏损。

二、银行卡

基于信用卡的支付大致可以分为如下三类：

使用未加密信用卡支付：最简单的信用卡支付方法就是通过公

开网络（如电话或互联网）交换未加密的信用卡信息。但是，互联网设计中的安全性使得这种方法很容易产生欺诈行为，人们不敢使用这种方法来完成支付。

使用加密信用卡支付：当信用卡信息进入浏览器或其他电子商务设备时对其进行加密，购买者通过网络安全地发送给销售者，然而这种简单的做法并不能满足金融系统的要求，如不可否认性、速度、私密性和安全性等。

为了使信用卡交易真正安全，CyberCash 实施了如下的方法：在实际物品、服务或资金流动之前，客户把其信用卡信息安全地呈送给商户；商户验证客户身份为信用卡所有者；商户把信用卡收费信息和数字签名发送给其银行或在线信用卡处理器；银行或处理方把信息送给客户银行进行授权；客户银行给商户返回信用卡数据、收费确认和授权。

安全电子交易（SET）协议是用于加密信用卡支付的协议。支付安全的目标为持卡人、商户和收单行的身份验证；提供支付数据的机密性；保持支付数据的完整性；定义这些安全服务必需的算法和协议。

使用第三方验证支付：对安全和验证问题的一个解决方案就是引入第三方来完成一方到另一方支付的收款和授权。第一虚拟（First Virtual，FV）银行即采用这种方法。“互联网支付系统”由 FV 设立，通过保证信用卡号码不在互联网上传输来避开信用卡安全问题。互联网用户为了使用该支付系统，不必购买任何额外的硬件或软件。信息买卖双方仅仅需要一个互联网邮箱和一个 FV 账户。

与现金相比，借记卡和信用卡具有一些局限性。首先，信用卡和借记卡不能泄露相关信息。因为从技术上来讲，它们是认证卡并限于一人使用。信用卡和借记卡不是法定货币，商户有权拒绝接受。信用卡和借记卡也不是无记名工具，使用时要求账户关系和授权系统。

在使用银行卡完成支付时，有一些因素需要考虑。其中一个因素就是银行卡交易自身的成本，这可能会限制低价值的支付（微型支付）。

20世纪60年代初，信用卡机制就已成为一种支付方法。信用卡的两个主要国际品牌是Visa和MasterCard。

现在流行的卡支付机制主要有信用卡、借记卡、收费卡等。下面分别介绍邮寄订单/电话订单（MOTO）交易、非安全网络支付、第一虚拟银行、CyberCash和安全电子交易（SET）协议。

1. 邮寄订单/电话订单（MOTO）交易

对于信用卡支付来说，信用卡公司有时允许通过邮寄或电话来完成订单。这些订单称为邮寄订单/电话订单（MOTO）。信用卡公司已制定了一些特殊的规则来处理这类的交易。

通常要求持卡人提供更多的信息，比如姓名和地址用于验证其身份。如果订购了需要物理发送的物品，那么必须将该物品发送到与卡相应的地址。这种做法有效地防止了伪造订单。由于没有持卡人的签名所以规则允许购买者退回任何交易，假如他们声称自己没有认可该笔成交的话。很明显，这加大了商户承担的风险。

对于这种类型的交易来说，尽管存在着很多的欺诈机会，但它仍然是一种十分受欢迎的形式。

2. 非安全的网络支付

通过计算机网络完成信用卡支付与MOTO交易具有类似的风险。窃听网络通信的黑客可以截取信息，并获取信用卡细节以及相关的验证信息（比如姓名和地址）。由于信用卡号码的独特结构（具有嵌入的校验位），可以用程序对数据流进行扫描以发现这种格式。

由于完成交易的速度很快，从而使风险比MOTO交易要大得多。如果商户以电子方式处理订单的话，欺诈者在欺诈被发现之前，可以生成很多的订单。

在互联网开始发展的时期，由于缺乏被广泛接受的网络支付机制，人们只能利用这种方法来完成支付，尽管这种方法存在很大风险。一些购买者采用了简单的安全措施，比如清楚地说明信用卡的号码，或者通过多条信息来分开信用卡的号码，商户利用现行的 POS 清算系统，以 MOTO 交易同样的方式处理订单。

3. 第一虚拟银行系统

第一虚拟（FV）银行的支付系统是最早的互联网信用卡支付系统之一。1994 年 10 月，该公司开始运行称为“虚拟 PIN”的支付系统。其目标就是通过网络来销售低价值的信息产品，而无需专用的客户软件或硬件。该系统并不是完全防欺诈的。在进行交易之前，商户和购买者都需要在第一虚拟银行注册。第一虚拟服务器参与每笔交易，并把收款存入商户银行账户。

购买者在注册时把其信用卡细节和电子邮件地址发送给 FV。并接收一个密码（称为虚拟 PIN）。该交换的初始部分可以通过网络来完成，即用户填写一张 WWW 表格并生成一个密码，FV 认可后，对密码附加后缀以构成虚拟 PIN。下一个步骤为，购买者用电话通知 FV 其信用卡号码。这使得 FV 可以建立虚拟 PIN 和信用卡之间的连接，而无需通过网络来传送信用卡号码。

商户必须进行类似的注册过程。商户向 FV 提供其银行资信细节，FV 给商户一个虚拟 PIN。传送银行资信细节的常规方法就是发送传统的支票（从商户银行账户支取）。FV 自己从支票中提取所有的账户标识信息。一旦完成注册，商户就可以请求 FV 处理来自注册 FV 客户的交易。在扣除每笔交易费用后，利用传统的银行自动清算所（ACH）把资金存入到商户银行账户中。

图 4-3 给出了购买者利用 FV 进行购买的情况。开始，购买者浏览 FV 的 Web 服务器或 FV 商户销售物品的 Web 服务器。购买者被要求输入其 FV 账户标识符（虚拟 PIN），并送往商户。通过询问 FV 服务器，商户检查该账户标识符的有效性（可以用很多方法来完成，从人工询问到与 FV 服务器的自动对话）。如果虚拟 PIN 没有被列入黑名单，那么商户将通过电子邮件或 WWW 回应

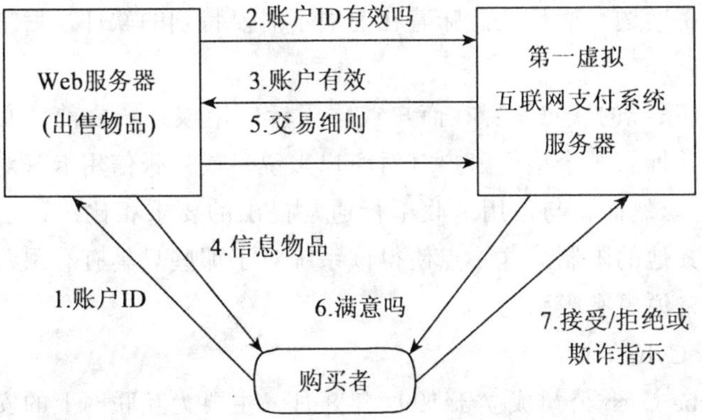

图 4-3 利用第一虚拟进行购买

或通过其他方法把信息传送给购买者。

商户把包括购买者虚拟 PIN 在内的交易信息送往第一虚拟互联网支付系统服务器。当前还没有进行支付，因为系统遵循“购前尝试”的原则。因此，下一个步骤为 FV 服务器给购买者发送电子邮件以询问对商品信息是否满意。

对以上请求共有三种可能的回答：

(1) 接受。在这种情况下继续支付过程。

(2) 拒绝。指出没有收到物品，或者不愿对此进行支付。

(3) 欺诈。这意味着这些物品并非是购买者所订购的。收到此信后，PV 服务器将立即把该虚拟 PIN 加入黑名单。

每隔 90 天，购买者在该期间内的所有花费均从其信用卡账户中支出。商户支票账户被贷记其出售物品的收入。FV 为购买者和商户记账，并按某个百分点收取佣金。

很明显，如果黑客窃取了网络通信信息，他便可以伪造购买，直到该虚拟 PIN 被列入黑名单为止。因为支付授权请求是通过电子邮件发送给购买者的，该时间周期从几分钟到一天不等。拒绝服务或对电子邮件系统的伪造攻击将极大地延长该时间周期。

FV 系统的最大优点就是简易性，因为它没有利用加密，从而没有泄密问题。简易性意味着在前端不需要特别的软件，后端软件也不复杂。

FV 系统的缺点是：在商户或购买者使用该系统之前，必须提前注册并拥有一个银行账户（对商户来说）或一张信用卡（对购买者来说）。然而，与信用卡收单行通常提出的要求相比，这里对商户没有其他的限制。这一点使得该系统对于那些只具有有限营业额的商户来说更有吸引力。

4．CyberCash

CyberCash 公司成立于 1994 年 8 月，主要为互联网上的安全金融交易提供软件和服务解决方案。CyberCash 的“安全互联网支付系统”使用了特殊的钱包软件，使得消费者能够利用信用卡在 CyberCash 会员商户处进行安全的购买。CyberCash 支付系统于 1995 年 4 月开始运行。商户利用该系统主要销售生活耐用品。

CyberCash 公司试图为所有类型的互联网支付提供完整的解决方案，其 CyberCash 电子现金 PayNow 电子支票系统已在运行之中。

图 4-4 给出了 CyberCash 系统的概况。网关服务器与现行的金融基础设施相连。它一边与互联网相连另一边与银行和银行卡交易处相连。在购买时，包括消费者信用卡细节在内的购买信息通过该网关进行传送。真正的信用卡购买在现行的银行卡网络中完成授权和获取。交易结果通过 CyberCash 网关返回商户。如果交易成功的话，商户将给消费者发送物品。CyberCash 既不是收单行，也不是发卡行，而是提供网关服务，为互联网和银行网络之间信息的安全传输提供工具。

像其他的信用卡支付系统一样，CyberCash 支付协议只与支付信息有关，而与其他的电子商务（比如购物）协议无关。

5．安全电子交易（SET）协议

（1）概述。SET 协议是电子支付中广泛使用的一个非常重要

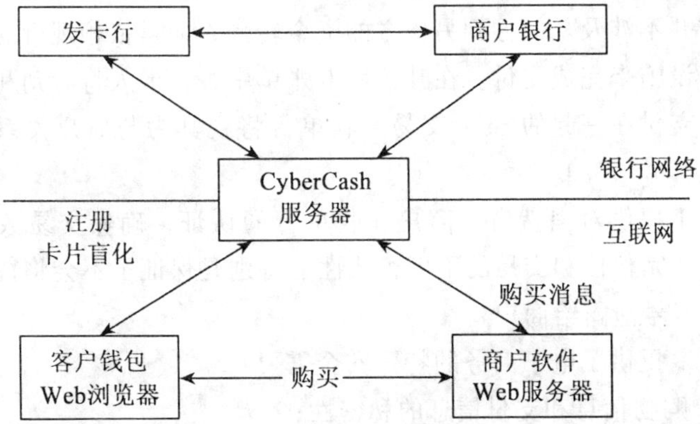

图 4-4　CyberCash 模型

的协议。图 4-5 给出了 SET 协议的支付过程。持卡人利用 SET 向商户发起一笔支付，然后商户利用 SET 来获得该笔支付的授权。支付网关作为通向现行金融网络的外端，可以由收单行来运行，也可以是由几个收单行（或卡组织）共同运行的某种共享服务机构。通过支付网关，可以与发卡行进行联系以准确授权所发生的每一笔交易。

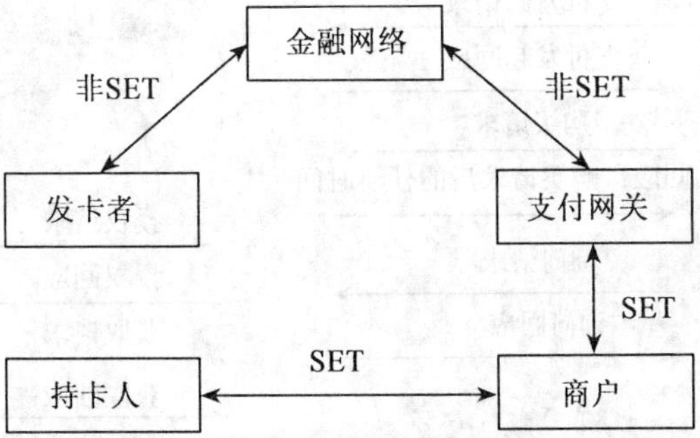

图 4-5　SET 标准中信用卡支付的各个阶段

从图 4-5 中可以清楚地看到，SET 并不是一种通用的支付协议，它并不涉及从一方到另一方的资金转账，而是依赖现行的信用卡基础设施来完成支付。在其信用卡账单中，持卡人将看到和传统信用卡支付在一起的 SET 交易。收单行将视其为与商户关系的一种扩展。

SET 提供对消费者、商户和收单行的认证，确保交易数据的安全性、完整性和交易的不可否认性，特别是保证了不会将持卡人的信用卡号泄露给商户。

SET 提供了电子商务的特殊安全需要：

① 购物信息和支付信息的私密性；

② 使用数字签名确保支付信息的完整性；

③ 使用数字签名和持卡人证书，对持卡人的信用卡进行认证；

④ 使用数字签名和商户证书，对商户进行认证；

⑤ 保证各方对有关事项的不可否认性。

（2）SET 信息结构。SET 协议包括请求/回应信息对，如图 4-6 中给出的购买请求和购买回应信息。

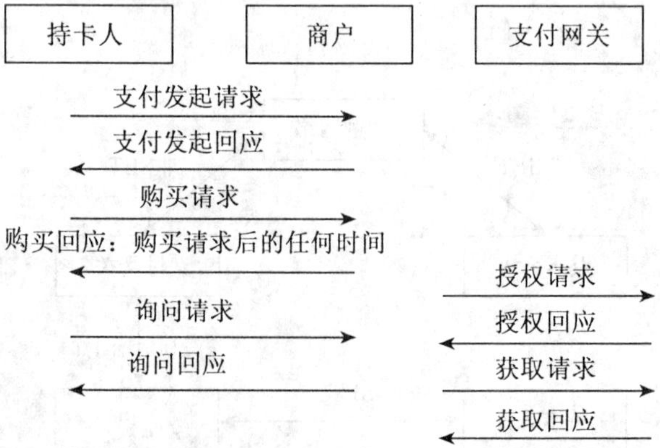

图 4-6　SET 交易中的步骤

为了容许互操作性，在 SET 规范中信息被定义成与机器相独立的格式。这样将使得某软件商发展的客户可以在另一公司所开发的服务器上完成 SET 交易。

对某些信息部分进行加密，这种端对端的解决方案将允许通信中所含的信息按照要求对参与方进行有选择地隐瞒。例如，有关信用卡的数据不会泄露给商户，有关购买产品的数据也不会泄露给收单行，而连接的点对点的加密并不能允许这种选择。

如图 4-6 所示，一笔完整的购买交易通常包括如下的通信：

① 支付发起（支付发起请求/支付发起回应）；

② 购买订单（购买请求/购买回应）；

③ 授权（授权请求/授权回应）；

④ 支付获取（获取请求/获取回应）；

⑤ 持卡人询问（询问请求/询问回应）。

(3) SET 加密技术。① SET 加密方法。SET 使用公开密钥和私人密钥来保证信息的私密性。数据信息使用随机生成的对称密钥来加密，此密钥再用接收者的公开密钥进行加密。密钥的加密结果被称作数字信封，它与加密信息一起传送给接收者，接到数字信封后，接收者用自己的私人密钥对获得的对称密钥进行解密，然后用该对称密钥打开原始数据信息。

SET 利用数字签名来确保信息的完整性和对对方身份的认证。它使用公开密钥和私有密钥对产生数字签名。每个 SET 参与方拥有两组不对称密钥对：一组用于数据加密、解密，一组用于数字签名及其验证。信息的发送者使用自己的私人密钥进行加密，接收者使用发送者的公开密钥验证信息确实来自于发送者。

② SET 双重签名。尽管 SET 中的双重签名是以常规方法产生的，但进行了进一步的优化。签名中包括信息 1 的散列和信息 2 的散列的“异或”。该签名可以使用该异或值和信息 1 或者该异或值和信息 2 进行验证。这种做法避免了向有关双方分发签名时，在签名的第一份拷贝中包含 H（M1），在签名的第二份拷贝中包含 H

(M2)。这些值可以从异或值中析取，从而双重签名的单一版本被验证。

③ SET 加强加密的方法。如图 4-7 所示，直接用 RSA 对数据进行加密，而不是用对称 DES 密钥加密后再使用 RSA 加密该对称密钥。使用加强加密方法对卡数据进行加密，这比通常的 SET 加密强度会大一些。

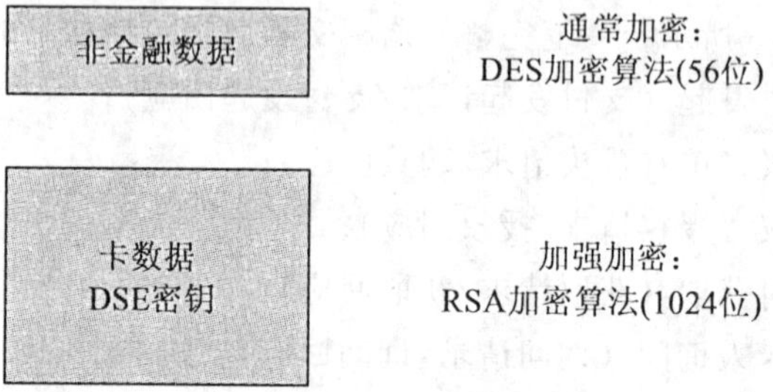

图 4-7 SET 加强加密

（4）SET 开发应用。SET 完全是一个支付协议，支撑电子商务的其他协议（如用于购物、价格协商、支付方式选择和信息传送的协议）需要在 SET 协议实施过程中加以具体化，才能提供有效的电子商务应用。类似地，需要提供形象化的、易用的用户图形界面，从而使得 SET 交易中的购买步骤对用户来说是透明的。如图 4-8 所示，使用 SET 的应用通常比单独的 SET 支付协议包含更多的功能。

为了避免每一个 SET 应用开发商都去实施 SET 与其应用的一体化，一些 SET 工具、API 工具包可用于这种目的。其优点就是允许独立开发其应用，并使用相同的 SET 工具。MasterCard 和 VISA 提供了一种 SET 参考工具，可自由用于非商业用途。

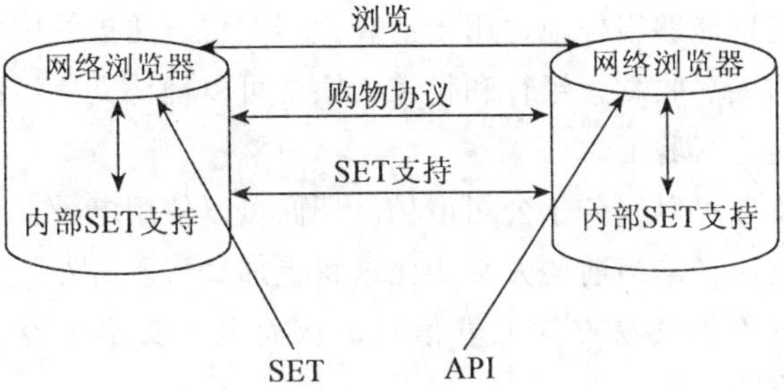

图 4-8 SET 与终端用户一体化

三、电子支票（eCheck）

电子支票可以满足个人和实体的需要，因为人们喜欢用信用卡或通过现金以外的其他机制进行支付。电子支票模仿纸质支票：它们以电子方式发起，利用数字签名进行签发，要求利用数字证书来确认付款人、付款人银行和银行账户。电子支票的安全和确认需要通过数字签名实现。

电子支票将促进新型的在线服务：允许新型的支付流（收款人可以在付款人所在银行验证资金的可用性）；通过各方（收款人和银行）的数字签名进行确认，使交易的每个步骤都提高了安全性；促进了广泛使用的 EDI 电子订购和填单处理与支付的一体化。

电子支票通过直接传输（利用电话线）或公开网络（例如互联网）进行传送。电子支票支付（存入）由银行收集在一起，通过现行的银行渠道（如自动清算所（ACH）网络）进行清算。现行银行的基础设施与公开网络的一体化为银行、产业界和消费者依赖现行的支票处理能力提供了一条可实施和可接受的途径。

电子支票具有以下优点：

电子支票像传统支票那样进行运作，从而简化了对客户的教育。通过保留纸质支票的基本特征和弹性并增强其功能，电子支票很容易被理解和采纳。

电子支票能够很好地适用于清算微型支付。通过使用公开密钥证书，收款人、收款人银行和付款人银行可以确认支票。数字签名也将自动地进行验证。

电子支票可以服务于公司市场。厂商可以使用电子支票通过网络来完成支付，与当前的方案相比这将更加经济。另外，由于支票的内容可以附加交易方的汇款信息，从而电子支票将容易与 EDI 应用结合在一起。

四、电子现金（eCash）

真正的电子支付方法不仅需要信用卡和借记卡提供的方便性，也需要具有某些现金性质的电子现金形式。电子现金（也称数字现金）把计算机化的方便性和比纸质现金更强的安全性及保密性结合在一起，数字现金的多功能性开创了大量的新型市场和应用。电子现金试图代替纸质现金作为在线支付的主要支付工具。

在电子支付系统建立 30 年之后，现金仍是最普遍的消费者支付工具。这是因为现金保持了支付的主要形式：无需消费者拥有银行系统的信用，非现金交易的无效率清算和结算等。

任何电子现金系统必须包含一些共同的特征。特别是电子现金必须具有如下四个性质：货币价值、互操作性、可恢复性以及安全性。

(1) 电子现金必须具有货币价值。它必须由现金（货币）、银行授权信用或银行签发的银行本票所支持。当某个银行创造的电子现金被其他方接受时，必须进行对账而无任何问题。没有恰当的银行认证，电子现金承担着风险；在支付时，它会因无足额资金而被退回。

(2) 电子现金必须可互操作，即可交换成其他电子现金、纸质现金、物品或服务、银行账户存款、银行票据等。大多数电子现金方案使用了单一银行，但实际上并非所有的客户都使用同一银行，因此对于电子现金的普及应用来说，多个银行是必需的。

(3) 电子现金必须可存储可恢复。远程存储和恢复（例如通过电话或个人通信设备）使用户可以从家中或办公室或在旅行中交换电子现金（从银行账户提取或存入）。现金可存储在远程计算机存储器、智能卡或其他易携带的标准或专用设备中。因为很容易在计算机中创造和存储伪造现金，所以把现金存储在不可修改的专用设备上是更为可取的方法。该设备应该具有合适的界面来简化身份确认（利用密码或其他方法），并具有显示器来查看卡的内容。

(4) 电子现金应不易拷贝或篡改。及时发现进而防止电子现金的复制或重复花费是可能的。但重复花费是一个较难处理的问题。例如，消费者可以同时使用同一电子现金在日本、印度和英国购买物品。如果交易涉及多个银行，防止双重花费尤其困难。基于该原因，大多数系统依赖于事后检查和惩罚。

第三节　网 上 银 行

在线电子支付是电子商务的关键环节，也是电子商务得以顺利发展的基础条件。没有适时的电子支付手段相配合，电子商务就成了真正意义上的"虚拟商务"——只能是电子商情、电子合同，而无法网上成交。因此，电子商务的发展要求金融业同步电子商务化，网上银行的建设是大势所趋。

一、网上银行的运作

1. 网上银行概念

网上银行，又称电子银行（Electronic Bank，E-Bank），是在互联网上的虚拟银行柜台。用户可以不受时间、空间的限制，只要用一台 PC、一根电话线，就可以享受全天候的网上金融服务。这里的网上金融服务是指实质性的金融服务，除了传统的商业银行业务之外，还可以进行电子支付结算。那些拥有自己的网站，但仅仅进行形象宣传和业务介绍的银行，不能算真正的网上银行。

网上银行主要有两种形式：一种是完全依赖于互联网发展起来的全新电子银行，这类银行所有的业务交易依靠银行网进行，如世界第一家全交易型网络银行美国安全第一网络银行（Security First Network Bank，SFNB）。另一种则是在现有商业银行基础上发展起来，把银行服务业务运用到互联网，开设新的电子服务窗口即所谓传统业务的外挂电子银行系统。

2. 网上银行技术

从技术角度看，网上交易至少需要四个方面的功能，即：商户系统、电子钱包、支付网关和安全认证。其中后三者是电子支付的必要条件，也是E-Bank运行的技术要求。

电子钱包：简单地说就是客户的加密银行账户，它的安装程序可以从网上下载，或直接到网上银行领取安装光盘。一些网上银行甚至直接用普通信用卡代替电子钱包的功能。

支付网关（Payment Gateway）：是连接银行网络与互联网的一组服务器。其主要作用是完成两者之间的通信、协议转换和进行数据加密、解密，以保护银行内部网络的安全支付。网关的功能是将互联网传来的数据包解密，并按照银行系统内部的通信协议将数据重新打包，接收银行系统内部反馈的响应消息，将数据转换为互联网传送的数据格式，并对其进行加密。实际上，支付网关起着一个数据转换与处理的作用。

安全认证：如何保证网上交易的安全性，涉及E-Bank采用的安全协议。目前常用的安全协议有SET与SSL两种。在网络交易中，客户、商家、银行不可能直接见面。为了确认交易各方的身份以及保证交易的不可否认，需要有一份数字证书进行检验，这就是电子安全证书。电子安全证书由CA（Certification Authority）认证中心来发放。CA这个概念起源于SET。由于在基于SET的交易流程中，最主要的一点就是要确认交易各方的身份，所以才有了CA这个概念。后来，鉴于单纯SSL协议方式只解决了数据传输过程中加密的方法，但是不能真正解决交易双方的身份确认问题，CA的概念又扩展了一步，被引入到SSL体系之中。所以现在有“SET-CA”和“非SET-CA”两种不同的形式。

首先客户要在自己的计算机里安装电子钱包，然后需要到CA认证中心（CA的网站）去申请证书，这个证书用作同商家、银行进行身份认证。做好了这些准备工作以后，客户便可以进行在线支付了。

二、E-Bank业务拓展

E-Bank既可进行部分传统的商业银行业务，也担负着电子商务过程中极其重要的在线支付功能，还可开辟新的服务领域。

1. 商业银行业务

E-Bank可以在网上为客户提供24小时的实时服务，包括：

(1) 商业银行传统服务，如转账结算、汇兑、代理公共收费(水费、电费、电话费等)，发放工资、查询个人账户等。到了电子商务高度发达，货币基本甚至完全电子化的时候，客户的存、取款可以足不出户，既轻松又快捷。

(2) 商业银行新增业务，如证券清算（即完成证券公司与交易所之间，证券公司各营业部之间，及保证金账户与储蓄账户之间的资金清算业务）、外币业务、信息咨询、消费信贷（如住房按揭）等。

2. 在线支付

这是网上银行网上金融服务最重要的一部分。在网上进行的交易将全部通过网上银行支付，包括B2C商务模式下的购物、订票、证券买卖等零售交易，B2B商务模式下的网上采购等批发交易，以及金融机构间的资金融通和清算。

3. 新的业务领域

鉴于网上信息传递的全面性、迅速性和方便性，E-Bank还可以开辟多种新业务。比如集团客户通过E-Bank查询各子公司的账户余额和交易信息；在签订多边协议的基础上实现集团公司内部的资金调度与划拨（由于这种调动几乎是实时的，因而可以大大提高各分公司及整个集团公司的资金利用率）；提供财务信息咨询、账户管理等理财服务；还可以进行网上国际收支申报；发放电子信用证；开展数据统计工作等。

显然，网上银行倾向于提供便捷的服务以吸引更多的客户，从而把利润点更多地转向中间业务。而且，网上银行在费用上也大大减少了，只需支付网络的建设费及很有限的开发、维护费，便等同于把服务网点开设到每个客户家中。除此之外，随着互联网和电子商务的发展与普及，网上银行可提供的服务也势必越来越广泛，越来越完善，使得包括顾客、商户、行政机构在内的多种交易主体都可以真正做到足不出户而心想事成了。

三、我国网上银行的应用实例

目前国内开展网上银行服务的银行中，中国银行采用 SET 协议，招商银行、中国建设银行使用 SSL 协议。

1．招商银行电子支付

招商银行的网上个人银行是该行为客户提供的尤其是为网民一族量身定做的，足不出户的个人理财新方式。客户只要通过连接互联网的电脑进入招商银行“一网通”网站，即可进行账务查询、转账、缴费和修改密码等个人业务的处理。无须另行申请，上网即可享用。

(1) 系统特点。

① 招商银行客户均自动享有此项服务，无须办理申请手续。

② 银行网站每天 24 小时服务，满足用户时时刻刻的需要。

③ 银行网站获得世界最权威的 VERISIGN 公司的安全认证。

④ 传输采用先进的重加密技术。客户使用时，所有数据均经过加密后在网上传输，安全可靠。

⑤ 电脑上存储个人账户信息和交易信息，防止他人窃取。

⑥ 可进行招商银行“一卡通”和存折的综合理财业务。

⑦ 网上缴费：用招商银行“一卡通”和存折缴纳手机和寻呼机费用。

⑧ 电子支付卡申请：客户申请“一卡通”电子支付卡，即时申请，即时开通。

⑨ 支付卡理财：可查询电子支付账户金额和历史交易、可查询网上购物订单及具有转账和修改密码功能。

⑩ 按揭贷款月供计算：根据客户输入的贷款金额和年限自动计算出每月月供金额。

招商银行的“一网通”除了个人银行以外，还包括网上企业银行。网上企业银行通过互联网或其他公用信息网（如“视聆通”），将客户的电脑终端连接至招商银行，实现将银行服务直接送到客户办公室或家中的银行对公服务系统，使客户能足不出户就可享受招商银行的服务。

网上企业银行提供的银行服务包括：账务信息查询、内部转账、对外支付、发放工资、金融信息查询、银行信息通知、子公司账务查询、集团公司对子公司收付两条线的管理等。

2. 中国银行网上银行

中国银行按照 SET 协议建立了一整套购物及支付系统，使得中行的持卡人可以毫无后顾之忧地享受网上购物的乐趣。

中国银行网上银行提供的安全电子交易的主要特点有：保证信息的保密性、保证支付完整性、验证商户和持卡人。

通过中国银行网上银行进行一个基本的电子交易流程如下：

(1) 用户在自己的计算机内安装中银电子钱包软件。

(2) 登录中国银行网站（http://www.bank-of-china.com），在线申请并获得持卡人电子安全证书。

(3) 登录到中国银行网上特约商户的站点，选购商品、填写送货地址并最后确认订单。

(4) 点击长城电子借记卡支付，浏览器会自动启动电子钱包软件。用户只要按照画面提示输入借记卡卡号、密码等信息即可实时完成在线支付。

(5) 用户在家里坐等网上商户将选购的商品邮寄过来或送货上门。

在上述整个电子交易过程中，SET使用各种加密方法、数字签名、证书认证等技术手段为网上交易的各方提供了最全面的保护，确保了电子交易安全、有序地进行。

3. 中国建设银行网上银行

网上银行是中国建设银行建立的借助于互联网技术提供信息服务和金融交易服务的网络自助服务系统，可以为客户提供无时间及地域限制的服务，是企业开展电子商务、进行网上结算的金融技术平台。

中国建设银行网上银行，以遍布全国的城市综合业务网络系统为基础，以24小时到账的清算系统、全国大中城市联网的龙卡系统为依托，支持实时网上结算，支持网上购物，网上订房、网上订票等电子商务行为。

中国建设银行网上银行目前的主要功能有：转账、代理缴费、电子支付、证券保证金账户与储蓄账户间转账、挂失，信用卡申请、个性化服务。网上银行系统即将增加的功能主要有：对公交易(为集团、企业提供网上结算服务)、单位信用卡的余额和明细查询及转账、网上购物、异地划拨（个人电子汇款、龙卡异地转账)、外汇买卖、活期转零存整取、住房贷款还贷等。

这三家网上银行现在开通的服务还是比较初级的，是传统业务在网上的延伸。是商业银行业务的一种补充手段。如个人对公的账务查询：支持同一户名下不同存期、不同卡种或折种间的转账；支持不同户名的资金划拨；实现个人电子支付；代收公共费用等。相对而言，中国银行的E-Bank对公服务是当前国内最丰富的，除了上述一些功能外，中行还推出了“银证快车”服务对国内证券市场的一、二级市场进行业务清算；企业客户可以通过中行的E-Bank

向国家外汇管理局进行对公汇入汇款申报；集团客户还可以在网上划拨内部公司之间的资金。

网上银行给商业银行带来的是机遇和挑战，实际操作起来也会面临各种问题。如 CA 认证中心问题、法律问题、网络基础设施建设问题、票据问题。这些问题都使我国网上银行的开展还有很长一段路要走。

第五章 电子商务安全

随着 Internet 的迅速发展和广泛应用，其安全性已变得日益重要。对于依赖 Internet 生存的电子商务，安全性是保证其健康有序发展的关键。只有保证了电子商务的安全，才能够吸引更多的社会公众投身电子商务，使用电子商务，发展电子商务。

第一节 电子商务面临的安全问题

电子商务系统是建立在计算机网络系统基础之上的上层应用系统。在电子商务的发展过程中，各产业对网络技术的依赖达到空前的程度，军事、经济、社会、文化各方面都越来越依赖于网络。这种高度依赖性使社会变得十分“脆弱”，一旦计算机网络受到攻击不能正常运作时，整个社会就会陷入危机。因此，电子商务的安全日益受到各国的高度重视。

一、电子商务的安全现状

目前，危及电子商务安全的因素有病毒或恶意代码、内部人员滥用计算机资源、黑客攻击、用户数据的泄露、假冒的交易等。随着经济信息化进程的加快，计算机网络上黑客的破坏活动也随之猖獗起来。黑客及黑客行为已对经济秩序、经济建设、国家信息安全构成严重威胁。另外，计算机技术、网络技术以及其他高科技技术的发展，也使得社会生活中传统的犯罪和不道德行为更加隐蔽和难以控制。人们从面对面的交易和作业变成网上互相不见面的操作，没有国界、时间的限制，可以利用互联网的资源和工具进行访问、攻击甚至破坏。

在电子商务交易中，商家、客户和银行等各参与方是通过 Internet 连接在一起的，相互之间的信息传递也要通过 Internet 来进行，这使交易的风险性和不确定性加大，从而对网络传输过程中数据的安全和保密提出了更高的要求，尤其对于电子商务支付中涉及的敏感数据，则更需要重视其传递的安全性。

同传统的金融管理方式相比，电子商务金融使资金流动在计算机网络里实现。于是，电子商务金融系统成了犯罪活动的新目标。我国电子商务金融系统发生的计算机犯罪也呈上升趋势。在银行计算机犯罪案件中，具有破坏性的犯罪类型是篡改数据，而各银行对数据的保护、操作密码保护和储户密码保护都缺乏有力的措施。

二、电子商务的安全问题

1. 电子商务安全概述

电子商务系统是建立在计算机网络系统上的商务系统，从逻辑上看可以分为底层的物理系统和上层的业务逻辑系统。因此，电子商务系统的安全措施也相应地分成两个层次：一个是保障底层的物理系统，即计算机硬件系统的安全，它是安全电子商务系统的基础，保障了人们进行网上交易的虚拟场所的安全；另一个是保障上层业务逻辑系统的安全，它是安全电子商务系统的前提，提供了网上交易不同于传统交易的交易规则，保证了网上交易过程的安全和顺利进行。这两方面的安全措施缺一不可，两者共同为安全电子商务活动的进行保驾护航，因此，电子商务系统安全有两方面含义：一方面，要使计算机网络系统上的信息在采集、存储、处理、传输和运用过程中，信息的自由性、秘密性、完整性、共享性都能得到良好的保护状态；另一方面，要使网上交易者身份及其相关信息具有真实性，交易过程的机密性、完整性、有效性和不可抵赖性要都得到可靠的保护。

2. 电子商务安全问题的类型

电子商务安全问题有许多类型，产生的原因也不尽相同，其中包括技术层面和人为两方面。按照电子商务安全问题的不同可分成以下几类：

(1) 物理安全问题。物理安全问题由主机硬件和物理线路方面引起。引发原因有自然的，包括自然灾害、火灾、硬件老化、发生故障等；有人为的，包括人为的破坏、盗窃等。

(2) 网络安全问题。网络安全问题是计算机互联网带来的问题。网络上的主机经常会成为攻击的目标，许多 Internet 软件协议没有进行安全性设计，网络服务器也经常用超级用户特权来执行，这样就会造成诸多网络安全问题，如非法授权访问、假冒主机和用户、对信息完整性的攻击、对服务项目的干扰破坏等。

(3) 数据安全问题。电子商务的主要形式是通过网络进行数据传输。在 Internet 这样的公用数据传输信道上传输数据，数据能否不受到任何外界干扰到达目的地，其安全性成为交易各方最为关注的问题。在一方的数据还没有传到另一方之前，会不会有第三者来监视甚至破坏。这里包括数据的完整性、一致性、保密性、可鉴别性、不可抵赖性等方面。

(4) 交易安全问题。网上交易的参与方式很多，各方对安全问题的关注重点也有所不同。在交易过程中，电子商务安全问题涉及到电子商务的各个环节。对企业而言，首先要保证网络系统的安全，包括网络硬件设备、软件体系和数据的安全，防止黑客的入侵、病毒的袭击，建立完善的监控机制，对可能出现的问题随时予以监督和修正，提高网络管理人员的技术和思想道德水平。同时，企业面对的顾客也是极其复杂的，对一些顾客的欺骗行为应当有一定的措施进行识别，避免不必要的损失。对客户而言，同样也存在着安全问题。这可以从顾客购买的一般过程来分析。首先是选择商品，仔细浏览查看，货比三家，商品确定后付款。电子商务中的付款是数字方式的，涉及到极重要的个人秘密。解决方法包括加强加密技术、认证等。付款后送货上门，这里仍可能有风险，如与所订购商品不符合、付款到送货上门的周期太长等。用户应当选择信誉好的服务公司，并且依据订单保护自己的利益。最后是售后服务，这也是客户下订单时需要考虑的一个重要因素。

电子商务交易过程除了交易上网外，还涉及到网上银行、认证中心、法律等方面。因此，电子商务安全问题的解决是一项系统工程。在电子商务的交易过程中，电子信息不仅要在交易双方传递，而且还需要在所涉及的多个部门、多个地区甚至多个国家之间进行数据传送。因此要在所涉及的不同业务部门对信息安全规范进行统一和协调，甚至涉及多个国家有关法律的协调，需要建立协调一致、快捷有效的安全保密信息标准和系统结构。伴随着这些难题的攻克，电子商务必将促进全球经济的一体化进程。

总之，安全问题是电子商务系统所要解决的核心问题，只有建立起科学、合理的安全体系结构，才能保证电子商务活动的安全实施。

第二节　电子商务的安全要素

电子商务安全是一个复杂的系统问题。由于 Internet 本身的开放性，使电子商务活动面临种种威胁，也因此提出了相应的安全控制要求。电子商务的安全要素主要包括以下几个方面。

一、有效性

如何保证电子形式贸易信息的有效性是开展电子商务的前提。电子商务作为贸易的一种形式，其信息的有效性将直接关系到个人、企业或国家的经济利益和声誉。因此，要对网络故障、操作错误、应用程序错误、硬件故障、系统软件错误及计算机病毒所产生的潜在威胁加以控制和预防，以保证贸易数据在确定的时刻、确定的地点是有效的。

二、保密性

保密性是指交易过程中必须保证信息不会泄露给非授权的人或实体。

电子商务作为贸易的一种手段，其信息直接代表着个人、企业或国家的商业机密。传统的纸面贸易都是通过邮寄封装的信件或通过可靠的通信渠道发送商业报文来达到保守机密的目的。电子商务是建立在一个较为开放的网络环境上的，维护商业机密是电子商务全面推广应用的重要保障。如果信用卡的账号和用户名被人知晓，就有可能被盗用，订货和付款的信息被竞争对手获悉，就有可能丧失商机。因此，要预防非法的信息存取和信息在传输过程中被非法窃取，确保只有合法用户才能看到数据，防止泄露事件。

三、可靠性

可靠性是指电子商务系统的可靠性，电子商务系统也就是计算机系统，其可靠性是指为防止由于计算机失效、程序错误、传输错误、硬件故障、系统软件错误、计算机病毒或自然灾害等所产生的潜在威胁，并加以控制和预防，确保系统安全可靠。保证计算机系统的安全是保证电子商务系统数据传输、数据存储及电子商务完整性检查的正确和可靠的根基。

四、完整性

完整性是指数据在存储和传输过程中，要求能保证数据的一致性，防止数据被非授权用户修改或破坏。

完整性涉及信息传输和存储两个方面。数据传输过程中信息的丢失、信息重复或信息失真均会导致贸易各方信息的不同。贸易各方信息的完整性将影响到贸易各方的交易和经营策略，保持贸易各方信息的完整性是电子商务应用的基础。因此在信息传输过程中，要防止信息的丢失和重复并保证信息传送次序的统一。在存储时，由于数据输入时的意外差错或欺诈行为，可能导致贸易各方信息的差异。因此，要防止非法篡改、破坏网站上的信息和对信息的随意生成、修改、删除。完整性简化了贸易过程，减少了人为干预，同时也带来了维护贸易各方商业信息的完整性、统一性的问题。

五、真实性

真实性是指商务活动中交易者身份的真实性，亦即是交易双方确实是存在的，不是假冒的。身份的真实性是顺利进行电子商务交易的前提。要使交易成功，首先要能确认对方的身份。在无纸化的网上交易方式下，通过手写签名和印章进行贸易双方的鉴别是不可能的。因此，要在交易信息的传输过程中为参与交易的个人、企业或国家提供可靠的标识。

六、不可否认性

不可否认性，也叫做不可抵赖性，是指信息的发送方不能否认已发送的信息，接收方不能否认已收到的信息。不可否认性可能直接关系到贸易双方的商业交易，由于商情的千变万化，交易一旦达成是不能否认的，否则，必然会损害一方的利益。在传统的纸面贸易中，贸易双方通过交易合同、契约或贸易单据等书面文件来确定合同、契约、单据的可靠性并预防抵赖行为的发生。但在网上交易方式下，通过书面文件来预防抵赖行为的发生是不可能的。如在交易的过程中否认收到订单的事实，订货方将会蒙受损失。因此，电子交易通信过程的各个环节都必须不可否认。

七、不可修改性

交易的文件不能被随意修改，如果交易双方可以随意修改交易文件，那么必然会损害一方的商业利益，交易的公平性将被破坏。一个没有公平的交易系统是交易双方都不愿使用的。因此，电子交易文件要做到不可修改，以保障商务交易的严肃和公正。

第三节 网络安全技术

网络安全是电子商务安全的基础，也是所有网络用户普遍关心的问题，一旦计算机与网络连接，就会面临网络安全问题。引起网络安全的直接原因，就是网络系统的安全漏洞。

一、网络安全简介

网络安全是一门涉及计算机科学、通信技术、密码技术、应用数学、数论、信息论等多种学科的综合性科学。网络安全是指网络系统的硬件、软件及其系统中的数据受到保护，不受偶然的或恶意的原因而遭到破坏、更改、泄露，确保系统能连续可靠正常地运行，网络服务不中断。简单来说，网络安全就是保护用户在网络上的程序、数据、服务及设备免遭别人在非授权情况下使用或者访问。网络安全从其本质上来讲就是网络上的信息安全。从广义上来说，凡是涉及到网络上信息的保密性、完整性、可用性、真实性和可控性的相关技术和理论都是网络安全的研究领域。

网络的安全性由数据的安全性和通信的安全性两部分组成。数据的安全性是一组程序和功能，用来阻止对数据进行非授权的访问、转移、修改和破坏；通信的安全性是一种保护措施，要求在通信中采用保密安全性、传输安全性、辐射安全性等措施，并且要求对于通信安全性信息采用物理安全性措施。通过上述各种措施，可以拒绝非授权的人员在通信中获取有价值的信息。

具体来说，网络安全包括网络实体的安全、网络系统的运行安全、信息安全和人员安全等几个部分。

（1）网络实体的安全是指计算机网络设备、设施（包括计算机硬件系统）以及其他媒体免受地震、水灾、火灾、雷电、噪声、外界电磁干扰、电磁信息泄露、有害气体或其他环境事故破坏。对计算机网络系统实体的保护是防止对信息威胁和攻击的第一步，也是防止对信息威胁和攻击的屏障。

（2）网络系统的运行安全包括：系统风险管理、审计跟踪、备份与恢复、应急四个方面，目的是保证系统能连续、正常地运行。

（3）网络系统的信息安全是指防止信息资源被故意地或偶然地非法泄露、更改、破坏；或是信息被非法辨识、控制，确保信息的保密性、完整性、可用性。

（4）人员安全是指计算机网络使用人员的安全意识、法律意识和安全技能等。

二、网络安全的漏洞分析

网络软件不可能是百分之百无缺陷和无漏洞的，然而，这些漏洞和缺陷恰恰是黑客进行攻击的目标。黑客攻入网络内部的事件大部分就是因为安全措施不完善所导致的。

1. 源代码漏洞

许多安全漏洞源于代码，多数情况下，这些漏洞是毁灭性的，有时会摧毁整个系统，这方面最典型的例子是计算机病毒。计算机病毒威胁系统安全和数据完整性。近几年来出现过许多著名的病毒，如 Internet 蠕虫，它能够进入 Internet，并在整个网络上进行传播。病毒利用 UNIX 等操作系统的安全漏洞，通过在系统中进行大量自我复制，将存储器的空间用完，使 Internet 上的许多系统遭到严重的性能下降问题。

2. 系统漏洞

亦称陷阱，通常是操作系统开发者有意设置的，能在用户失去了对系统的所有访问权后仍可进入系统。由于系统漏洞引起的各种安全威胁主要有下面几种：

（1）乘虚而入。是指一个用户停止了与另一个系统的通信，但由于某种原因仍使另一个系统上的端口处于激活状态，这时，另一个用户不必通过任何申请即可通过同一端口开始与这一系统进行通信。

(2) 不安全服务。有时操作系统的一些服务程序可以绕过机器的安全系统，Internet 蠕虫就利用了 Berkeley UNIX 系统中三个这样可以绕过机器的服务程序在网络上传播。

(3) 配置和初始化。如果不得不关掉一台服务器以维修它的某一个子系统，几天后当重新启动服务器时，可能会出现文件丢失或被篡改，这就有可能是在系统初始化时，安全系统没有被正确地初始化，从而留下了安全漏洞让人利用，类似的问题在特洛伊木马程序修改了系统的安全配置文件时也会发生。

系统安全漏洞是病毒乃至黑客的主要滋生地，堵住了系统安全漏洞，也就堵住了黑客和病毒的入侵。

3. 操作系统类安全漏洞

包括非法文件访问、远程获得 Root 权限、系统后门（Backdoors)、NIS 漏洞、Finger 漏洞、RPC 漏洞等方式。

可以通过安全审计技术发现系统的安全漏洞，但是如果不能将这些漏洞修补起来，其重要性就要大打折扣了。针对安全审计时已发现的各种安全漏洞，解决的办法可归结为两个方面：通过一些操作去除；采用修复措施。常用方法包括：

(1) 打补丁（Patch)。很多漏洞本质上是软件设计时的缺陷和错误（Bug 等）造成的，因此需要采用补丁的方式对这些问题进行修改，补丁程序可以是厂商发布的，也可以通过网上的安全站点得到。

(2) 停止服务。有些应用和服务安全问题较多，目前又没有可行的解决方案，切实有效的方法是在可能的情况下停止该服务，不给黑客攻击提供机会。

(3) 升级或更换程序。在很多的情况下，安全漏洞只针对一个产品的某一版本有效，此时解决问题的办法就是升级软件或是更换程序，目前同一应用或服务经常存在多个成熟的软件。有时还可以找到免费的自由软件，这些都为更换软件提供了可能性。

(4) 去除特洛伊木马等后门程序。系统如果出现过安全事故

(已知的或并未被发现的)，则在系统中可能存在隐患，此时必须去除这些程序。

(5) 修改配置和权限。有的系统本身并没有安全漏洞，但由于配置和权限错误或不合理，给系统安全性带来问题。

(6) 专门的解决方案。对于比较复杂的问题，涉及的因素较多，可以为这样的系统专门设计解决方案。

某些安全漏洞的去除可能并不困难，但经验不够丰富的用户很难全面解决系统的安全问题。因为一个系统的危险性在于系统中最薄弱的地方，有可能用户采取了不少安全措施，却仍然不全面、不彻底。因此，可通过安全专家帮助用户全面实施安全策略，真正彻底解决系统安全漏洞。

三、网络安全技术

网络安全涉及比较多的技术，如：操作系统安全技术、虚拟专用网技术、防火墙技术、入侵监测技术、漏洞检测技术等。

1. 虚拟专用网技术

虚拟专用网（Virtual Private Network，VPN）是企业网在互联网等公共网上的延伸，它是指在公共网络中建立一个专用网络，数据通过建立的虚拟安全通道在公共网络中传播。VPN 是建立在实际网络（或地理网络）基础上的一种功能性网络，是专用网络的一种组网方式，是一种逻辑上的专用网络，它向用户提供一般专用网所具有的功能，但本身却不是一个独立的物理网。VPN 曾经是一项非常适合于电子数据交换的技术，它可以在不同地理位置的两台计算机（两个网络）之间建立一个按需的连接，以此达到在公共的 Internet 上或个别的企业局域网之间实现安全的电子交易的目的。

VPN 适用于具有分布在各地办公室的公司组建专用网的情况，这样可以减少公司自己组建专网在设备及人力上的投资，并可大大节约通信费用的开支。可向组建与使用 VPN 的部门提供有关的网络状态、拓扑结构、业务流量与流向、网络资源配置及网络性能等各种数据，以便使用部门可对 VPN 进行管理与控制，并具有自动选择路由与呼叫转移的功能，用户可使用标识码获得不同的特殊功能服务。

与传统专用网相比，VPN 具有以下优点：

(1) 减少网络建设投资。VPN 将专用网络建立在公共网络之上，用户只需投入用户端网络设备及只支付本地通信费用（免去长途通信费用），这将极大地降低网络建设、通信和维护成本。

(2) 网络覆盖面广。利用 Internet 可将企业的业务范围延伸到世界的每个角落。

(3) 理想的专用性。虽然 VPN 是建立在开发的 Internet 之上，但由于综合采用了隧道、加密和认证等安全技术，使 VPN 的专用性和安全性几乎可与传统的专用网媲美。

(4) 良好的灵活性。通过 VPN 可以方便地重构 Intranet 与 Extranet 的网络结构关系，移动用户也可在任何地点访问 Intranet 与 Extranet 中的网络资源，这是传统专用网无法相比的。

2. 防火墙（Fire Wall）技术

防火墙技术是一种隔离技术，通过在可信赖的内部网络和不可信赖的外部网络（如 Internet）之间设置一个或多个电子屏障（包过滤、电路网关、应用网关）来提供网络安全环境。防火墙是建立在通信技术和信息安全技术之上，在网络之间建立的一个安全屏障，它在网络之间执行安全访问控制策略。其目的是，根据指定的策略对网络数据进行过滤、分析和审计，并对各种攻击提供有效的防范，阻止对信息资源的非法访问，阻止内部信息从公司的网络上被非法窃取，即保护内部网不被外部网所侵扰。

一般而言，防火墙必须具有五大基本功能：管理进出网络的访问行为；禁止非法的访问行为；过滤进出网络的数据包；对通过防火墙进出内部网络的用户、操作和信息进行记录；对网络攻击进行检测和报警。

防火墙的优点包括：

(1) 强化安全策略。防火墙执行站点的安全策略，仅容许认可的、符合规则的请求通过。

(2) 有效地记录网上的活动。由于所有进出的信息都必须通过防火墙，所以防火墙非常适用于收集有关系统和网络使用和误用的信息。作为访问的惟一点，防火墙记录被保护的网络与外部网络之间进行的所有事件。

(3) 限制暴露用户点。防火墙能够用来隔离网络中的不同网段，从而能够有效地控制影响一个网段的问题通过整个网络进行传播。

(4) 安全策略的检查站。由于所有进出的信息都必须通过防火墙，所以防火墙成为维护安全的一个检查站，使可逆的访问被拒绝。

防火墙的缺陷包括：

(1) 不能防止内部网中发生的问题。目前主要的防火墙只提供对外部网络用户攻击的防护，防火墙无法禁止内部用户对网络主机的各种攻击。因此防止此类问题，只能依靠健全的安全管理制度，依靠内部网络主机系统的安全性，同时，还要加强对员工的法律和思想教育，提高他们的法制观念和安全意识。

(2) 防火墙系统不能防范通过防火墙以外的其他途径的攻击，如防火墙被迂回绕过（信息传输不经过防火墙），就不能提供任何安全保护。

(3) 不能防止传送已感染病毒的文件或文件所带来的病毒。

(4) 无法防范数据驱动型的攻击。数据驱动型的数据从表面上看是无害的数据被邮寄或复制到 Internet 主机上，但一旦执行就开始攻击。

(5) 不能防备完全新的威胁。防火墙总体上讲是一种被动式的防护系统，只能对付当前的网络攻击方式和技术，不具备智能的自动升级能力，以对付不断更新的网络攻击手段和一些新的网络服务所带来的不安全性。必须不断更新防火墙系统的配置，来解决不断产生的网络安全问题。

(6) 限制了一些网络服务。防火墙为了提高被保护网络的安全性，会限制或关闭一些存在安全缺陷的网络服务，如 Telnet、FTP 等。

3. 入侵检测技术

入侵检测是指通过从计算机网络或计算机系统中的若干关键点收集信息并对其进行分析，以发现网络或系统中是否有违反安全策略的行为和遭到袭击的迹象。

入侵检测是对防火墙的合理补充，帮助系统对付网络攻击，扩展了系统管理员的安全管理能力（包括安全审计、监视、进攻识别利响应)，提高了信息安全基础结构的完整性。它从计算机网络系统中的若干关键点收集信息，并分析这些信息，看看网络中是否有违反安全策略的行为和遭到袭击的迹象。入侵检测被认为是防火墙之后的第二道安全闸门，在不影响网络性能的情况下能对网络进行监测，从而提供对内部攻击、外部攻击和误操作的实时保护。这些都通过它执行以下任务来实现：

- 监视、分析用户及系统活动；
- 系统构造和弱点的审计；
- 识别反映已知进攻的活动模式并向相关人士报警；
- 异常行为模式的统计分析；
- 评估重要系统和数据文件的完整性；
- 操作系统的审计跟踪管理并识别用户违反安全策略的行为。

对一个成功的入侵检测系统来讲，它不但可使系统管理员时刻了解网络系统（包括程序、文件和硬件设备等）的任何变更，还能给网络安全策略的制订提供指南。更为重要的一点是，它应该便于管理、配置简单，从而使非专业人员非常容易获得网络安全。而且，入侵检测的规模还应根据网络威胁、系统构造和安全需求的改变而改变。入侵检测系统在发现入侵后，会及时作出响应，包括切断网络连接、记录事件和报警等。

入侵检测分为以下几类：

(1) 基于网络的入侵检测。该检测方式使用原始的网络分组数据包作为进行攻击分析的数据源，一般利用一个网络适配器来实时监视和分析所有通过网络进行传输的通信。一旦检测到入侵攻击，IDS应答模块通过通知、报警以及中断连接等方式来对攻击作出反应。

(2) 基于主机的入侵检测。该检测方式一般监视 Windows 上的系统、事件、安全日志以及 UNIX 环境中的 syslog 文件。一旦发现这些文件发生任何变化，IDS 将比较新的日志记录与攻击签名以发现它们是否匹配。如果匹配的话，检测系统就向管理员发出入侵报警并且采取相应的行动。

第四节 电子商务的交易安全

在 Internet 上运作的电子商务，每天要进行千百万次的安全交易，而 Internet 本身又是一个高度开放性的网络，没有完整的网络安全体制，因此，基于 Internet 的电子商务交易在安全上无疑会受到严重威胁。电子商务的交易安全是电子商务成功实施的基础，是企业制订电子商务战略时必须首先考虑的问题。保证电子商务交易安全的一种重要技术是加密技术。

一、加密技术

所谓加密技术，就是采用数学方法对原始信息（通常称为“明文”）进行再组织，使得加密后在网络上公开传输的内容对于非法接收者来说成为无意义的文字（加密后的信息通常称为“密文”）。而对于合法的接收者，因为其掌握正确的密钥，可以通过解密过程得到原始数据，即明文。由此可见，在加密和解密过程中，都要涉及信息（明文/密文）、密钥（加密密钥/解密密钥）和算法（加密算法/解密算法）这三项内容。

1. 加密体制分类

按加密密钥和解密密钥是否相同，可将现有的加密体制分为两种：私钥加密体制和公钥加密体制。

（1）私钥（单钥或对称）加密体制。这种体制的加密密钥和解密密钥相同或者本质上相同（即从其中一个可以很容易地推出另一个）。最典型的私钥加密体制是美国的数据加密标准 DES（Data Encryption Standard）。其优点是具有很高的保密强度，但它的密钥必须按照安全途径进行传递，密钥管理成为影响系统安全的关键性因素，难以满足开放式计算机网络的需求。私钥加密体制存在着以下问题：

- 密钥使用一段时间后就要更换，加密方需经过某种密码渠道把密钥传给解密方，而密钥在此过程中可能会泄露。
- 网络通信时，如果网内用户都使用相同的密钥，就失去了保密的意义；但如果网内任意两个用户通行都使用互不相同的密钥，密钥量太大，难以管理。
- 无法满足互不相识的人进行私人谈话的保密性需求。
- 难以解决数字签名验证的问题。

对于私钥（或传统）加密体制，根据加密模式的不同，可分为两种：

① 序列密码。这种体制是将明文 M 看成是连续的比特流或字符流（$m_1m_2m_3\cdots$），并用密钥序列 K（$k_1k_2k_3\cdots$）中的第 i 个元素 k_i 对明文中的 m_i 进行逐位加密。即

$$E_k(M)=E_{k1}(m_1)E_{k2}(m_2)\cdots$$

序列密码又称为密钥流密码，其保密性完全取决于密钥的随机性。如果密钥是真正的随机数，则这种体制在理论上是不可破译的。但这种方式所需的密钥量非常大并呈现一定的循环周期。这样序列周期的长短就成为保密性的关键。如果周期足够长，就会有比较好的保密性。现在周期小于 10^{10} 的序列很少被采用，周期长达

10^{50}的序列并不少见。

② 分组密码。在这种体制中，先将明文划分为固定长度的数据组，然后以组为单位进行加密。简单地讲，分组密码是用一个固定的变换对一个比较大的明文数组进行操作。分组密码一次变换一组数据。当给定一个密钥后，分组密码算法总是把明文分组变换成同样长度的一个密文分组。若明文分组相同，那么密文分组也相同。设计分组密码算法的核心技术是：在相信复杂函数可以通过简单函数迭代若干轮得到的原则下，利用简单轮函数和非线性函数等运算，产生比较复杂的变换。分组密码的优点是不需要同步，因而在分组交换网中有着广泛的应用。

(2) 公钥（双钥或非对称）加密体制。这种体制的加密密钥和解密密钥不相同，而且从其中一个很难推出另一个。这样加密密钥可以公开，而解密密钥可由用户自己秘密保存，其典型代表是RSA（Rivest Shamir Adelman）体制。公钥加密体制的优点是：密钥分配简单；密钥的保存量少；可以满足互不相识的人之间进行私人谈话时的保密性需求；可以完成数字签名和数字鉴别。

公钥密码体制大都是分组密码，一般不再按明文的加密模式对其进行分类。

2. 私钥加密技术

私钥密码的特征是加、解密双方在加、解密过程中使用相同密钥。在电子商务中广泛使用的是分组密钥，主要用于对发送的数据进行加密保护，只有合法的接受方能够知道数据的内容。国际通用的分组密码算法中最典型的是DES算法。

数据加密标准DES，由美国联邦信息处理标准FIPS46-3定义，其加密技术是IBM公司在20世纪70年代中期开发的，主要用途是保护商业信息和政府无密级的敏感信息。

DES算法有三个参数。密钥Key、数据Data和工作模式Mode。DES根据工作模式Mode来确定算法的工作方式；如果Mode为加密模式，则用密钥Key把数据Data进行加密，生成Data

的 64 位密钥形式；如果 Mode 为解密模式，则用 Key 去把已加密的 Data 进行解密，将加密数据还原为它的 64 位源文。DES 将数据分成长度为 64 比特的数据块，DES 的密钥长度也为 64 位，其中 8 位作为奇偶校验，所以有效的密钥长度实际为 56 位。

DES 的保密性与密钥的保护有关，而算法是公开的，其最大的弱点是它的密钥仅 56 比特。为了克服 DES 密钥较短的缺点，提出了 3DES 这个变异的加密标准，安全性得到了较大程度的提高，但是，也带来了运算效率降低的负面影响。

自从 DES 算法公布以来，由于 DES 算法本身的弱点以及各国出于政治上的考虑（在商用方面一般都是采用本国设计的算法），而出现了许多 DES 的替代算法，包括：LUCIFER 算法、NewDES 算法、REDOC 算法、IDEA 算法、SKIPJACK 算法、RC2 及 RC4 算法等。这些算法有些安全性高于 DES，有些安全强度还不如 DES。其中，安全性高于 DES 的有 IDEA 算法、SKIPJACK 算法、RC2 及 RC4 算法等。

3. 公钥加密技术

公钥密码的特征是加、解密密码不同，发送方与接收方都要自己的公私钥对。对应于传统的加密、解密，发送方使用接收方的公开密钥对信息进行加密，接收方使用自己的私钥进行解密，只有合法的接收方能够恢复正确的信息。公钥密码的应用突破了传统密钥在密钥管理和身份认证等方面的局限，使用公钥密码技术能够进行签名与认证，使密钥交换能够在公开信道上进行，能够提供有效手段确保信息数据的完整性和防止交易方的抵赖行为。但是，公钥算法比私钥算法慢得多，所以在实际应用中，通常使用公钥密码体制交换密钥，而利用私钥密码体制传递正文。

RSA 算法是公开密钥密码体制中一种比较成熟的算法，适合于签名与认证，也可用于加、解密消息。它的安全性是基于大整数的分解，而体制的构造基于 Euler 定理。

RSA 的使用需要产生如下参数：先产生两个足够大的强素数

p、q，计算乘积 $n = pq$，选择 $(e, \varnothing(n)) = 1$（其中 $\varnothing(n) = (p-1)(q-1)$），计算 $ed = 1 \bmod \varnothing(n)$。由此而得到公钥 (n, e)，和私钥 (p, q, d)。

(1) RSA 加密方案。假设 A 要向 B 发送秘密信息，则双方的加解密操作如下：

加密操作：A 使用 B 的公钥 (n, e) 对明文 m 进行加密：$c = m^e \bmod n$，并将 c 发送给 B；

解密操作：B 使用自己的私钥 (p, q, d) 对密文 c 进行解密：$m = c^d \bmod n$。

(2) RSA 签名方案。假设 A 要对消息 m 进行签名，则数字签名和验证的操作如下：

数字签名：A 使用自己的私钥 (p, q, d) 对消息 m 进行签名：$c = m^d \bmod n$；

签名验证：任何人可以用 A 的公钥 (n, e) 对签名 c 进行验证：$m = c^e \bmod n$。

这里描述仅为 RSA 机密方案与签名方案的基本框架，不包含实际应用时的具体技术细节，如必要时对 m 进行 Hash 运算后再进行数字签名操作以及协议封装等。

对于 RSA 来说，其算法原理简单，实际应用中的一个关键问题是密钥参数的安全性指标的确定和生产。参数 p、q、e 的选取对安全性与运算效率有很大的影响，p、q 要求使用安全素数，e 不能太小，$n = pq$ 的长度至少为 512 比特。最新的研究及密码分析结果显示，512 比特的 RSA 挑战问题在网络环境下宣告破译，因此，在使用 RSA 的安全应用系统设计时，要缜密选择 RSA 算法的密钥参数，包括模长度已经素数选取等安全性要求，建议使用 1024 或更长的 RSA。

二、数字签名技术

数字签名（Digital Signature）技术是将信息摘要用发送者的私

钥加密，与原文一起传送给接收者，接收者只有用发送者的公钥才能解密被加密的摘要。完善的数字签名应具备签字方不能抵赖、他人不能伪造、在公证人面前能够验证真伪的能力。在电子商务安全保密系统中，数字签名技术有着特别重要的地位，在电子商务安全服务中的源鉴别、完整性服务、不可否认服务中都要用到数字签名技术。

1. 数字签名技术的特点

数字签名的目的是保证交易单据的完整性和真实性，并在交易双方发生分歧时作为仲裁的依据，防止抵赖的发生。对于电子商务来说，如果没有数字签名与认证技术的支持，就不可能进行真正意义上的电子商务。

数字签名除了具有手工签名的全部功能外，还具有易更换、难伪造、可进行远程线路传递等优点，它是目前实现电子商务数据传输中安全保密的主要手段之一。在电子支付系统中，数字签名代替传统银行业务中在支票等纸质有价证券上的真实签名，它是产生同真实签名有相同效果的一种协议，用来保证报文等信息的一致性。

数字签名具有如下特征：

(1) 签名不可假冒，不能非法改动被签的内容。

(2) 签名可验证，任何人都可验证签名的有效性。

(3) 签名不可抵赖，不能否认所作的签名。

数字签名用来保护网上传输信息的完整性和识别发送人的身份。其签名与验证过程如下：

(1) 信息发送者用 Hash 函数将要传输的信息内容变换成一固定长度的信息段，即信息摘要。

(2) 发送者使用自己的私钥对信息摘要进行私钥加密运算（签名运算）后，把信息本身和数字签名一起发送出去。

(3) 接收方为验证所收信息，先用发送者的公钥解密数字签名，得到信息摘要 A，再把收到的信息用同样的 Hash 函数生成信息摘要 B，比较 A 和 B，如果两者相同，表示信息确实是该发送者发出的，且在传输过程中未被修改。

2. 数字签名的方法

数字签名主要有三种方法：RSA 签名、DSS 签名和 Hash 签名。这三种方法既可单独使用，也可综合在一起使用。

(1) RSA 签名。用 RSA 或其他公钥密码算法的最大方便是没有密钥分配问题。网络越复杂，网络用户越多，其优点也就越明显。公钥加密算法使用两个不同的密钥，其中有一个是公开的，另一个是保密的。公开密钥可以保存在系统目录内未加密的电子邮件信息中、电话黄页（商业电话）上或公告牌里，网上的任何用户都可以获得公开密钥。而保密密钥是用户专用的，由用户本身持有，它可以对由公开密钥加密的信息解密。

RSA 算法中数字签名技术实际上是通过一个 Hash 函数来实现的。数字签名的特点是它代表了文件的特征，文件如果发生改变，数字签名的值也将发生变化，不同的文件将得到不同的数字签名。一个最简单的 Hash 函数是把文件的二进制码相累加，取最后的若干位。Hash 函数对发送数据的双方都是公开的。

(2) DSS 签名。DSS 数字签名是由美国国家标准化研究院和国家安全局共同开发的。由于它是由美国政府颁布实施的，因此主要用于跟美国政府做生意的公司，其他公司则较少使用。它只是一个签名系统，而且美国不提倡使用任何削弱政府窃听能力的加密软件，认为这样才符合国家利益。

(3) Hash 签名。Hash 签名是最主要的数字签名方法，也称之为数字摘要法（Digital Digest）、数字指纹法（Digital Fingerprint）。跟单独签名的 RSA 数字签名不同，它是将数字签名与要发送的信息捆在一起，所以更适合电子商务。换个角度讲，把一个商务合同的内容与签名结合在一起，当然要比合同和签名分开传递更增加了可信度和安全性。

三、认证技术

由于电子商务是在网络中完成，交易者双方互相之间不见面，为了保证每个人及机构（如银行、商家）都能惟一而且被无误地识别，这就需要进行身份认证。虽然公钥/私钥提供了一种认证用户的方法，但它们并不保证公钥实际上属于所声称的拥有者。要确保公钥真正属于某一个人，私钥应当被值得信赖的机构认证。在经过认证后，公钥和其他信息一起就形成了证书，证书可以作为鉴别个人身份的证明。

1. 认证中心（CA）

电子商务认证授权机构也称为电子商务认证中心（Certificate Authority，CA）。在电子商务交易中，无论是数字时间戳服务（DTS）还是数字凭证（Digital ID）的发放，都不是靠交易双方自己能完成的，而需要有一个具有权威性和公正性的第三方来完成。CA 就是承担网上安全电子交易认证服务，能签发数字证书，并能确认用户身份的服务机构。CA 通常是企业性的服务机构，主要任务是受理数字凭证的申请、签发和对数字凭证的管理。在实际运作中，CA 可由大家都信任的一方担当，如在客户、商家、银行三角关系中，客户使用的是由某个银行发的卡，而商家又与此银行有业务关系或有账号。在这种情况下，客户和商家都信任该银行，可由该银行担当 CA 角色，接收、处理它的卡客户证书和商家证书的验证请求。客户向 CA 申请证书时，可提交自己的驾驶执照、身份证或护照，经验证后，颁发证书，证书包含了客户的名字和他的公钥，以此作为网上证明自己身份的依据。

CA 主要有以下几种功能：

（1）证书的颁发。CA 接收、验证用户（包括下级认证中心和最终用户）的数字证书的申请，将申请的内容进行备案，并根据申请的内容确定是否受理该数字证书的申请。如果 CA 接受该数字证书的申请，则进一步确定给用户颁发何种类型的证书。新证书用认证中心的私钥签名后，发送到目录服务器供用户下载和查询。为了保证消息的完整性，返回给用户的所有应答信息都要使用认证中心的签名。

(2) 证书的更新。CA可以定期更新所有用户的证书，或者根据用户的请示更新用户的证书。

(3) 证书的查询。证书的查询可以分为两类：其一是证书申请的查询，认证中心根据用户的查询请求返回当前用户证书申请的处理过程；其二是用户证书的查询，这类查询由目录服务器完成，目录服务器根据用户的请求返回适当的证书。

(4) 证书的作废。当用户的私钥由于泄密等原因造成用户证书需要申请作废时，用户需要向CA提出证书作废请求，CA根据用户的请求确定是否将该证书作废。另外一种证书作废的情况是证书已经过期，CA自动将该证书作废。CA通过维护证书作废列表完成上述功能。

(5) 证书的归档。证书具有一定的有效期，证书过了有效期之后就将被作废，但是不能将作废的证书简单地丢弃，因为有时我们可能需要验证以前的某个交易过程中产生的数字签名，这时就需要查询作废的证书。基于此类考虑，CA还应具备管理作废证书和作废私钥的功能。

2. 数字证书

数字证书是一个担保个人、计算机系统或者组织的身份和密钥所有权的电子文档。例如，用户证书证实用户拥有一个特别的公钥，服务器证书证实某一特定的公钥属于这个服务器。证书由CA发行，CA负责在发行证书前证实个人身份和密钥所有权，证书需要由社会上公认可靠的CA发行，如果由于它签发的证书造成不恰当的信任关系，该机构需要负责任。

(1) 数字证书的类型。应用程序能识别的证书类型有个人证书、服务器证书、安全邮件证书和CA证书。

① 个人证书（客户证书）。这种证书证实客户身份和密钥所有

权。在某些情况下，服务器可能在建立 SSL 连接时要求客户证书来证实客户身份。为了取得个人证书，用户可向某一信任的 CA 申请，CA 经过审查后决定是否向用户颁发证书。

② 服务器证书（站点证书）。这种证书证实服务器的身份和公钥。当与客户建立 SSL 连接时，服务器将它的证书传送给客户。当客户收到证书后，客户检查证书是由哪家 CA 发出以及这家 CA 是否被客户所信任。如果客户不信任这家 CA，浏览器会提示用户接受或拒绝这个证书。

③ 安全邮件证书。这种证书证实电子邮件用户的身份和公钥。有些传送安全电子邮件的应用程序使用证书来验证用户身份和加密解密消息。

④ CA 证书。这种证书证实 CA 身份和 CA 的签名密钥（签名密钥被用来签署它所发行的证书）。在 Netscape Navigator 里，用户可以看到浏览器所接受的 CA 证书，也可以选择是否信任这些证书；在 Netscape 服务器里，管理员可以看到服务器所接受的 CA 证书，也可以选择是否信任这些证书。CA 证书允许 CA 发行其他类型的证书。

(2) 数字证书的内容。数字证书的格式定义在 ITU 标准 X.509 里。根据这项标准，证书包括申请证书个人的信息和发行证书机构的信息。具体来说，数字证书由以下两部分组成：

① 证书数据。证书里的数据包含的信息有：版本信息，用来与 X.509 的将来版本兼容；证书序列号，每一个由 CA 发行的证书必须有一个惟一的序列号；CA 所使用的签名算法；发行证书 CA 的名称；证书的有效期限；证书主题名称；被证明的公钥信息，包括公钥算法、公钥的位字符串表示（只适用于 RSA 加密体制）；包含额外信息的特别扩展。

②发行证书的 CA 签名。证书第二部分内容包括发行证书的 CA 签名和用来生成数字签名的签名算法。任何人收到证书后都能使用签名算法来验证证书是由 CA 的签名密钥签署的。

(3) 数字证书的优点。与手工签名相比，数字证书不仅能用于标识签名者的身份，还能对报文内容加以确认。只要使用安全化的Hash函数，就没有办法从一个文件中复制某个人的签名，并将签名伪造到另一个文件上，同样，任何方法都不能修改已被签名的报文内容。一份已被签名的文件只要有丝毫改动，都会导致数字证书验证过程失败，因此，人们完全可以据此验证被签名文件的有效性。

四、电子商务交易安全协议

安全套接层（SSL）协议和安全电子交易（SET）协议就是电子商务安全中两个重要的安全应用协议。

1. SSL安全协议

SSL（Secure Sockets Layer）安全协议由Netscape Communication公司设计开发，又称为安全套接层协议。在SSL中，采用了公开密钥和私有密钥两种加密方法，主要用于提高应用程序之间的数据安全系数。SSL协议的整个概念可以被概括为：它是一个保证任何安装了安全套接层的客户和服务器间事务安全的协议，该协议向基于TCP/IP的客户/服务器应用程序提供客户端和服务器端的鉴别、数据完整性及信息机密性等安全措施，并为用户提供Internet和企业内联网的安全通信服务。

SSL安全协议主要提供三方面的服务：

(1) 加密数据以隐藏被传送的数据。

(2) 维护数据的完整性，确保数据在传输过程中不被改变。

(3) 认证用户和服务器，使得它们能够确信数据将发送到正确的客户机和服务器上。

SSL协议是一种保护Web通信的工业标准，是基于加强公钥加密技术以及RSA的专用密钥序列密码，能够对信用卡和个人信息、电子商务提供较强的加密保护。SSL的缺陷是只能保证传输过程的安全，无法知道在传输过程中是否受到窃听。黑客可以破译

SSL 的加密数据，破坏和盗窃 Web 信息。

SSL 安全协议的运行步骤：

(1) 接通阶段。客户通过网络向服务商打招呼，服务商予以回应。

(2) 密码交换阶段。客户与服务商之间交换双方认可的密码。一般选用 RSA 密码算法，也可选用 Diffie-Hellman 和 Fortezza-KEA 密码算法。

(3) 会谈密码阶段。客户与服务商间产生彼此交谈的会谈密码。

(4) 检验阶段。检验服务商取得的密码。

(5) 客户认证阶段。验证客户的可信度。

(6) 结束阶段。客户与服务商之间相互交换结束的信息，然后双方可交换加密信息。

SSL 协议是国际上最早应用于电子商务的一种网络安全协议，至今仍然有许多网上商店在使用。其运行的基点是商家对客户信息保密的承诺。但从上述流程中我们可以注意到，SSL 协议有利于商家而不利于客户。客户的信息首先传到商家，但整个过程中缺少了客户对商家的认证，客户资料的安全性受到威胁。所以，SSL 安全协议逐渐被 SET 协议所取代。

2. SET 安全协议

SET (Secure Electronic Transaction) 协议是由 VISA 和 MasterCard 两大信用卡组织联合开发，为了在 Internet 上进行在线交易而设立的一个开放的、以电子货币为基础的电子付款系统规范，属于应用层协议。SET 协议主要通过使用密码技术和数字证书的方式来保证信息的机密性和安全性，得到 IBM、HP、Microsoft、Netscape 等许多大公司的支持，成为事实标准。

(1) SET 安全协议运行的目标。SET 安全协议要达到的目标主要有以下五个：

① 保证信息在互联网上安全传输，防止数据被黑客或被内部

人员窃取。

② 保证电子商务参与者信息的相互隔离。客户的资料加密或打包后通过商家到达银行，但是商家不能看到客户的账户和密码信息。

③ 解决多方认证问题。不仅要对消费者的信用卡认证，而且要对在线商店的信誉程度认证，同时还有消费者、在线商店与银行间的认证。

④ 保证网上交易的实时性，使所有的支付过程都是在线的。

⑤ 效仿 EDI 贸易的形式、规范协议和消息格式，促使不同厂家开发的软件具有兼容性和互操作功能，并且可以运行在不同的硬件和操作系统平台上。

(2) SET 安全协议中交易的参与方。SET 支付系统中的主要参与方有：

- 持卡人：即消费者，他们通过 Web 浏览器或客户端软件购物；
- 商家，提供在线商店或商店光盘给消费者；
- 发卡人：它是一金融机构，为持卡人开账户，并且发送支付卡；
- 受款银行：它为商家建立账户，并且处理支付卡的认证和支付事宜；
- 支付网关：由受款银行或指定的第三方操作的设备，它处理商家的支付信息，同时也包括来自消费者的支付指令。

SET 支付系统还涉及认证机构（CA），但是它不参与 SET 的支付流程，它给各参与方颁发证书，各参与方可以通过查看对方的证书来确定对方是否为假冒的。要建立安全的电子商务系统，首先必须有一个健全可信的 CA。

(3) SET 协议使用的技术。

① 对称密钥和非对称密钥体制，保护在开放网络上传输的个人信息，保证交易信息的隐蔽性。

② 采用非否认协议。其核心技术包括 X.509 电子证书标准与数字签名技术、提取信息摘要技术、数字信封技术、双重签名技术等。其中，使用数字证书对交易各方的合法性进行验证；使用数字签名技术确保数据的完整性和不可否认性；使用双重签名技术对 SET 交易过程中消费者的支付信息和订单信息分别签名，使得商家看不到支付信息，只能对用户的订单信息解密，而金融机构只能对支付和账户信息解密，充分保证消费者的账户和订货信息的安全性。

(4) SET 交易的流程。SET 交易分三阶段进行：

第一阶段：在购买请求阶段，客户和商家确定所用支付方式的细节，客户对商家进行合法性确认。

第二阶段：在支付的认定阶段，客户确认商家的合法性后，即可下订单，订单以数字签名的方式确认，而客户提供的信用卡则另由收单银行以公钥予以加密，商家和银行进行相关的确认，并请求银行授权交易。商家看不到客户的支付资料信息。

第三阶段：在收款阶段，商家得到交易授权回复后，即可进行交易。交易完成后，在收款阶段，商家向银行出示所有交易细节，然后银行以适当的方式进行结算或转移货款。

(5) SET 安全协议的缺陷。从 1996 年 4 月 SET 安全协议 1.0 版面市以来，大量的现场实验和实施效果获得了业界的支持，促进了 SET 的发展，但 SET 协议的缺陷也逐渐显现出来，主要包括以下几方面：

①协议没有说明收单银行给在线商店付款前，是否必须收到消费者的货物接收证书。

② 协议没有担保“非拒绝行为”，这意味着在线商店没有办法证明订购是不是由签署证书的消费者发出的。

③ SET 技术规范没有提及在事务处理完成后，如何安全地保存或销毁此类数据，是否应当将数据保存在消费者、在线商店或收单银行的计算机里。这些漏洞可能使这些数据以后受到潜在的攻

击。

④ 完成一个 SET 协议交易过程需花费 1.5～2 分钟，甚至更长的时间。另外，SET 协议过于复杂，使用麻烦，成本高，只适用于客户具有电子钱包的场合。

⑤ SET 的证书格式比较特殊，虽然也遵循 X.509 标准，但它主要是由 VISA 和 MasterCard 开发并按信用卡支付方式来定义的。

⑥ 在 SET 协议中，虽然账号不会用明文传递，通常用 1024 位 RSA 不对称密钥加密，商户电子证书也指明了是否允许商户从支付网关的响应消息中看到持卡人的账号，可是事实上大多数商户都收到了持卡人的账号。

第六章　电子商务物流

电子商务是20世纪末信息化和网络化的产物之一，它的出现在一定程度上改变了现行的商品流通方式。但是，电子商务仍如传统商务过程一样，它所发生的任何一笔交易，都包含着信息流、资金流和物流。过去，人们对电子商务过程的认识往往将重点局限于信息流和资金流的电子化和网络化，却忽视了物流的电子化过程，认为对于大多数商品和服务来说，物流仍然可以经由传统的经销渠道。但随着电子商务的进一步推广应用，物流的重要性对电子商务活动的影响日益明显，而且在中国物流已成为电子商务发展的瓶颈之一。试想一下，在电子商务环境下，顾客在电子商务企业网站浏览后，通过轻松点击完成网上订购，但如果所购货物不能在顾客要求或企业所承诺的时间内送达顾客，甚至出现了买A送B的情况，其结果势必会使广大顾客放弃电子商务而选择更为安全可靠的传统购物方式。这充分说明了物流在电子商务中的地位。

第一节　电子商务与物流的关系

随着互联网的日益普及，电子商务的应用呈现迅猛增长之势。电子商务的推广，加快了世界经济的一体化，使国际物流在整个商务活动中占有举足轻重的地位。电子商务带来对物流的巨大需求，推动了物流的进一步发展，而物流也在促进着电子商务的发展。

一、物流的概念

物流（Physical Distribution）并不是一个新的概念，它的原意是“物的流通”，最早源于美国1915年《市场流通中的若干问题》一书中的“物流”一词，它主要是针对20世纪初西方国家出现的生产大量过剩、需求严重不足的经济危机，企业为了摆脱经济危机的困扰而提出的物流概念。随着社会的发展和生产力的提高，物流的概念和内涵也在不断地发生着变化，在第二次世界大战期间，美国军队围绕战争供应建立了“后勤”(Logistics）理论，并将其应用于战争活动中且取得了显著的战绩。“后勤”，是指将战时战略物资的生产、采购、运输、配给等活动作为一个整体进行统一安排和布置，以谋求战略物资补给的高效、低廉和迅速。后来，“后勤”一词开始引入到企业中并广泛运用，从而又有商业后勤、流通后勤等概念的出现，这时“后勤”的含义就扩展为包含生产过程和流通过程的物流，从而是一个更为广泛的物流概念。

目前，欧美国家大多把物流称做“Logistics”，它包含生产领域的原材料采购、生产过程中的物料运输，以及流通和销售过程中的物流。日本的物流概念始见于1955～1964年，1956年日本生产效益本部派“流通技术专门考察团”到美国考察流通技术，回国后发表了《流通技术》（日本生产效益本部 Productivity Report 第33号）考察报告，报告中首次将 Physical Distribution 译为“物的流通”。1964年日本专门成立了流通委员会，1965年内阁会议在所指定的中期经济计划中，强调指出加速“物的流通”现代化，到20世纪70年代，日本已经成为世界上物流系统最为发达的国家之一。

国际上很多学者为物流下过定义，例如，D.J. 爱罗特认为“物流是根据销售方针使生产据点或存储据点的生产资料或消费资料由接受订货而向顾客处移动的展开过程”；日本的日通综合研究所在《物流手册》中的定义为：“物流是将货物由供应者向需求者的物理性移动，是创造时间价值和场所价值的经济活动。包括包装、搬运、保管、库存管理、流通加工、运输、配送等活动领域。”美国物流管理协会在 1985 年曾经给物流下了一个定义：“物流是以满足客户需求为目的的，为提高原料、在制品、制成品，以及相关信息从供应到消费的流动和储存的效率和效益，而对其进行的计划、执行和控制的过程。”我们认为，物流是为消除商品从生产者到顾客之间的场所间隔和时间间隔的物理性经济活动，指一种商品从供应者向需求者的物理移动过程，它由一系列创造时间价值和空间价值的经济活动组成，包括运输、保管、配送、包装、装卸、流通加工及物流信息处理等多项基本活动，是这些活动的统一。物流可以分为企业物流和社会物流，物流具有系统性、复杂性、高成本性，是社会经济活动中必不可少的。

在理解有关物流的概念时，有几点是要注意的：

● 物流中的物品不只是生产的商品，还包含伴随着生产和销售出现的包装容器、包装材料等废弃物；

● 消费者也不是一般意义上的消费者，还包括制造者、批发商、零售商等需求者；

● 流通加工，也可以归入生产领域，因为它可以产生物品的形质功效（形体和性质）。但由于它既可归入生产领域又可归入物流，介于两个活动领域之间的属于中间领域，尽管流通加工创造了一部分形质功效，但是其目的是为了提高物流系统的效率，因此应将流通加工看作是物流功能的扩大，将它归为物流是比较适当的。

在现阶段，随着供应链技术的应用，美国物流管理协会对物流定义进行了修订，将物流看做是供应链过程中的一部分。

二、物流的特点

1. 系统性

物流部门具有较强的系统性。物流部门要把许多分散的功能要素集合成一个能动的物流系统，就必须有鲜明的系统观念和资源整合思想，这种系统性和整合性对物流管理提出了相当高的要求。

2. 商品性

由于物流的目的是物品的安全、快速运输，因此必须考虑物品的特点，采取不同的运输、储存手段和技术，如肉食有专用的冷藏车，原油有专用的油轮和油码头。现代社会物品的复杂多样性决定了物流的复杂性，商品市场以创新为基本手段的激烈竞争要求物流系统必须有较强的灵活性和适应性。

3. 信息依赖性

物流是在一个复杂的社会经济系统中组织实物运输，因而对信息有着强烈依赖性，离开准确的信息，物流企业的一切活动将处于无序、盲目的状态，既可能造成巨大的人力、物力的浪费，也无法完成物流的任务和职能，影响社会经济生活的正常进行。

4. 层次性

经济活动组织的规模决定着物流的规模和层次，物流可以划分为宏观、中观、微观三个层次。

(1) 宏观物流。宏观物流是指社会再生产总体的物流活动，或者说是从社会再生产总体角度认识和研究的物流活动。这种物流活动的参与者是构成国民经济整体的不同部门和产业，反映物流业在流通部门和整个国民经济中的地位和作用。宏观物流也可以指物流业整体，因此，社会物流、全国物流、国际物流都应属于宏观物流。宏观物流的主要特点是综观性和全局性。

(2) 中观物流。中观物流通常是指以一个地区或一个部门为主体观察到的物流活动，这种物流活动的主要参与者是区域内的主要物流产业或者是行业部门内部的骨干物流集团。中观物流研究产业或区域内的物流活动的作用影响，如何提高本部门、本地区物流活动的效率。中观物流对研究社会再生产宏观物流有补充作用，在研究和确定区域优势产业和开发重点产业时更具有重要意义。

(3) 微观物流。微观物流主要是指物流企业从事的实际的、具体的物流活动。把物流行业按照活动内容分解开来，其中一个局部、一个环节、一处小地域空间发生的具体物流活动也属于微观物流；企业针对某一种具体产品所进行的物流活动也是微观物流。下述物流概念都属于微观物流：企业物流、生产物流、供应物流、销售物流、回收物流、废弃物物流、生活物流等。企业物流是微观物流最重要的研究对象，也是整个物流业的基础。微观物流研究的特点是具体性和局部性。

5. 复杂性

由于物流在价值增值中的重要作用，使物的流通和信息流通的集成变得相对比较复杂。物的流通中所包含的运输、保管、配送、包装、装卸和流通加工等环节并不是简单地环环相扣，而是一个具有复杂结构的物流链。

三、物流的分类

社会经济领域中的物流活动无处不在，对应各个领域的物流，虽然其基本要素都存在且相同，但由于物流对象、物流目的和物流范围、范畴的不同，形成了不同的物流类型。对各种物流作分类分析，有助于理解和认识物流在国民经济中的地位和作用，更好地发展物流产业。

1. 按物流的目的和出发点分类

从物流的目的和出发点来看，物流可分为社会物流、行业物流和企业物流，其中企业物流又可以进一步细分为企业生产物流、企业销售物流、企业供应物流、企业回收物流、企业废弃物物流等。

(1) 社会物流。社会物流是指以一个社会为范畴面向社会为目的的物流。社会物流往往由专门的物流经营人承担。社会物流的范畴是社会经济的广阔领域，体现服务的社会性，而不局限于某个企业或行业。社会物流研究再生产过程中随之发生的物流活动和国民经济中的物流活动；研究如何形成服务于社会，面向社会，又在社会环境中运行的物流；研究社会中物流体系结构和运行，因此带有宏观性和广泛性。社会物流的一个标志是：它是伴随商业活动（贸易）发生的，也就是说物流过程和所有权的更迭是相关的。

(2) 行业物流。同一行业的企业是市场上的竞争对手，但在物流活动及其管理方面也要加强协商和协作，建立统一的行业标准和运作规范，以降低整个行业的物流成本，促进行业物流系统的合理化、科学化和标准化。行业主管部门和行业商会可以在行业物流管理和协调方面发挥重要作用，如制定统一的运输工具标准、商品规格标准、包装材料和方式等。

(3) 企业物流。企业是社会提供产品或某些服务的经济实体。在企业经营范围内由生产或服务活动所形成的物流系统称为企业物流。从企业角度研究与之有关的物流活动，是具体的、微观的物流活动的典型领域。企业物流又可以分为以下具体的物流活动：

① 企业生产物流。企业生产物流是指企业在生产工艺中的物流活动。这种物流活动是与整个生产工艺过程伴生的，实际上已构成了生产工艺过程的一部分。企业生产物流的过程大体为：原料、零部件、燃料等原辅料从企业仓库开始，进入生产线，随生产加工过程一个一个环节地流动，在流动过程中，本身被加工，同时产生一些废料、余料，直到生产加工终结，再流至产成品仓库，便结束了企业生产物流过程。

人们在研究生产活动时，主要注重一个一个的生产加工过程，而忽视了将每一个生产加工过程串联在一起，使得一个生产周期内物流活动所用的时间往往多于产品加工的时间。所以，企业生产物流合理化的研究对企业生产成本的节约有重要作用。

② 企业供应物流。供应物流是企业为保证生产节奏，不断组织原材料、零部件、燃料、辅助材料供应的物流活动。这种物流活动对企业生产的正常、高效进行发挥着保障作用。企业供应物流不仅要实现保证供应的目标，而且要在低成本、少消耗、高可靠性的限定条件下来组织供应物流活动，存在很大难度。保证供应品的数量和质量比较容易做到，关键在于如何降低供应物流的成本以提高企业市场竞争力。为此，企业供应物流必须解决有效的供应网络问题、供应方式问题、零库存问题等。

③ 企业销售物流。销售物流是企业为保证本身的经营利益，伴随销售活动，将产品交付给用户的物流活动。现代市场环境是完全的买方市场，因此，销售物流活动必须有极强的服务性以满足买方的要求，才能最终实现销售。在这种市场环境下，销售往往以送达用户并经过售后服务才算终止，因此，销售物流的时间和空间范围都扩大了，提高了销售物流的难度。现代企业销售物流的特点，是通过包装、配货、送货等一系列综合物流服务提高客户满意度以实现销售，这就需要研究送货方式、包装水平、运输路线等并采取各种诸如少批量、多批次、定时、定量配送等特殊的物流方式达到目的。

④ 企业回收物流。企业在生产、供应、销售的活动中总会产生各种边角余料和废料，还有作为包装容器的纸箱、塑料筐、玻璃瓶等，这些物品的回收需要是伴随物流活动的，而且，在一个企业中，回收物品处理不当，往往会影响整个生产环境，甚至影响产品质量，也会占用很大空间，造成浪费。

⑤ 企业废弃物物流。对企业生产运营过程中产生的废物进行运输、装卸、处理等属于废弃物物流活动。生产和流通系统中所产生的无用废弃物，如不妥善处理，不仅没有再利用的价值，而且会污染环境，有些还会妨碍生产的持续开展。一般来说，废弃物物流没有经济效益，但社会效益较大。为了减少资金消耗，提高效率，更好地保障生活和生产的正常秩序，对废弃物资综合利用的研究很有必要。

2．按物流的地域范围分类

按物流活动作用的地域范围可将物流分为国际物流、国内物流和区域物流。

(1) 国际物流。国际物流是伴随国际间投资、贸易活动和其他国际交流所发生的物流活动。由于战后国际投资和贸易壁垒的减少，国际分工日益深化，国际贸易规模迅速扩大，经济全球化和区域经济一体化速度加快，国际物流成为现代物流系统中发展最快、规模最大的一个物流领域。另外，互联网的扩展和电子商务的推广应用，将进一步推动国际物流的发展。

(2) 国内物流。国内物流是发生在一个国家范围内的物流活动。由于国家主权的权威性和独立性，政府在一国领土内拥有毋庸置疑的政治、经济控制力，国内物流活动处于同一法律、规章、制度之下，加上受相同文化及社会因素影响，各地经济发展水平比较相近，企业处于基本相同的科技水平和装备水平之中，因而，各国物流往往有其自身的特点。研究各个国家的物流，找出其区别、差异，及其联结点和共同因素，这是研究国际物流的重要基础。

(3) 区域物流。所谓区域物流，有不同的划分原则。首先可按行政区域划分，如西南地区、河北地区等；其次可按经济圈划分，如苏（州）（无）锡常（州）经济区、黑龙江边境贸易区；还可按地理位置划分，如长江三角洲地区、河套地区等。区域物流系统对于提高该地区企业物流活动的效率，保障当地居民的生活福利环境，具有不可缺少的作用。

四、电子商务与物流的关系

电子商务与物流的关系是一种互为条件、互为动力的关系。

1. 现代物流是电子商务发展的必备条件

(1) 物流是电子商务的重要组成部分

由于信息技术企业业务范围的限制，信息技术企业往往将电子商务定位于“无纸贸易”。在这类电子商务的定义中，电子化工具主要是指计算机和网络通信技术。电子化对象主要是针对信息流、商流和资金流，并没有提到物流。但缺少了现代化的物流过程，电子商务过程就不完整。物流在电子商务中的作用可以描述为：

① 提高电子商务的效率与效益；

② 协调电子商务的目标；

③ 扩大电子商务的市场范围；

④ 实现基于电子商务的供应链集成；

⑤ 集成电子商务中的商流、信息流与资金流；

⑥ 支持电子商务的快速发展；

⑦ 促使电子商务成为21世纪最具竞争力的商务形式。

（2）物流是电子商务的基础

电子商务通过快捷、高效的信息处理手段可以比较容易地解决信息流（信息交换）和资金流（支付）的问题，物流可以将商品及时地配送到用户手中，即完成商品的空间转移，这才标志着电子商务过程的结束。因此，物流系统的效率高低是电子商务成功与否的关键，而物流效率的高低很大一部分取决于物流现代化的水平。

物流现代化中最重要的部分是物流信息化，物流的信息化是电子商务物流的基本要求，是企业信息化的重要组成部分，表现为物流信息的商品化、物流信息收集的数据化和代码化、物流信息处理的电子化和计算机化、物流信息传递的标准化和实时化、物流信息存储的数字化等。物流信息化能更好地协调生产与销售、运输、储存等环节的联系，对优化供货程序、缩短物流时间及降低库存都具有十分重要的意义。

（3）物流是实施电子商务的关键

无论在传统的贸易方式下，还是在电子商务下，生产都是商品流通之本，而生产的顺利进行需要各类物流活动的支持。生产的全过程从原材料的采购开始，便要求有相应的供应物流活动将所采购的材料到位；在生产的各工艺流程之间，也需要原材料、半成品的物流过程，即所谓的生产物流，以实现生产的流动；部分余料、可重复利用的物资的回收，就需要所谓的回收物流；废弃物的处理则需要废弃物物流。可见，整个生产过程实际上就是系列化的物流活动。合理化、现代化的物流，通过降低费用从而降低成本，优化库存结构，减少资金占用，缩短生产周期，保障了现代化生产的高效进行。

另外，物流是实现“以顾客为中心”理念的根本保证。电子商务的出现在很大程度上方便了最终消费者，使他们只要坐在家中，在互联网上搜索、查看、挑选，就可以完成他们的购物过程，而现代化的物流技术是成功实施电子商务的关键，是电子商务中实现“以顾客为中心”理念的最终保证。

(4) 物流配送体系是电子商务的支持系统

现代物流配送可以为电子商务用户提供多方面服务，根据电子商务的特点，对整个物流配送体系实行统一的信息化管理，按照用户网上输入的订货要求，配送服务商家在物流基地进行理货、配货作业，并根据计算机选择的最优送货路线将配好的货物送交收货人。先进的配送方式对物流企业提高服务质量、降低物流成本、优化社会库存配置，从而对提高企业的经济效益及社会效益具有重要意义。

2. 电子商务为物流企业提高效率和效益提供了技术条件和市场环境

电子商务的兴起，为物流产业带来了更为广阔的增值空间，网络技术为物流企业建立高效的物流信息网提供了最佳手段。电子商务对配送需求的多样性与分散性，为物流企业整合系统内资源提供了内在动力与外在需求；电子商务同时为物流功能集成化、物流服务系列化和增值化提供了运作空间。

(1) 电子商务为物流功能集成创造了有利条件

电子商务的发展必将加剧物流业的竞争，竞争的主要方面是高技术支持下的服务。电子商务公司希望物流企业最终成为电子商务公司的客户服务商，协助电子商务公司完成售后服务，提供更多增值服务内容，如跟踪产品订单，提供销售统计，代买卖双方结算货款，进行市场调查与预测，提供采购信息及咨询服务，协助选择与规划物流方案，提供库存控制策略建议等系列化服务，进一步增加电子商务公司的核心服务价值。

(2) 电子商务为物流企业实现规模化经营创造了有利条件

电子商务这一现代商业模式为物流企业实施网络化与规模化经营搭建了理想的业务平台。物流企业借此契机，可以较方便地建立起自己的影响网、信息网、配送网。当然网络化经营的运作方式不一定全部要由物流企业自己来完成，第三方物流企业更多的应是集成商，通过对现有资源的整合来完善自己的网络，实现物流功能的集成化。

(3) 电子商务促进物流基础设施的改善和物流管理水平的提高

电子商务高效率和全球性的特点，要求物流也必须达到这一目标，而物流要达到这一目标，良好的交通运输网络、通信网络等基础设施则是最基本的保证。因此，电子商务促进了物流基础设施的改善。

电子商务的虚拟技术为提供物流经营管理水平提供了工具。物流管理水平的高低直接决定和影响着物流效率的高低，也影响着电子商务高效率优势的实现。只有提高物流的管理水平，建立科学合理的管理制度，将科学的管理手段和方法应用于物流管理当中，才能确保物流的畅通进行，实现物流的合理化和高效化，促进电子商务的发展。

(4) 电子商务影响和改变着物流运作形态

首先，电子商务可使物流企业实现网络实时控制。在电子商务下，物流的运作是以信息为中心的，信息不仅决定了物流的运动方向，而且也决定着物流的运作方式。在实际运作过程中，通过网络上的信息传递，可以有效地实现对物流的实时控制，实现物流的合理化。

其次，电子商务改变着物流企业对物流的组织和管理。在传统经济条件下，物流往往是从某一企业出发来进行组织和管理的，而电子商务则要求物流从社会的角度来实行系统的组织和管理，以打破传统物流分散的状态。这就要求企业在组织物流的过程中，不仅要考虑本企业的物流组织和管理，也要考虑全社会的整体系统。

最后，电子商务改变着物流企业的竞争状态。在电子商务时代，物流企业之间依靠提供优质服务、降低物流费用等方面来进行的竞争虽然依然存在，但重要性却降低了，原因在于，电子商务需要全球性、综合性的物流系统来保证商品实体的合理流动。对于单个企业来说，即使它规模再大，也难以达到这一要求，这使得企业之间出现了竞争与合作的双重需要，要求物流企业形成一种协同竞争的状态，以实现物流高效化、合理化、系统化。

(5) 电子商务推动着物流社会化

信息技术和电子商务的发展，推动着传统物流向现代社会化物流的方向发展，Internet 在这一转变过程中起了关键作用，主要表现在三个方面：有利于社会资源的整合；为物流企业的发展提供了同等机遇；推动物流信息网络的建设。Internet 在物流领域的应用使物流效率极大提高，加快了对客户需求的反应速度，削弱了行业和地区界限，减少物流环节，简化物流过程，提高了客户服务水平，合理降低了实物库存水平。

五、我国电子商务物流的发展

物流的理论和实践在我国的发展已经近 20 年。20 世纪 80 年代末，曾经有过一次研究、引进和实践物流的高潮，但由于体制上的许多限制，经济市场化水平和管理信息化水平跟不上，使得物流产业发展缓慢。然而，物流产业巨大的市场潜力却是客观存在的。2005 年，我国物流业总收入达到 18 791 亿元，比 2004 年增长 12.7%，物流总额为 48.1 万亿元，同比增长 25.2%，社会物流总费用为 33 860 亿元，同比增长 12.9%，物流费用与 GDP 的比率，2004 年为 18.8%，2005 年为 18.6%，这意味着整个社会的物流成本 2005 年比 2004 年降低了 300 多亿元，从全国社会物流总费用结构来看，运输费用增长速度回落明显，保管费用增长相对较快，比重有所上升，这预示着我国电子商务物流配送体系正在逐渐形成，但网络化程度不高，还处于发展的初级阶段。越来越多的企业决策者，应该认识到物流服务是企业竞争战略的重要手段。要提升经济的整体竞争力来应对市场全球化和经济一体化的挑战，必须在全面消化国外先进的电子商务物流模式的基础上，尽快发展我国的物流产业。

第二节 电子商务物流模式与策略

电子商务的优势之一就是能大大简化业务流程，降低企业运作成本，而电子商务下企业成本优势的建立和保持必须以可靠、高效的物流作为保证。现代企业要在竞争中取胜，不仅需要生产适销对路的产品，采取正确的营销策略和强有力的资金支持，更需要加强“品质经营”。如强调“时效性”，其核心在于服务、产品、信息和决策反馈的及时性。这些都必须以强有力的物流能力作为保证。一个国家物流业的发展水平反映了该国的综合国力和企业的市场竞争能力。

电子商务下的物流模式主要有：第三方物流、国际物流、物流配送等，现在也出现了一些新型物流模式，例如，第四方物流、电子物流等。

一、第三方物流

1. 第三方物流的含义

第三方物流（Third Party Logistics，3PL）是目前发达国家物流业的一种主要发展趋势。它是指一种由与货物有关的发货人和收货人之外的专业企业，即第三方物流企业，来承担物流活动的物流形态，通过合同的方式确定回报，物流企业承担货主企业部分或全部物流活动，它是在物流渠道中由中间商提供的服务。

第三方物流企业不一定要有物流作业能力，也就是说可以没有物流设施和运输工具，不直接从事运输、保管等活动，而只是负责物流系统的设计并负责联系物流运营方式和途径，交由其他运输企业和仓储企业去完成。所以，第三方物流企业的经营效益同货主企业的物流效率直接相关，相应的利益分配也是以契约形式约定的，而不是以服务费的方式获得。一般来说，第三方物流并不在供应链中占有一席之地，近似第三方，但通过提供一整套物流活动来服务于供应链，但近来情况有所变化，第三方物流提供商开始提供更深层次的服务，不仅参与企业的物流过程，也开始参与企业的业务活动。

可以看出，企业采用第三方物流具有重要意义，主要体现在：

① 对货主而言，通过第三方物流可以使企业专心从事熟悉和精通的业务，将资源中心配置在核心事业上，发展企业的核心能力。

② 对第三方物流企业而言，它作为专门从事物流工作的企业，具有丰富的物流工作知识和经验，有利于提高货主企业的物流水平。第三方物流企业是面向社会众多企业提供物流服务的，所以它可以站在比一般企业更高的位置，在更大的范围内根据市场环境的变化，适时地调整物流策略，实现物流活动的合理化。

另外，对于第三方物流还需要注意以下几个方面的问题：

① 第三方物流必须以现代信息技术为基础。信息技术的发展是第三方物流出现的必要条件。信息技术实现了数据的快速、准确传递，提高了仓库管理、装卸运输、采购订货、配送发运、订单处理的自动化水平，使得订装、包装、保管、运输、流通、加工实现一体化。同时，企业可以方便地利用网络和信息技术与物流企业进行交流和协作，并进行实时的响应。信息技术还有助于对物流活动进行管理和核算，实现物流管理的信息化和高效化。

② 第三方物流需要提供个性化的物流服务。由于第三方物流和货主企业之间具有密切的联系和往来，所以第三方物流服务的对象一般都较少，只有一家或几家企业客户。同时，由于不同企业的经营范围和业务流程可能相差很大，物流管理的模式也会有很大的差异，这就要求第三方物流服务应该能够根据不同的客户需求提供可定制的服务，从而保证物流服务的质量。

③ 物流管理必须跨越单一企业自身的范围。仅仅将物流系统局限在企业内部已经不能适应当今社会发展的需求，建立企业间甚

至跨行业的物流系统网络，将原材料供应企业、生产制造企业、批发零售企业等供应链上下游相关的物流活动有机地集成起来，形成一个物流供应链系统，是构筑现代物流大系统的主要方式。第三方物流企业通过其掌握的物流系统开发设计能力、信息处理能力等核心能力对物流供应链进行整合，可以成为企业间物流系统网络构建的组织者，完成单一企业特别是中小型企业难以实现的物流设计和规划。

④ 第三方物流企业必须能够提供综合化的服务。第三方物流企业必须能够提供从物流计划、系统设计、物流管理到系统实施等一系列物流服务的能力，这就要求它必须熟悉货主企业物流活动的发展规律，具有物流系统诊断、开发和创新的能力。

2. 第三方物流利弊分析

虽然第三方物流企业拥有专业的技术，并可以实现物流系统的规范和高效运行，节约大量的物流成本，但是对货主企业来说，却可能因为其对物流业务控制权的放弃而遭受一定的风险。所以，企业在选择采用第三方物流模式时应该加以慎重的考虑和权衡。

(1) 物流成本

成本是企业要考虑的首要因素。企业通过将非核心的物流业务外包给第三方物流企业，可以省去自身筹建、维护仓储和运输等系统所需的巨额花费，并且可以获得更高效率的物流回报。这主要归因于第三方物流企业可以借助向多个企业提供物流服务而达到规模经济的效果。第三方物流企业能够承揽到大量的货源，并可以在仓库和设备上进行投资，把这些投资的成本分摊到众多货主企业的身上。这种分摊的成本对于企业来讲，比其自身投资的成本要低得多。所以，第三方物流企业还可以采取同样的手段来购买物流软件系统，以优化物流作业和提高服务水平，而这对于一般企业来讲则难以有足够的资金实力来达到。

必须注意的是，虽然第三方物流可以为企业节约成本，但是这种节约的程度也是非常有限的，因为第三方物流企业也要谋取利润，它们通过规模经济为货主企业节省的物流成本却可能转化为货主企业的管理成本，所以，为货主企业净节约的最终成本也就非常有限了。

从这个意义上来讲，第三方物流对于货主企业的重要利益在于第三方物流企业提供的更高的专业物流服务质量，而不是成本上的节约。不过，由于第三方物流企业在实现规模经济的同时必然会导致不能根据不同的货主企业实施量身定做的物流服务，所以可能导致在成本节约和个性化服务之间存在一定的矛盾，这样，第三方物流所带来的服务质量的提高也就会打一定的折扣。尽管如此，随着物流技术和管理思想的发展，这种矛盾会逐步弱化，从而可以为货主企业带来更高的收益，所以第三方物流仍旧具有广阔的发展前景。

(2) 合作关系的维持

对于货主企业来说应该注意的是货主企业和第三方物流企业之间契约关系的维护和保障。在某些情况下，当货主企业和第三方物流企业进行签约时，货主企业可能并不清楚自身的物流目标、服务水平、配送成本等要素，从而难以把握财务上的基准，契约的签订可能会对货主企业不利。

(3) 物流实施的监控

如果货主企业将物流管理的权利过多地给予第三方物流企业，那么在第三方物流企业不能兑现承诺的服务而造成契约中断时候，货主企业就会蒙受巨大的损失。所以，契约的磋商、签订和监控等一系列环节都是货主企业对第三方物流企业应该着重考虑和控制的，并随时对物流系统的实施效果进行评价，及时向双方反馈，发现问题及时处理，以避免契约执行困难导致的利益损失。

总的来说，企业在考虑第三方物流时，应该有对企业自身物流系统能力的认识和把握。如果企业已经具有一定的仓储和运输方面的基础，而且基本可以满足目前的发展需要，那么维持现有物流管理模式是一种明智的选择；如果企业决定发展其他方面的核心业务，而无暇顾及物流系统的建设和运作，或者没有能力开拓自身的物流系统，那么则应该及时地将物流活动外包给第三方物流企业。所以，财务利益不应成为企业采取第三方物流的主要影响因素，而应该是对企业自身的能力和外部可获得的能力的分析、评估以及核心业务与非核心业务的划分，在这个基础上再决定采用合适的物流管理模式。

3．第三方物流的应用

在欧美等发达国家，第三方物流的应用比较普遍，据调查，在美国57％的物流量是通过第三方物流来完成的，日本则能够达到80％左右，日本的企业与第三方物流企业之间社会化配送是搞得最好的。在欧洲，第三方物流发展也非常快，德国总的物流市场大概在350亿美元左右，而交给第三方的就达80亿美元，占到德国总物流市场份额的24％，法国达到27％，英国为35％，意大利大概是13％，欧洲共同体国家第三方物流占整个物流市场的比重基本上在10％～35％之间。这些数字说明，在国外第三方物流占的比例是比较大的。客户依赖于第三方物流，这是由于第三方物流有现成的比客户自己做要好得多的物流解决方案，因此，客户都愿意把这个东西外包出去，由此形成了第三方物流与客户之间的一种不可分割的供应链关系。

例如，沃尔玛公司，这个世界上最大的在线零售销售商就用第三方物流为它的电子商务提供物流服务，这家物流公司建造了一个100万平方英尺的配送中心，专门为沃尔玛的电子商务提供具体的服务，内容包括订单管理、订货处理以及订货的送货、仓储管理、一般的发运、付款处理、客户服务、退货处理等。

二、新型物流

1．第四方物流

关于第四方物流的定义有很多，一种被广泛采用的定义是：第四方物流是一个供应链集成商，它调集和管理组织自己的以及具有互补性的服务提供商的资源、能力和技术，以提供一个综合的供应链解决方案。第四方物流不仅控制和管理特定的物流服务，而且对整个物流过程提出策划方案，并通过电子商务将这个过程集成起来。因此，第四方物流成功的关键在于为顾客提供最佳的增值服务，即迅速、高效、低成本和人性化的服务等。发展第四方物流需平衡第三方物流的能力、技术以及贸易流畅等，为客户提供功能性一体化服务并扩大营运自主性。

第四方物流提供了一个综合性供应链解决方法，以有效地适应需方多样化和复杂化的需求，集中所有资源为客户完美地解决问题。它通过影响整个供应链来获得价值，即与类似外包的供应链的区别之一在于其能够为整条供应链的客户带来利益，如利润增长、降低运营成本、降低工作成本、提高资产利用率等。

第四方物流成功地影响着大批的服务者（第三方物流、网络工程、电子商务、运输企业等）以及客户的能力和供应链中的伙伴。它作为客户间的联结点，通过合作或联盟提供多样化服务。第四方物流的优点是可以迅速、高质量、低成本地完成各种服务。不少人认为第四方物流由于难以获得委托者的信任而只是一个设想，但随着社会经济的不断发展，第四方物流将会得到广泛的运用。

2. 电子物流

电子物流就是利用电子化的手段，尤其是利用互联网技术来完成物流全过程的协调、控制和管理，实现从网络前端到最终客户端的所有中间过程服务，最显著的特点是各种软件技术与物流服务的综合应用。

电子物流的功能十分强大，它能够实现系统之间、企业之间以及资金流、物流、信息流之间的无缝链接，而且这种链接同时还具备预见功能，可以在上下游企业间提供一种透明的可见性功能，帮助企业最大限度地控制和管理库存。同时，由于全面应用了客户关系管理、商业智能、计算机电话集成、地理信息系统、全球定位系统、Internet、无线互联技术等先进的信息技术手段，以及配送优化调度、动态监控、智能交通、仓储优化配置等物流管理技术和物流模式，电子物流提供了一套先进的、集成化的物流管理系统，从而为企业建立敏捷的供应链系统提供了强大的技术支持。

电子物流业务使得客户可以运用外部服务力量来实现内部经营目标的增长，即客户能够得到量身定做的个性化服务，而整个过程则由第三方电子物流服务提供商来进行管理。当顾客的支持信息被处理后，电子物流系统会为顾客发送订单确认信息。在这一切工作就绪之后，电子物流系统会对客户的订单进行格式化，并将订单发送到离客户最近的仓储中心。而电子物流的外包服务则在 B2B 业务中的制造商与电子物流服务供应商之间，以及 B2C 业务中的制造商及其业务伙伴之间提供了建设性的桥梁作用。

三、电子商务中物流的策略

物流职能包括空间与时间的衔接与物资的重新组合。履行这个职能需要解决如下四个方面的问题。

① 数量问题：多少物资需要运输、储存或重新组合？

② 日期问题：具体的物流过程应该在何时开始和结束？

③ 工具问题：应该用什么方法来完成物流职能，比如大规格物资转运应该使用什么交通工具与辅助工具、停留空间与储存空间？

④ 地点和道路问题：应该通过什么途径来运输？停留或储存应该选择什么地点？转乘或转运应该在哪里进行？

为了能够清楚地描述物流的典型问题及其解决原则，在此以货物物流为例来加以说明。这里物流的职能包括货物库存（尤其是材料库存）、运输和重新组合。

1. 库存原则

在经营过程中，许多部门都有库存。例如保证连续性生产，或者保存其他暂时（缓冲）存货的短期中间仓库，以及履行货物的物理时间衔接职能的长期仓库。进货仓库和销售仓库（产品仓库和发货仓库）都属于这种类型，进货仓库是初始投入物资进入企业的第一站，产品的销售仓库则是物资在企业中的最后一站。

一般来说，仓库可以理解为企业各个分过程中的缓冲储存，因此每个仓库都履行均衡职能，主要是均衡采购与生产的不同节奏。采购节奏部分取决于供应商或市场的情况，部分是出于成本的原因而确定的，此外均衡目的还牵涉到质量，库存可以取代损坏物资。实践证明：以预防目的建立的库存是正确的，因为库存物资补偿了未能预见到的短缺量，这些短缺量可能是由于需求计划量不准确、供应时间或数量不准确以及供应错误所引起的。另外，对价格波动或采购市场上缺货的估计可能会成为额外投机存储的诱因。预计价格将会提高，就将以后的订货计划量提前，并将所采购的物资储存到需要的时候。

仓储还可能具有生产职能。比如新入窖的威士忌到成熟上市需要几年时间。在这种情况下，虽然也称做库存，并且也要占用一定的仓库空间，但实际上这里进行的储存属于生产过程的一个阶段。

如何选择合适的仓库地点及物流工具，是物流系统必须考虑的问题，需要综合考虑库存物资的性能、仓库建筑及设施等具体的技术问题。

2. 运输原则

如果同一种物资同时有许多供应部门供应，并且同时有许多部门需要，则需要解决大量的运输优化问题，如果除此之外输出或接收数量存在上限，而且不同的连接路线具有不同的运输成本，则必须对每个输出部门进行决策，决定输送多少数量的物资到相关的接收地点，这种具有多个变量的物流优化问题形成了传统运输问题研究的一项主要内容。

在实际应用中，如果存在如下问题，就需要进一步解决优化问题：

① 运输能力受到限制。这样就必须为运输工具列出控制计划，如装卸机的运行计划。② 库存内容和仓库地点的分派还未确定。

企业内部有足够数量的仓库地点，并且，也知道如何从物资的储存处将其运送到需要的地点。但由于与库存物资有关的运输频率以及与库存地点和需求地点有关的运输成本是不同的，就形成了一个综合性的仓库安排及运输路线问题。

运输工具问题主要包括合适的运输工具及传输设施、运输路线与容器装置的选择，还有装卸设施的选择。

可见，物流是作为一个独立的、跨越性的任务而产生的，它是人们将经营过程中的物理空间与时间空间的衔接任务抽取出来，归在一起所形成的一种新的综合职能。

第三节 物流技术

物流技术一般是指与物流要素活动有关的所有专业技术的总称，可以包括各种操作方法、管理技能等，如流通加工技术、物品包装技术、物品标识技术、物品实时跟踪技术等；物流技术还包括物流规划、物流评价、物流设计、物流策略等；当计算机网络技术应用普及后，物流技术中综合了许多现代物流信息技术，如条码技术、地理信息系统（GIS）、全球卫星定位系统（GPS）等。

一、条码技术

条码技术是在计算机的应用实践中产生和发展起来的自动识别技术，是为实现对信息的自动扫描而设计的，是实现快速、准确而可靠地采集数据的有效手段。条码技术的应用解决了数据录入和数据采集的“瓶颈”问题，为供应链管理提供了有力的技术支持。

1．条码技术的特点

信息输入技术可采用各种自动识别技术，作为一种图形识别技术，条码与其他自动识别技术相比有以下特点：

（1）简单。条码符号的制作相对较为容易，扫描操作也较为简单。这是条码受到用户普遍欢迎和迅速推广的重要原因。

(2) 采集信息量大。利用条码扫描，一次就可以采集十几位字符的信息；而且可以通过选择不同码制的条码来增加字符的密度，使录入的信息量成倍增加。

(3) 信息采集速度快。普通计算机的键盘输入速度是每分钟200个字符，而用条码扫描录入信息的速度可以是键盘输入的20倍。

(4) 设备结构简单，成本低廉。采用条码技术成本较低，可以节省企业的成本，提高经济效益。

(5) 可靠性高。利用键盘录入数据的出错率为三千分之一，利用光学字符识别技术的出错率大约为万分之一，如果采用条码扫描录入方式，误码率仅为百万分之一。

2. 物流条码

物流条码是物流实施过程中用来识别具体实物的一种特殊代码，它是由一组黑白相间的条、空组成的图形，可被识读设备自动识别，自动完成数据采集。物流是生产和消费之间联系的纽带，为了实现以最少的投入获得最大的经济效益，就要使物流过程快速、合理、消耗低，将物流、信息流综合地考虑，发挥物流系统的功能效用。物流条码可以使我们更好地实现这一目标。商品在从生产厂家到运输、交换的整个物流过程中都可以通过物流条码来实现数据共享，使信息的传递更加方便、快捷、准确，提高了整个物流系统的经济效益。

当今通用商品条码已经普及，使商业管理实现了自动化，而物流条码却刚刚起步。物流条码与通用商品条码相比有许多不同之处，主要表现在以下几方面：

(1) 标识目标不同。通用商品条码是最终消费单元的惟一标识，它常常是单个商品的条码。消费单元是指通过零售渠道，直接销售给最终用户的商品包装单元；物流条码则是货运单元的惟一标识。货运单元是由若干消费单元组成的稳定的和标准的产品集合，是收发货、运输、装卸等物流业务所必需的一种商品包装单元，一般是多个商品的集合，也可以是多种商品的集合，应用于现代化的物流管理中。

（2）应用领域不同。通用商品条码用于零售业现代化的管理，在零售业的POS系统中通过商品条码印在单个商品上，可以实现商品的自动识别、自动寻址、自动结账，使零售业管理自动化和信息化；物流条码则是用于物流现代化的管理，贯穿于整个物流过程之中。产品从生产厂家生产出来，要经过包装、运输、储存、分拣、配送等众多环节，才能到达零售商店；物流条码应用于众多的环节之中，实现对物品的跟踪和数据的共享。

（3）采用码制不同。通用商品条码采用的是EAN/UPC码制，条码的长度固定，信息容量少；物流条码主要采用UCC/EAN—128条码（美国统一编码委员会），条码的长度可变，信息容量多，且条码精度要求低，易于制作，容易推广。

（4）标准维护不同。通用商品条码已经实现了国际化和标准化，不需要经常增减更新，维护的标准要求比较低；物流条码是可变性条码，贸易伙伴根据贸易的具体需要而增减信息，而且随着国际贸易的发展，物流条码的内容需要不断地补充、丰富，因此，对物流条码的维护标准应该更加重视。

正是因为物流条码具有以上这些特点，才使其能够区别于通用商品条码，物流条码在物流领域的实施才具有可行性。通过对物流条码信息的收集、传递和反馈，提高整个物流系统的经济效益是我们研究物流条码的最终目的。

二、地理信息系统技术

地理信息系统（Geographical Information System，GIS）是20世纪60年代开始迅速发展起来的地理学研究新成果，是多种学科交叉的产物。GIS系统以地理空间为基础，利用地理模型的分析方法及时提供多种空间动态的地理信息，从而为有关经济决策服务。GIS在物流领域应用，便于企业合理调配和使用各种资源，提高运营效率和经济效益。

GIS的基本功能是将表格型数据（可以是来自数据库、电子表格或直接在程序中输入）转换为地理图形显示，然后对显示结果浏览、操作和分析。其显示范围可以从洲际地图到非常详细的街区地图，显示对象包括人口、销售情况、运输路线等内容。

GIS在物流领域中的应用主要是指利用GIS强大的地理数据功能来完善物流分析技术，合理调整物流路线和流量，合理设置仓储设施，科学调配运力，提高物流业的效率。目前，已开发出了专门的物流分析软件用于物流分析。完整的GIS物流分析软件集成了车辆路线模型、最短路径模型、网络物流模型、分配集合模型和设施定位模型等。

1．车辆路线模型

车辆路线模型用于研究解决在一个起始点、多个终点的货物运输中，如何降低物流作业费用，并保证服务质量的问题。包括决定使用多少辆车，每辆车的行驶路线等。

2．网络物流模型

网络物流模型用于解决寻求最有效的分配货物路径问题，也就是物流网点布局问题，如将货物从 n 个仓库运到 m 个商店，每个商店都有不固定的需求量，因此需要确定由哪个仓库提货送给哪个商店，使得运输代价最小。

3．分配集合模型

分配集合模型可以根据各个要素的相似点把同一层上所有或部分要素分为几个组，用以解决确定服务范围和销售市场范围等问题。如某一公司要设立 x 个分销点，要求这些分销点要覆盖某一地区，而且要使每个分销点的顾客数目大致相等。

4．设施定位模型

设施定位模型用于确定一个或多个设施的位置。在物流系统中，仓库和运输线共同组成了物流网络，仓库处于网络的结点上，结点决定着线路，如何根据供求的实际需要并结合经济效益等原则，在给定区域内设立多少仓库；每个仓库的位置，每个仓库的规模，以及仓库之间的物流关系等，运用此模型均能很容易地得到解决。

三、全球定位系统技术

全球定位系统（Global Position System，GPS）是美国从20世纪70年代开始研制，历时20年，耗资200亿美元，于1994年全面建成，具有在海、陆、空进行全方位实时三维导航与定位能力的新一代卫星导航与定位系统。GPS由三大子系统构成：空间卫星系统、地面监控系统和信号接收系统。

全球定位系统是20世纪产生的最具有开创意义的高新技术之一，现已被广泛应用到许多领域。在物流领域，GPS也越来越普遍地应用于各个环节，主要表现在以下两个方面：

1. 货物跟踪

GPS计算机信息管理系统可以通过GPS和计算机网络实时地收集全路列车、机车、车辆、集装箱及所运货物的动态信息，实现对陆运、水运货物的跟踪管理。只要知道货车的车型、车号或船舶的编号就可以立即从铁路网或水运网中找到该货车或船舶，知道它们现在所处位置、距离运输目的地的里程，以及所有装运货物的信息。运用这项技术可以大大提高运营的精确性和透明度，为货主提供高质量的服务。

2. 与GIS结合解决物流配送

物流包括订单管理、运输、仓储、装卸、送递、报关、退货处理、信息服务及增值业务，全过程控制是物流管理的核心问题。供应商必须全面、准确、动态地把握散布在全国各个中转仓库、经销商、零售商以及汽车、火车、飞机、轮船等各种运输环节之中的产品流动状况，并据此制定生产和销售计划，及时调整市场策略。因此对大型供应商而言，没有全过程的物流管理就不可能建立有效的分销网络。对于大型连锁零售商而言，没有全过程的物流管理就谈不上建立供应配送体系。对于第三方物流服务商、仓储物流中心，没有面向全过程的物流管理服务就很难争取到客户的物流业务。对普通用户来说，没有快速、准确、安全、可靠的物流配送服务，网上采购和网上购物几乎是不可想象的。

物流配送的过程主要是货物的空间位置转移过程，在物流配送过程中，要涉及货物的运输、仓储、装卸、送达等业务环节，对各个环节涉及的问题如运输路线的选择、仓库位置的选择、仓库容量设置、合理装卸策略、运输车辆调度和投递路线选择等进行有效管理和决策分析，有助于物流配送企业有效地利用现有资源，降低消耗，提高效率。事实上，仔细分析上述各个环节存在的问题就可以发现，上面的问题都涉及到地理要素和地理分布。如上所述，凡是涉及到地理分布的领域都可以应用 GIS 技术，因此，GIS/GPS 技术是全程物流管理中不可缺少的组成部分。

第七章 电子商务环境

1999年，戴尔公司（Dell）由于存在误导顾客的广告而受到了美国联邦贸易委员会（FTC）的指控。该公司在网站上登出计算机租赁广告，广告仅说明了计算机每个月分期付款额，而没有详细说明租赁的全部细节，违反了1976年的消费者租赁法案。该法案是联邦储备委员会指定并定期修改的一项联邦立法，原来是要求银行和其他出租人全面阐明租赁条款，以便消费者在租赁汽车、船只、家具或其他商品时有足够的信息进行决策。

戴尔公司的网站页面上含有FTC所要求的信息，然而FTC的调查人员发现一些重要的信息（如支付金额、签署租赁合同时应支付的费用等）却是用小字体登在页面的底部，以至于顾客要用鼠标拖过大段密密麻麻的文字后才能得到足够的信息。经过调解，戴尔公司同意在其租赁广告上向消费者提供清楚、易读和容易理解的内容，该公司还同意保存记录并同意联邦政府的监督，以确保能遵守自己的承诺。

这说明在网络上开展业务的公司要受到商业环境的制约，包括法律环境和道德环境，而这并不一定是公司所熟悉的环境。戴尔公司的案例正说明了这一点。因此一个从事电子商务的公司在网络上开拓市场时，会遇到不熟悉的法律和不同的道德结构，尤其是在其他国家开展业务时更是如此。

第一节 电子商务的国际环境

从事电子商务的公司要依赖于互联网，而互联网是没有国界的，因此电子商务公司所创造的公司形象、品牌的建立、买卖产品或服务以及建立虚拟社区时，都是在全球范围内进行的。美国《纽约人》（*The New Yorker*）杂志上曾登出一幅著名的关于网络的卡通画，注解是“在网上，没有人知道你是一条狗”。联想公司的广告也曾使用一条狗在使用计算机的情景，这说明了互联网的匿名特征。例如，一家企业可以建立一个网站为全世界服务，但访问该企业网站的浏览者如果不知道该企业的规模和声望，那么访问者是不会成为它的客户的，除非他们了解网站背后的企业。因此，建立信用是必要的。

影响电子商务企业信誉的一个重要因素是交易的另一方在特定环境下会采取什么行动。例如，对所收货物质量不满的顾客必须知道商家对质量部分的索赔是如何反应的。这种知识部分来自于买卖双方共有的语言和习惯，部分来自于解决争端的共同的法律基础。语言和习惯的结合常常称为文化。从事电子商务的公司和企业必须认识到在开展业务的每个地区中构成文化的语言和习惯的差异。国际电子商务的障碍主要包括语言、文化和基础设施。

一、语言

一个从事电子商务的公司或企业要在其他文化下有效地开展业务，惟一办法就是适应那种文化，即“全球化思考，本地化运作”。网上公司所采取的接触其他国家（也就是其他文化）的第一步就是提供当地语言版本的页面，这意味着要把页面翻译成当地语言或当地的方言。研究人员已经发现，即便顾客很懂英语，还是愿意从那些采用母语的网站上购物。

对于需要提供多种语言版本的网站，可以在主页上显示链接到各种语言版本的办法，使网站的访问者通过点击来选择其中一种语言，采用这种方法的网站必须确保这些链接对那些只能懂得自己语言的访问者是明确的，也就是说这些链接应该用相应的文字来显示名称。

为电子商务网站提供翻译服务的个人和软件开发商，通常并不用“翻译”，而愿意用“本地化”这个词来描述他们的工作。这意味着除了考虑所翻译语种在当地语言中的变化外，还要考虑当地环境的多个方面，例如商业和文化特点。既然文化能影响某句话所表达的意思，有时甚至完全改变了它的意思，那么文化就非常重要了。

二、文化

有些由语言和文化的微妙差异造成的错误成了训练国际商务人员的经典例子。例如，通用汽车公司不理解为什么雪佛莱的 Nova 车型在拉丁美洲卖不出去，后来发现“nova”在西班牙语中是“开不动”的意思。百事可乐“come alive”的广告创意在中国彻底失败了，因为它让我们感觉到“百事把你的祖先从坟墓中叫出来了”。另一家卖罐装婴儿食品的公司在包装罐上印着一个很漂亮的婴儿照片，这种罐装食品在其他市场上都卖得很好，但在非洲部分地区却卖不动，后来发现这地方的人认为食品包装上的照片表示食品成分。

草率的设计会因文化背景的差异带来问题。例如，在印度，不能在卡通或其他滑稽设计中使用牛的图案，衣着暴露的人的图片会触怒穆斯林国家的顾客。甚至颜色或页面的设计元素也会惹出麻烦。日本的访问者不能容忍分成四块的页面或有大片白色的页面，数字“四”和白色在日本文化中都是死亡的象征。

软银公司（Softbank）是向互联网公司进行风险投资的日本公司，它想出了一种向日本人推广电子商务的办法。日本人对美国式的电子商务有抵触，他们更喜欢用现金付款或转账，不喜欢用信用卡，他们对在网上做生意很担心。1999 年，软银公司同 7-11 连锁便利店（7-E1even）、日本 Yahoo! 和日本一家很大的图书分销商 Tohan 公司创建了一家合资企业 eS-Books，在网上销售图书和 CD。这家公司让顾客在网上订购物品，然后在当地的 7-11 便利店提货并用现金付款。软银公司采用的是与美国公司完全相反的战略，它引入了能让日本顾客放心的中间环节，从而把电子商务引入日本。

世界上某些地方的文化环境对电子商务的起步极为不利。例如在 1999 年《人权观察》（*Human Rights Watch*）发表的一份报告指出，中东和北非的许多国家不愿意让其公民自由接入互联网。这份报告提到，这些地区的许多政府常常阻止人们自由表达思想，并采取了特殊的步骤防止在国家控制之外的信息交换。沙特阿拉伯、也门和阿联酋都采用代理服务器对网上内容进行过滤。约旦通过征税使接入互联网的费用超出了大多数约旦人的收入，约旦 1998 年还通过了一项法律禁止任何媒体出版与伊斯兰价值观有冲突内容的书刊。

而阿尔及利亚、摩洛哥和巴勒斯坦政权不限制上网，也不限制网上的内容。在大多数北非和中东国家，官方公开指责互联网传播色情内容和反伊斯兰内容，并说这些内容对他们社会中妇女的传统角色投上了阴影。在这些国家中，互联网同传统的文化和法律冲突很大，电子商务近期内不太可能得到大的发展。有些国家虽然不完全禁止电子商务，但在文化上也有严格的限制，并写进了规范公司运营的法律条文中。法国要求产品或服务的广告必须用法语。这就要求那些想在法国开展网上业务的其他国家的公司为其网站提供法语版本。许多美国的电子商务网站在网页上显示可接受哪些国家的订单，以避免触犯某些国家的法律。加拿大魁北克省的官方语言是法语。魁北克省的法律要求街道标识、广告牌、商品目录和魁北克本地公司的广告都必须用法语。1999 年，魁北克政府处罚了摄影师迈克尔·卡罗梅瑞斯（Michael Calomiris），要求他要么关闭他的英文网站，要么在网站上加上法语页面。住在魁北克的卡罗梅瑞斯一直在网上为其摄影作品促销，他的广告主要针对美国市场。

三、基础设施

除了语言和文化障碍之外，公司还要面对互联网基础设施的差异和不足所带来的挑战。互联网的基础设施包括计算机、通信网络以及相关的软件。

2005年，总部设在伦敦的市场研究公司Point Topic发布的一份统计报告显示，截至2004年12月底，美国的宽带用户为3 390万，日本为1 810万，韩国为1 190万，德国为690万，法国为680万，英国为610万。而根据中国互联网络信息中心于2005年7月发布的第16次中国互联网络发展状况统计报告，截至2005年6月底，中国网民的数量已达到1.03亿，其中宽带用户达5 300万人，另有4 950万人通过电话拨号上网。

Point Topic指出，欧洲在全球宽带用户最多国家和地区排名中位列第六，按人口比例而言，韩国的宽带用户占总人口的比率最高。未来，宽带增长最快的地区包括欧洲和中东，在2004年下半年，土耳其的宽带用户数增长了155%，而波兰同期的宽带用户数也增长了122%。

经合组织（OECD）的科技与工业理事会发布了一系列"信息和通信政策报告"，阐述全球电信基础设施的发展问题。OECD的这些报告为公司和政府建设基础设施时提供了指南，而正是这些设施支撑着未来的国际电子商务。

国际商务所必需的单证工作是技术要解决的另一个问题。大多数开展国际业务的公司要依赖运输公司、报关行、国际货运公司和进出口商等各类公司完成每个交易环节必须完成的单证迷宫，以满足政府和保险的要求。图7-1所示为典型的国际贸易中各种信息和实物传递过程。

如图7-1所示，信息流非常复杂。国内交易通常只涉及卖方、买方、各自的银行和一个货运公司。国际交易需要多个货运公司来运输货物；除了要受到国内交易所需的卖方和买方的监督外，还必须受到政府海关的监督；国际交易常常需要报关行和货物转运公司的共同努力；整个过程太复杂，而其中所涉及的信息流又增加了复杂性。

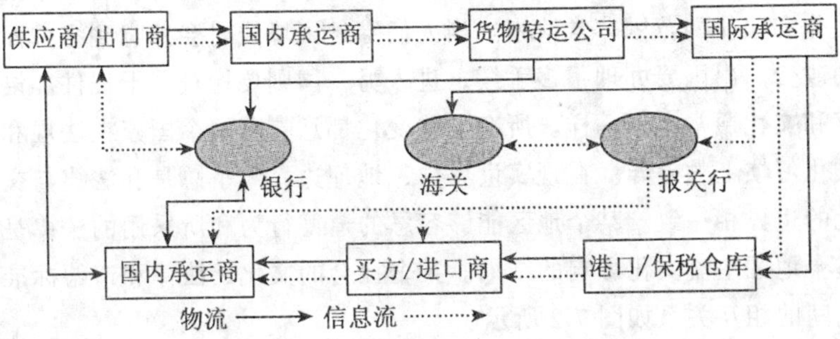

图 7-1　国际贸易中的信息与实体传递示意图

由于各个国家都有自己的单证格式和国际货运人必须遵循的程序，因此能够自动处理上述流程的软件系统的开发是很困难的任务。即便在那些能自动办理某些手续的国家，它们所用的计算机系统和其他国家的计算机系统也可能不兼容。

第二节　电子商务的法律环境

在网络上运作的公司必须遵守所有公司都要遵守的法律和规定，否则就会受到惩罚，包括罚款、赔偿甚至判处公司领导和股东入狱。这些公司在法律上会碰到两个相互冲突的因素。第一个因素是网络把公司涉及的范围延伸到了传统国界以外。如前所述，网络使公司变成了一个国际企业，这样，这家公司就要比那些位于某个地点的传统公司遵守更多的法律。第二个因素是网上沟通的速度和效率。相对于传统的业务方式来说，顾客和网络上的公司之间常常有交互性更大也更为复杂的关系，而且，开展电子商务的公司的顾客之间也有更大的交互。那些触犯法律或违背道德标准的网上公司会面临许多顾客和目标群体迅速和强烈的反应。

一、国界和管辖权

现实世界的地理边界在传统商务中的作用非常重要，即：它使文化和法律的范围非常清晰。当人们穿越国境线时会感觉到多方面的改变。出国要办理很多手续，进入另一国则要检查若干证件。语言和文化通常也不一样。所有这些变化都意味着两个国家在法规和文化习惯上的差异。在现实世界中，地理边界几乎总是和法律与文化的边界相一致。某个地区能够容忍的道德行为和所采用的法律是这个地区主流文化影响的结果。某个社会的文化、法律和道德标准之间的相互关系如图 7-2 所示。

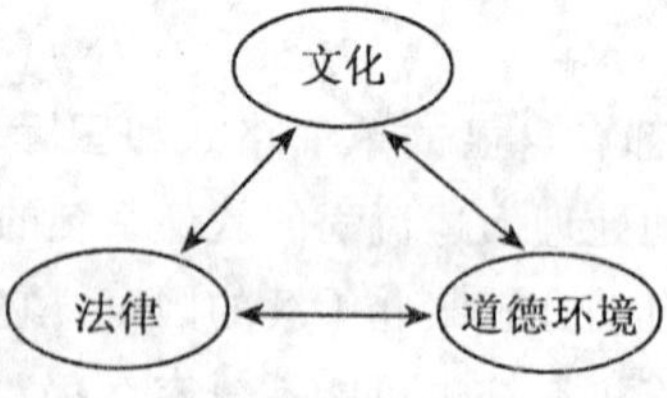

图 7-2 文化决定法律和道德标准

历史上大多数时期里，文化都有地理边界，因为人类因距离的限制而无法了解其他遥远地方的文化。法学家用权力、影响、合法性和通告等四个因素来界定地理边界和法律边界之间的关系。

1. 权力

权力是控制地理空间及该空间上的人和物的形式，是界定主权统治的特征。政府能够执法，法律才会有效。执法就需要能控制所有居民并处罚违法之人的权力。政府控制个人或公司的能力称为管辖权。

如果某人不住在某个地区或在这个地区没有财产，就不受这个地区法律的管辖。例如，一位在日本做生意而在中国没有财产的日本公民不受中国版权法的约束。中国宣称对这位日本公民的任何权力都会同日本政府对其公民的完全控制权冲突。

某个政府所宣称的权力要受其地理边界内的文化的限制。理想状态下，地理边界、文化群体和法律结构都是一致的。它们不一致时就会爆发内部争端甚至内战。

2. 影响

现实世界的法律是基于邻近地理和个人行为的影响之间的关系。个人或公司的行为对邻近人和物的影响比对遥远人和物的影响要大。政府的商标保护就是很好的例子。意大利政府能够保护罗马的卡罗索餐厅的商标，这对罗马地区、罗马邻近地区和意大利其他地区的另一家同名餐厅的影响最大。但如果中国上海也有一家卡罗索餐厅，那么罗马的那家餐厅因上海的同名餐厅而受到的负面影响非常小。因此，侵犯卡罗索商标的影响只受到意大利法律的有效控制，因为这种侵犯的影响范围只局限在意大利。

法律的这种特点取决于当地文化对各种影响的接受或抵制。例如，在美国，有些社区要求房屋建设用地不小于5英亩，有些社区禁止各种户外广告。这些社区所在地的文化接受这种限制。

3. 合法性

人们认为立法与执法的合法权来自守法之人的委托。1970年联合国通过的一项决议肯定了政府管辖的合法性。这项决议明确表示，一个地理边界内的人和行为合法的法定权来自这个边界内的人。这些守法之人在立法时应起到一定作用。

有些文化允许政府有高度的自治权和不容置疑的权威。有些文化则对政府的权力有严格的限制，例如斯堪的纳维亚诸国。

4. 通告

地理边界是方便和有效的法律边界和文化边界。当人们跨越地理边界时，地理边界就提供了一组规定替代另一组规定的通告。只有被告知某个法律或文化规范的存在，人们才会遵从它并承认其公正性。在现实世界中地理边界提供了这种通告。

二、电子商务的管辖权

各国都非常关注电子商务的管辖权问题，各国政府都想希望扩大本国的管辖权，以维护本国的利益。涉及互联网的管辖权规则，主要是如何解释原有的管辖权原则，以及如何确定新的联结点。例如合同管辖权，中国大陆传统的法律原则是以“合同履行地”管辖。但在互联网上履行的电子合同，履行地如何确定，这比在现实世界中建立管辖权要难得多。传统的地理边界在互联网上没有什么实际意义。例如，在中国北京，一家从事电子商务的公司有一个英文域名，看起来就像美国公司而不是中国公司，然而这家公司的网站可能会放在美国纽约的服务器上，而维护网站的人可能在上海的家中远程操作。

如果一个日本人对从这家公司购买的产品不满意并决定提起诉讼，这时他想知道在哪里提起诉讼，而以地理边界为基础的法律系统则帮不了这个日本公民。在现实世界中，河流、山脉和海洋为各个国家提供了明显的边界线，在互联网上则没有什么能够提供边界线。在现实世界中能够非常好地发挥作用的四种因素（权力、影响、合法性和通告）无法再在电子商务的虚拟世界中起作用。

想要对网上业务执法的政府必须对这些行为建立管辖权。合同是两个或多个彼此交换某种价值（商品、服务或金钱）的法律实体（个人或公司）之间的协议。民事侵权行为是一个法律实体的行动对另一个法律实体的伤害。想要在他们签署或寻求侵权伤害补偿的合同中，依靠法律系统来运用其权力的人或公司，必须找到对其案件有足够管辖权的法院。如果这个法院对属物和人都有管辖权，它才具有足够的管辖权。

1. 属地管辖权

属地管辖权也叫地域管辖原则，它主张以案件的事实和当事人双方与有关国家的地域联系作为法院国际管辖权的标准。一国法院基于领土主权的原则，对其所属国领域内的一切人和物以及法律事件和行为具有管辖权限。它侧重于有关法律行为的地域性质或属地性质，即在有关的国际民事案件中，强调当事人特别是被告的住所地、惯常住所地、有关诉讼标的物所在地、被告财产所在地、有关的法律事实（包括法律行为和法律时间发生地，如合同签订地、合同履行地、侵权行为发生地等）。英国、美国、德国以及部分北欧国家都以此作为确定国际民事案件管辖权的基本原则。

2. 属人管辖权

属人管辖权原则主张以双方当事人与有关国家的联系作为确定法院国际管辖权的决定性标准，它强调一国法院对本国国民具有管辖权，通常按照合同当事人的居住地来决定。如果被告是某法院所在地的居民，那么该法院在这个案件上就有属人管辖权。这种案件中，决定属人管辖权是很简单的。但外地个人或公司也可通过书面表示或采取一定行动来自愿服从该法院的属人管辖权。

人们自愿服从属人管辖权最常用的方式是在签署合同时加入一个声明（即所谓的法院选择条款），指明合同将依某个地区的法律条款执行。在合同条款出现执行纠纷时，这个地区就对签署合同的各方有属人管辖权。开展电子商务的公司应该知道相关法律条款。

3. 国际商务中的管辖权

国际商务中出现的管辖权问题通常比各个国家的法律规定的管辖权问题要复杂。跨越国家边界实施管辖权要由所涉及国家之间的条约来管制。一个非中国的公司和个人如果在中国做生意或触犯了法律，就可以由中国法院进行指控。类似地，国外法院如果能建立属人管辖权，它对中国公司或个人的裁决也可以通过该国法院来执行。管辖权问题不但复杂而且变化很快。开展电子商务的公司应该向律师咨询。

4. 电子商务对国际民事诉讼管辖权原则的挑战

(1) 对地域管辖权的挑战。互联网的无地域性为传统的地域管辖权规则带来前所未有的困惑，除了当事人双方协议选择管辖法院外，各国确定管辖权的依据（如住所、财产所在地、诉讼原因发生地等）都有很强的地域性。例如，合同案件中，合同签订地的法院对合同争议有管辖权，但在互联网交易中，如何确定合同签订地？从目前的情况看，各国对如何确定合同签订地的问题，已经部分得到解决，根据联合国国际贸易委员会 1996 年 12 月 16 日通过的《电子商业示范法》，收件人收到数据电文时收件人的营业地为合同签订地点，在收件人有一个以上营业地的情况下，根据最密切联系原则确定的营业地为合同签订地，在没有营业地的情况下，以惯常居住地为合同签订地，但对合同旅行地的确定则要困难得多。

(2) 电子商务网址能否构成新的管辖依据。互联网的全球性和开放性，使得判断网上活动发生的具体地点和确切的范围非常困难，也就是很难将其分配到相应的某一个法律管辖区域内。但是电子商务公司的网址是不会改变的，随着网络交易的不断发展，就产生了网址能否成为新的管辖权基础的问题。要使网址成为新的管辖权基础，必须具备：①该因素自身有时间和空间上的相对稳定性，至少是可以确定的；②该因素与管辖区域之间存在一定程度上的关联性。再看网址，它类似于地理空间中的住所，它的拥有者有权利用网址或允许其他人通过网址收发信息；同时网址由 ISP 授予，因此也具有相对的稳定性，而且与 ISP 所在的管辖区域的关联性是非常明确的，因此，可以认为网址可以构成新的管辖依据。

(3) 禁止管辖权。“禁止管辖权”的概念是 1998 年 3 月在海牙召开的“民商事国际管辖权、判决的承认与执行特委会第二次会议”上提出的，主要是为了解决各国之间管辖权冲突问题。在电子商务的管辖权方面，由于互联网的全球性，只要法院同意，寻找一两个管辖权依据并不是难事。如果不对某些管辖权进行限制，将会加剧管辖权的冲突。因此在该次会议上提出了应禁止某些违法因素作为电子商务的管辖权基础，包括：①当事人的国籍；②被告的出现；③美国式的“最低限度的接触”标准；④原告单方面的选择意向。

三、电子商务合同

各国民法之中，合同均指地位平等的双方当事人之间设立、变更、终止民事权利与义务关系的协议。任何合同都涉及两方：要约方和接受方。当一方接受另一方的要约时，合同就成立了。要约是表示买卖某个产品或服务的意愿的严格、精确、详细的声明。只要未接受付款或其他要求，就可以废止要约。承兑是一种要接受要约及其所有条款的意愿的表达。当一方发出的要约被另一方接受时，合同就生效了，承认合同存在的行为也可使合同生效。

合同是传统商务实践中一个重要的因素，在互联网上也同样重要。当事人在交换电子邮件信息、进行电子数据交换（EDI）或填写页面上的表格时，要约和承兑就发生了。互联网上的这些沟通手段可以同传统的达成合同的方法一起使用，传统方法一般包括交换纸质文件、传真件及电话或当面作出的口头承诺。

当电子商务公司在网络上做广告时，就是在作邀请潜在顾客的要约。如果网上广告是合同的法定要约，商家就有责任寄出要约中所有的商品。顾客提交的一份订单就是一份要约，商家可以接受这份要约并产生一份合同。如果商家的存货中没有对方订购的物品或因为其他原因不愿意和某个潜在顾客做生意，那么商家就有权拒绝顾客的订单。

大多数情况下，对一份要约作出法律认可的承兑相当容易。在履行合同时，法院会把要约和承兑看做是发生在特定环境下的行为。如果此行为在这个环境下是合理的，法院就会把这些行为理解为要约和承兑。例如，法院会把特定环境下的如下行为全都看做是对要约的承兑，这些行为包括寄出支票、发运货物、握手、点头、从货架上拿走某件物品或打开包裹。虽然判例法目前涉及网上承兑的尚很有限，但法院也许把点击页面上的按钮、在页面的表中输入信息或下载文件看做是在法律上有约束力的承兑。

1. 网上的书面合同

对于开展电子商务的公司和个人来说，即便不是书面合同或签名合同，合同也可能是有效的。大多数法院认为书面形式是合同条款的有形存在。在18世纪早期，法院判决认为电传属于一种书面形式。后来法院认为说话的录音、磁盘上的文件和传真也属于书面形式。因此，对电子商务合同的当事人来说，满足书面的要求是相当容易的。法院在判定签名时也是很宽容的。签名是为确认书面合同而签署或采用的符号。法院认为电报、电传、传真上的名字都是签名，甚至打印的名字或信里头的印刷名字也能当签名。将来法院很可能认为电子文件中的符号或代码也能构成签名。当然，数字签名会被认做合同的签名。

开展国际电子商务的公司大多数情况不需要担心签名的书面形式的要求。有关国际商品销售的主要条约——联合国《国际货物销售合同公约》的第11条规定，要产生一个在法律上有约束力的承兑并不一定需要书面形式或者签名。

2. 担保

大多数开展电子商务的公司在履行网络上的合同要求时没有多大问题。不过，值得注意的是担保的问题。任何商品销售合同都包括隐含的担保。商家隐含的担保是：所售商品适合于这种商品的通常用途，而且其他卖家也会接受同样的商品。如果商家知道顾客需求的信息，他接受顾客要约就暗含着另一个担保，即所售商品适合顾客的特殊用途。

商家也可通过专门的担保条款提供明确的担保。商家也可能在产品手册或其他广告材料中讲述产品性能或特殊用途无意识地提供了明确的担保。

商家可通过担保解除声明来避免隐含的担保责任。担保解除声明是陈述商家不会兑现的部分或全部隐含担保的声明。任何担保解除声明都必须放在显著的位置，以便容易让人看到。商家可在页面上用大字体、粗字体或对比色来显示担保解除声明。要想在法律上有效，担保解除声明必须明确陈述并让顾客容易从页面上看到。

3．签订合同的权限

就像前面解释的那样，在接受要约后，合同就签订了。如果要约或承兑是冒名顶替者或某个越权约束公司履行合同的人发出时，问题就出现了。在电子商务中，承兑的在线性使伪造者很容易冒名顶替。

但幸运的是，互联网技术既让伪造身份很容易，也提供了避免被伪造身份欺骗的方法。数字签名就是在线交易中识别身份的好方法。如果合同金额很大，当事人就应该要求对方采用数字签名来避免出现身份问题。一般情况下，法院不会强制某个身份被伪造的人或公司来履行合同的条款，但如果个人或公司对伪造有过失责任的话，可能会被要求履行合同。例如，如果某家公司不注意保护密码，让冒名顶替者进入了它的系统而接受了一个要约，法院可能判定该公司有责任履行合同的条款。

决定某人是否有权代表公司签订在线合同的问题比识别伪造者身份要复杂得多。这个问题称为授权承兑。某公司的一个雇员做出了要约或承兑而产生一份合同，但公司事后声称该雇员越权代表公司，这时就会出现授权承兑问题。对现实世界中的大笔交易，公司会审查有对方公司声明的公共信息或要求查看对方公司授予某人签订合同权力的证书或决议的副本。在线交易的当事人也可采用这些方法，但很花时间而且也不方便。较好的解决办法是采用认证中心签发的数字签名和证书。有的数字签名和证书不但能证实某人的身份，还能证明某个持有特殊的公共密钥的人的头衔和权限。

四、电子商务的知识产权

知识产权和无形的产权相联系，是法律规定并受法律保护的。知识产权的所有者拥有对该产权的一系列特有的处置权。法律禁止知识产权的非所有者在未经所有者同意的情况下处置知识产权。在电子商务中主要的知识产权有：版权、专利和商标。

电子商务网站上的页面内容也涉及到法律问题，包括：商标侵权、商业欺诈、广告规定以及诽谤。

1. 商标侵权

注册商标的持有人通常要在培育和推广商标上投入大量的资金。电子商务的网站设计人员必须非常小心，如果没有商标持有人的许可，不要使用任何商标名称、标志或其他标识符。例如，某个公司网站上有总裁的照片，总裁又碰巧拿了一听百事可乐，这就可能会侵犯百事公司的商标权。百事公司可能会提出在此网站上出现百事的产品会让浏览者误认为该公司或其总裁得到百事公司的支持。

2. 商业欺诈

信息技术的发展令人吃惊，计算机图形学、音频与视频技术已经能够让网站设计者创造性地制作出有趣的页面。加工处理现有的图片、声音和视频剪辑也非常有趣。但如果加工处理的是商标，就会侵犯商标持有人的权力。虚构的人物也可能注册了商标或受到其他保护。许多个人页面上有未授权的卡通人物和扫描的名人照片，当然这些图像常常做了某种程度的修改。例如，某个电子商务的网站采用了变形的米老鼠并以变声说话，该网站就可能被迪斯尼起诉。

网站在加入到其他网站链接时也必须小心，不要暗示赞助了这些网站。例如，某个网站设计室在其页面上有到某些公司网站的链接，该页面的主要内容是介绍设计出色页面的方法。如果这些公司的网站不是这个设计室设计的，该设计室必须要小心地说明，否则访问者会误以为这些网站都是该设计室的作品。

通常说来，商标保护是为防止另一家公司以某种方式使用同样或类似的名称、符号或其他识别特征，从而在商标持有人产品或服务的潜在顾客头脑中造成混淆。例如，一家信用卡服务公司的商标“Visa”，可能被另一家公司用来标明其合成纤维的类别。这是可以接受的，因为这两种产品存在非常大的差异。然而，如果存在商标淡化的危险，那么著名商标会保护它在所有产品上的使用。

3. 广告规定

根据2005年8月生效的一项新法律，美国密歇根州和犹他州的公司如果在网络广告中含有酒精制品、香烟、赌博、六合彩，或在儿童电子邮件中出现色情图片，它们将面临严厉惩罚。即使电邮只推销R级电影（儿童可在父母陪伴下观看），也同样违反了新法律。

根据密歇根州法律，违反网络广告法律者最高可判处每日交付25万美元罚金和为期一年的监禁。在犹他州，违法者将为一条非法电邮广告信息支付1000美元罚金，并且将受到刑事起诉和儿童父母的民事诉讼。

在中国，广告主要受广告法的制约，任何广告都必须遵守广告法，电子商务网站上的广告也不例外，同时电子商务企业或公司在网站上的广告还应该遵守反不正当竞争法。

4. 版权

版权是与电子商务相关的最主要的知识产权。版权保护人类创造的成果。然而，版权保护的是表达出来的而不是未表达出来的"思想"。版权法并不提供对想法的垄断性保护，一个人也不能对一种想法拥有版权。例如，类似的概念、功能和一般特点（下拉菜单、颜色或图标）就不受版权法的保护。

版权是指所有权和下列独占权：复制作品（部分或全部）和将其公开（通过任何形式，包括互联网）。版权所有者可以向法院起诉，要求防止或阻止任何侵权行为，并要求赔偿损失。版权并不是永久性的，在大多数情况下它只在作者生前和死后的一定年限内有效（在英国是50年，在美国是28年）。此后，作品版权将转为公有。

总的来说，网站内容受版权保护，但在实际操作中存在一些问题，例如：因为有多方直接或间接参与网站建设，所以确定所有者比较困难。确定达到侵权程度的拷贝行为限度。从页面中拷贝一句话算不算侵权呢？到其他网站的链接——此类行为是否合法尚无定论。

(1) 互联网的独特性。版权法需要经过修改才能反映互联网的独特性。最初，并没有法律负责计算机软件的保护。为提供此类保护，现有的版权法被用来维护软件行业的利益。问题就此产生了，因为版权法被设计用来保护物理产品而不是数字化的软件。公司认为网络空间将很快成为盗版软件、CD和电影的大型复制机器，破坏大量的工作机会和收入。反对者认为不受约束的版权会威胁一些同样重要的东西，即公众为了个人目的，在任何时候聆听、阅读和调查而不用付费的权利。版权法既要保护知识产权又要提供合理的访问。

(2) 版权保护技术。除了法律措施外，还有几种方法可以用来保护知识产权。这些方法包括个性化产品、频繁更新、提供免费软件等。

使用技术来保护版权。今天编制网络空间的版权法已成为可能。有很多技术手段可以用来保护作品不接受未授权的访问和使用。版权保护技术首先将作品可以合法使用的条款和场所进行编码，嵌入到文件中，只有当条件满足，作品才可以被允许使用。通常，被嵌入的信息包括版权管理信息（RMI），如作者、标题、版权和密钥链接。密钥用来对作品进行解密。用户需要授权证书才能访问密钥，授权证书决定了用户的权限。密钥通常与用户计算机的特性有关，这样防止密钥使用在其他计算机上，这个技术有时被称为“节点锁定”。

数字版权管理（Digital Rights Management，DRM）是一项涉及技术、法律和商业各个层面的系统工程。它为数字媒体的商业运作提供了一套完整的实现手段。DRM技术的出现，使得版权所有者不用再耗费大量时间和精力与客户进行谈判，来确保数字媒体内容能够被合法的使用。DRM将使各个平台的内容提供商们，无论是互联网、流媒体还是交互数字电视，提供更多的内容，采取更灵活的节目销售方式，同时有效地保护知识产权。

DRM并不玄妙。对创作者来说，建立一张简单的电子表格，在表格里面记录下作品的版权信息和所有者，并对这些信息进行跟踪就可以实现最简单的DRM。当然这个电子表格可以做成ON-LINE的形式，这样就可以随时在网络上查阅了。

对于生产和发行商来说，DRM系统就复杂多了，它要能够记录、追踪、监控一系列已有的和新创作的作品，作品内容本身以数字格式被存储并加密，只有当生产商、发行商、创作者就合同达成一致，结算货款以后才能被解密使用。

最典型的一个DRM例子是苹果公司通过其音乐商店iTunes-MusicStore出售的音乐产品。苹果公司发明了一个叫FairPlay的DRM系统。在唱片公司的坚持要求下，苹果公司把这个系统装在了它的音乐文件中，这样，这些文件最多只能在五台电脑上播放，所购买的相同曲目只能刻录在七张CD上。如果苹果公司不这样做，那些唱片公司就不允许苹果公司出售它们的音乐作品。

数字水印（Digital Watermark）是把作者、发行商信息和使用条款嵌入到数据中，只有当数据被严重破坏时，它才有可能被抹去。即使数据质量降低，只要水印有效，它就可以被识别出来。水印可以是可见的，也可以是隐形的。Solana公司的系统中就集成了这样的工具，它是由Liquid Audio公司开发的，可以将音频文件转换为能在互联网上传送的格式。但是，水印不能阻止音乐的复制。在这些水印的帮助下，可以确认是谁在网上传播盗版的音乐。

(3) 关于版权的法律观点。根据商务软件联盟（BSA）的调查，2003年软件盗版造成的损失在全球范围内已经达到290亿美元，几乎占全球台式机软件合法销售额510亿美元的60%。按地区划分，中国和越南最高，超过90%。

1997年颁布的《电子盗窃法》是保护网上知识产权方面的最重大进步，这项立法将复制和散发有版权的产品的行为定为犯罪行为。尽管复制和散发通过电子化方式完成，并且这些产品的散发可能是免费的，但对于软件的作者还是会带来经济上的伤害。

即使个人没有从盗版软件的散发中得到经济上的利益，但这并不意味着他没有损害开发者、专利或许可证所有者以及诚实消费者的利益。软件开发公司需要收回研究和开发的费用，通过合法途径销售的产品越少，每件产品的价格将越高，并由诚实的消费者承担以弥补这些损失。消费者将因软件盗版受到惩罚，所以应该支持知识产权来保持软件的高质量，并促进软件开发。

软件发行协会（Software Publishers Association）是反对盗版的主要行业协会，其他有关组织如电子边界基金会（Electronic Frontier Foundation）和世界知识产权协会（World Intellectual Property Organization），都在允许一定程度公众访问的前提下采取措施保护版权。

电子世界中的另一个法律问题是如何在互联网上发展图书馆和远程教学，同时又不妨碍版权。《数字版权净化和技术教育法》通过豁免远程教学的版权，限制了数字版权侵犯的范围。该法案弥补了网络法的一些缺陷，例如“公平使用”原则和“散发侵害”概念的内在矛盾。该法案要求个人对于“虚假、删除、改变和伪造版权管理信息”负责，也规定“除作者或数字产品的所有者之外的个人可以偶尔复制产品，前提是这种复制和产品开发不矛盾，并且不损害作者的法定权利”。

这实际上是应用了数字产品在互联网上的公平使用原则，允许在特殊情况下进行有限的复制。例如，教师可能将一个数字产品的简单复制品应用在教学中，如果满足特定条件还可以复制多份。

互联网访问提供者想知道违反数字版权法律的责任范围。在现有的法律下，提供盗版软件下载的链接是不负法律责任的。答案之一是《在线版权有限责任法》，它保护互联网访问提供商，使他们在无法控制或不知侵害结果的特殊情况下直接或间接违法时免予承担责任。这限制了受到侵害的一方从访问提供商处获得赔偿的可能性，但是如果访问提供商明知提供了错误的内容则必须承担全部责任。互联网访问提供商必须采取有效措施反对盗版，这样做不仅仅是害怕被起诉，而且也符合他们的长远利益。

五、国际电子商务立法

电子商务立法，是国际商事立法的重点。截止到 2004 年 12 月 31 日，全球互联网用户 8.1 亿人，注册域名总数 7 140 万个，尽快在全球范围内营造良好的电子商务法律环境已成为人类社会的共识。自 1985 年以来，国际上制定了一系列调整电子商务活动的法律文件。主要包括：

1.《联合国国际贸易法委员会电子商务示范法》

UNCITRAL Model Law on Electronic Commerce，简称《电子商务示范法》。1991 年，联合国国际贸易法委员会下属的国际支付工作组，开始负责制定一部世界性的电子数据交换统一法（EDI）。1993 年，该工作组全面审议了《电子数据交换及贸易数据通信手段有关法律方面的统一规则草案》，这是世界上第一部 EDI 统一法草案。为了解决全球电子商务所遇到的法律冲突，适应各国对 EDI 的迫切要求，制定时采取了灵活的“示范法”（Model Law）形式，并决定统一法标题中不再使用“电子数据交换”（EDI）的字样，代之以“电子商务”（EC），并将《示范法草案》名称改为《电子商务示范法》。

1996 年 12 月 16 日，联合国国际贸易法委员会第 85 次全体大会通过了《电子商务示范法》，该法是世界上第一个电子商务的统一法规，其目的是向各国提供一套国际公认的法律规则，以供各国法律部门在制定本国电子商务法律规范时参考，促进使用现代通信和信息存储手段。

《电子商务示范法》共 17 条，分两部分。第一部分为电子商务总则，即一般条款；对数据电文的适用法律要求；数据电文的传递。第二部分为电子商务的特定领域，主要涉及货物运输中的运输合同、运输单据、电子提单的效力和证据效力等问题。该法对电子商务的一些基本法律问题作出的规定，有助于填补国际上电子商务的法律空白。虽然它既不是国际条约，也不是国际惯例，仅仅是电子商务示范的法律范本，但却有助于各国完善、健全其有关传递和存储信息的现行法规和惯例，并给全球化的电子商务创造出统一的、良好的法律环境。

2.《联合国国际贸易法委员会电子签名示范法》

UNCITRAL Model Law on Electronic Signatures，简称《电子签名示范法》。2001 年 12 月 12 日，联合国贸易法委员会通过的该法案，是国际上关于电子签名方面最重要的立法文件。

《电子签名示范法》共 12 条，分别规定了电子签名的适用范围；定义；签名技术的平等对待；解释；经由协议的改动；符合签名要求；第 6 条的满足；签名人的行为；认证服务提供人的行为；可信赖性；依赖方的行为；对外国证书和电子签名的承认。该法为电子签名的使用带来了法律的确定性，"数字签名"是目前电子商务中应用最普遍、可操作性最强的一种电子签名方法，它主要用于鉴定签名人的身份以及对一项电子数据内容的认可。《电子签名示范法》的制定，是对《电子商务示范法》的补充，促进了电子签名所产生的法律效力，有助于各国加强利用现代化核证技术的立法，为尚无这种立法的国家提供参考，并对发展和谐的国际经济关系作出了贡献。

3.《国际海事委员会电子提单规则》

Committee Maritime International Rules for Electronic Bills of Landing，简称《CMI 电子提单规则》。1990 年 6 月 29 日，国际海事委员会在巴黎召开的第 34 届大会上通过了《CMI 电子提单规则》，共 11 条，主要内容有：适用范围；定义；程序规则；收货单据的形式和内容；运送合同的术语与条件；密码；发送；接受纸质单证的选择；电子数据等同书面；数据电文的鉴定等。

《CMI 电子提单规则》对电子密码的运用，使作为物权凭证的电子提单的转让成为可能。按照规则第 7 条、第 8 条规定，在采用电子提单时，发货人和承运人必须事先约定，他们将用电子方式进行通讯，并将使用电子提单而不使用书面提单，这是使用该规则的前提条件。当事人通过对电子提单的密码的转让来代替传统提单的背书转让，以达到同样的目的。

《CMI 电子提单规则》在处理电子数据与书面的关系时，采用了“功能等同”原则。根据第 11 条规定，承运人和发货人以及此后所有采取本程序的当事方均同意载于计算机数据贮存中，可用人类语言在屏幕上显示或由计算机打印的业经传输和确认的电子数据将满足任何国内法或本地法，习惯或实践规定运输合同必须经签署并以书面形式加以证明的要求。经采纳上述规定，所有当事方将被认为业已同意不再提出非书面形式的抗辩。

4.《跟单信用证统一惯例关于电子交单的附则》

Supplement to Uniform and Practice for Documentary Credits for Electronic Presentation，国际商会 eUCP1.0 版，简称 *eUCP*。在国际贸易结算中，跟单信用证是目前使用最广的一种结算方式，国际商会制定的《ICC 跟单信用证统一惯例》（*UCP*500）是目前所有信用证业务均遵守的国际规则。而顺应电子商务的发展，ICC 又于 2002 年制定了 *eUCP*，2002 年 4 月 1 日生效，对信用证业务中电子交单的有关问题作出了专门规定。

eUCP 全文共 12 条，主要包括适用范围、*eUCP* 与 UCP 的关系、定义、格式、交单、审核、拒绝通知、正本与副本、出单日期、运输、交单后电子记录的损坏、*eUCP* 电子交单的额外免责。明确了一些贸易术语在电子单据与纸质单据的不同定义；规定了电子交单的格式与电子拒绝通知的操作；明确了银行系统无法收到电子记录以及电子记录损坏的后果；定义了电子正本单据等核心问题。

与 UCP 一样，*eUCP* 也不是法律，而是习惯规则的成文法典化。但不同于 UCP 的是，*eUCP* 涉及了商法中多个方面的问题，它包括信用证法和电子商务法。因此，在 *eUCP* 中会碰到许多

UCP中没有的潜在法律分支问题。电子信用证的诞生解决了电子商务中结算支付的电子化问题，*eUCP*和电子商务法在立法目的、立法精神以及主要内容上有着紧密的联系。

此外，为了适应信息时代电子资料交换系统的普及和应用，国际上还先后制定了《计算机记录法律价值的报告》、《电子资金传输示范法》、《联合国行政、商业、运输电子资料交换规则》、《电讯贸易资料交换实施统一规则》和《国际数字保证商务通则》等。这些电子商务的立法，对互联网迅速发展和应用产生了深刻的影响，也为世界各国、各地区的电子商务立法开辟了广泛的前景。

六、国内电子商务立法

在我国，电子商务的地方立法先行一步，如广东省制定了《广东省电子交易条例》，北京、上海、湖南也制定了电子商务工程的有关规定。这些立法对当地电子商务发展起了促进作用。从国家立法上来看，1999年生效的合同法有关条文已经涉及到数据电文属于书面形式和以数据电文形式订立合同的成立规则。2004年8月全国人大通过了《中华人民共和国电子商务签名法》，该法的颁布是我国电子商务立法上的一个里程碑，对促进电子商务的发展及电子商务立法都有深远的意义。尽管我国在电子商务立法上起步较晚，但进展快，取得了很大的突破，特别是电子签名法的出台，为建立网上交易的安全和交易的信用提供了保障。

1. 电子商务示范法

为促进中国电子商务立法，2001年1月13日，由武汉大学网络经济与法律研究中心（武汉大学国际法研究所代管研究机构）发起，联合中国人民大学民商法律研究中心、北京邮电大学信息法律研究中心和暨南大学法律系，并在暨南大学法律系的具体操作下，在广州就制定《中华人民共和国电子商务示范法》（下称《示范法》）举行了一次高级研讨会。在该次研讨会上，与会者达成共识：借鉴联合国国际贸易法委员会的《电子商务示范法》，并结合中国的实际情况及电子商务的进展，起草《示范法》;《示范法》应具有相当的开放性、创新性和超前性，在体系上分为总则、形式和实质三大部分。总则是《示范法》的一般规定、基本定义，形式问题包括电子记录、签名、认证等内容，实质问题部分是开放性的，目前先起草电子交易和支付等内容。《示范法》总则部分应有功能等同的作用，分则部分应像互联网、电子商务本身一样，具有开放性。

随后，2001 年 8 月在武汉大学、2001 年 12 月在湖南大学、2002 年 11 月在广东商学院、2004 年 1 月在广西大学，先后召开四次研讨会，对《示范法》的具体内容进行了磋商。《示范法》的起草过程也充分体现了开放性，湖南大学法学院、广东商学院、广西大学法学院相继加入到发起者行列。每次研讨会以《示范法》课题组为核心，吸收新的成员，广泛听取各界意见。经过近三年的努力，在广西大学召开的第五次高级研讨会上，《示范法》形成了第一稿。《示范法》的起草先后得到司法部“法治建设与法学理论研究”科研项目立项资助和武汉大学网络经济与法律研究中心的立项资助。

2. 电子签名法

2005 年 4 月 1 日，被誉为“我国首部真正意义的信息化法律”的《中华人民共和国电子签名法》正式实施，其配套部门规章《电子认证服务管理办法》同时实施。

电子签名是构建网络交易信用体系的关键部分。电子签名法赋予电子签章与数据电文以法律效力，将在很大程度上消除网络信用危机。可以设想这样一种情景：一个完全数字化的环境，所有的交流都由数字间的传输来完成，人们用微型电脑处理以前必须存在于实体介质上的工作，并用网络来传递这些信息。从一定意义上说，电子签名法拉开了信息数字化时代的立法序幕。

符合条件的电子签名，具有与手写签名或者盖章同等的效力。使用电子签名业务的用户将不再对与其交流信息的对方一无所知，从而使“虚拟空间”真正地与现实世界接轨。在电子商务交易中，双方使用电子签名时，往往需要第三方对电子签名人的身份进行认证，向交易对方提供信用保证，这个第三方一般称之为电子认证服务机构。

电子签名法规定了认证机构的资质条件和认证机构的责任。电子认证服务提供者应保证电子签名证书内容在有效期内完整、准确，并保证电子签名依赖方能够证实或者了解有关事项。

第三节 电子商务的税务环境

这一节将讨论电子商务中的一个有争议的话题——税收。这个问题非常重要，因为它与全球电子商务和公平竞争有关，在电子商务与离线市场渠道以及传统邮购方式竞争时，后者是必须支付税款的。另一个原因是人们预测未来10年交易额将大幅上升，各城市、地区、国家都想分得一杯羹。

在互联网上开展业务的公司同其他公司一样要遵守同样的税制。不过，由于互联网的全球性，即便是很小的网上公司也要遵守许多国家的税制。传统的公司可能只在一个地方运营，多年来只遵守一套税法。等到这些公司发展到在多国运营的时候，它们已经有了遵守多种税法所需的内部人员和保存税务纪录的基础设施。开展电子商务的公司从成立的第一天起就必须遵守多种税法。

目前世界各国的现行税制主要是以属人原则和属地原则为基础进行税收管辖，依照前者，国家行使居民税收管辖权，即跨国经营者不论其所得来自于境内还是境外，只要是本国居民取得的，其居住国就有权对其征税；而依据后者，国家行使收入来源地税收管辖权，即跨国纳税人不论是哪国居民，收入来源国有权对其发生在该国境内所发生的利润征税。例如，美国的一家公司要遵守美国的税法，如果这家公司在中国开设了分公司，在中国的业务就要遵守中国的税法。纳税实体和政府之间的关系称为关联，这个概念很类似本章前面的属人管辖权。产生关联的行为在不同地区有不同的界定。涉及关联的诉讼很频繁，其判例法相当复杂。

一、税收豁免的争论

1998年10月8日美国参议院通过了《互联网免税法》（*The Internet Tax Freedom Act*）。这项法案禁止在2001年10月前对互联网交易征收任何销售税，以通过税收的激励促进电子商务的发展，并成立电子商务顾问委员会专门研究国际、联邦、州和地方的电子商务税收问题。该委员会于2000年3月20、21日在达拉斯召开第四次会议，建议国会将电子商务免税期延长到2006年。注意：这项法案只禁止销售税，互联网公司仍必须支付联邦和各州的收入税。中国香港也有类似的法律。这项法案还进行了修订，加入了《儿童在线隐私保护法》（*Children' s Online Privacy Protection Act.*），阻止那些网上色情作品者享受税收优惠。

这项法案建立了一个专门委员会来研究互联网税收问题，向总统提出有关建议。

电子商务交易额以指数速度增长，根据联合国贸发委2004报告的统计，2003年世界电子商务交易额达到了3.88万亿美元，比2002年增加了69%，并预测到2006年交易额会达到12.84万亿美元，这意味着销售税的潜在损失。税收问题涉及到美国3万多种州和地方的权限，此外还有不计其数的国际权限问题。所有这些使本来就非常复杂的税收原则变得更加复杂。将现有的税收法律应用到新型媒体交易中的困难超出了我们的设想。今天贸易的全球性特点要求网上商业成为独立的税收区，并采用独特的规则。这实际上已经发生了。对互联网税收政策延期3年是一个较好的临时解决方法，然而必须尽快制定出长期政策。这里必须考虑一些复杂化的因素：在一项交易中可能会涉及到好几种税收权限的问题，不仅包括国内的，还包括国际的。

非电子商务行业认为互联网行业必须承担相应的税收，它们认为互联网行业没有承担应该承担的责任。这些公司称邮购业存在同样的情况，应加以法律上的考虑。事实上，在美国很多州，电子商务已经和邮购同样对待了。其他一些人建议采用已有的销售税法。software.net 公司的 CEO 比尔·麦基尔南（Bill McKiernan）认为："我们已经有了一种现成的税收结构——销售税，只要将它应用到互联网交易中去就可以了。"

逃税的可能性也是一个很大的潜在问题。避税场所和离岸金融便利将更容易获得。新加坡通过了一项法律，为其他国家的电子商务行业提供了一个金融庇护所，这与瑞士银行在金融业中的角色类似。

关于税收政策是应该促进信息高速公路上的交易还是应该保护那些传统商业的争论仍在继续。许多人认为政府不应该保护那些受到新兴技术威胁的老行业。当汽车流行时法律就不必再保护铁匠了。

争论的焦点集中在免税政策，尤其当这些政策将持续 3 年时。这些政策给予电子商务不公平的优势。例如，有人认为互联网电话服务不必向当地电话公司支付接入费用，尽管使用了它们的网络。互联网公司指出免税的原因在于难以找出谁应该缴税。反对一方认为在电话交易中也存在同样的问题，所以现有的法律已经足够了。他们质问："为什么电子商务能免税而电话服务公司却不能享受此待遇？"

二、电子商务与关税

国际贸易发展的近 50 年来，各国一直关注降低关税问题，并且一直为这一问题谈判。虽然人们普遍认识到自由贸易会给各国的经济带来好处，但是由于世界范围内经济发展不平衡，很多发展中国家的经济仍然需要一定程度的关税保护，这一点已被关税与贸易总协定即 WTO（世界贸易组织）认可。

互联网的全球性的特点，无疑对国际贸易关税一体化提出新的问题，对于互联网上交付的产品和服务是否应该征税，各国之间争论很大。

互联网上的商贸缺乏传统交易中有形货物的清晰、确定的交易地理界线。就目前互联网电子商务的不同形式来看，如果通过互联网订购，但以邮递方式或其他传统方式交付的商品，仍然有可能征税。但是当货物或服务是以电子形式交付时，也就是在互联网上交付时，互联网的特殊结构就使得传统的税收法律很难适应。这种交易已经在跨国公司之间的许可交易中出现。例如，目前国际上大型的计算机软件公司，就其所需的软件在一定时期内进行一次性许可，授权其他跨国公司及其全球范围内的子公司在许可的范围数额内合法复制。这种许可方式与互联网的结合给相应的税收管辖提出了新的难题。因为作为软件用户的该跨国公司的分布在全球范围内的子公司在其总公司购买了许可之后，就可以合法地通过其全球连通的内部网，从总公司的服务器上下载软件，这种行为，从软件出版商的角度来看，是经过合法授权的。可是从该公司所在的主权国家的角度来看，却是对当地税收的规避。因为，如果所授权的软件不是从网上下载的，而是储存在整盒包装的光盘里从海关运进来的，按照大多数国家的现行法律，都要交纳一定的关税，那么这种现行税制是否应该移植到互联网电子商务上来呢？如果移植，有关税收当局又如何有效地实施征管呢？这些问题都需要研究。

互联网电子商务对传统税收法则的另一个冲击就是确定哪个国家对网上商务有税收管辖权。由于互联网电子商务的特征，如买卖双方身份的潜在秘密性，交易数额小，以及网上行为在现实空间中的不确定性，都注定了它将要加速目前国际税收管辖的一种趋势，那就是减弱来源地税收（source-based taxation），而倾向并侧重住所地税收（residence-based taxation）。

税收是一个国家经济主权的最基本体现，由于各国的发展历史、经济结构和发展战略的不同，一国不能将其国内政策简单地推行于域外，也不能无视电子商务的新特点而将税收法律完全脱离互联网现实之外。对互联网电子商务的任何税收应遵循以下几条最基本的原则：

① 为促进新兴的电子商务的发展，网上交易的税率至少应低于实体商品交易的税率。

② 网上税收手续应简便易行，便于税务部门管理和征收。

③ 网上税收应具有高度的透明性，有利于互联网用户的了解和查询。

④ 互联网上进行的电子商务的课税应与国际税收的原则相一致，应避免不一致的税收管辖权和双重征税。

第四节 电子商务的道德环境

开展电子商务的公司应该遵守其他公司都要遵守的道德标准，如果不遵守就要承受同样的后果：长期失去顾客信任并最终导致公司灭亡。这是任何忽视道德标准的公司都要受到的惩罚。通常说来，网上广告应该只包括真实的内容，不应该以任何方式忽略会影响潜在购买者对某个产品或服务印象的内容。如果广告中省略了重要事实时，真实的陈述也会被认为有误导作用。任何与其他产品的比较都应该由事实来支持。

决定网上广告政策时，道德方面的考虑是很重要的。通过互联网购物的顾客常常相互沟通，公司背离道德标准的行为会在顾客之间迅速传播，从而严重影响公司的声誉。例如，1999 年《纽约时报》刊出了一篇文章，揭露 Amazon.com 和出版商串通起来促销图书。Amazon.com 收取出版商 1 万美元，为其发书评并加入到推荐图书名单上，这属于 Amazon.com 合作广告项目。这条新闻披露后，Amazon.com 发表声明说它并没有做错任何事情，并声明这种合作广告项目属于出版商和书店的正常关系。但网上新闻组、邮件名录和在线新闻上的声讨铺天盖地。两天以后，在大多数大众媒体甚至还没有报道这件事以前，Amazon.com 宣布终止这种合作广告项目，并对所有购买了促销书的顾客无条件退款。虽然 Amazon.com 并没有任何违法之处，但其行为对许多顾客和潜在顾客来说是不道德的。

一、道德问题

为了搞清各种有争议的问题，首先必须理解一些基本的概念。法律问题和道德问题经常被混淆。事实上，它们有密切的联系，但又不相同。

法律是由政府制定，并且通过案件先例发展而成的（形成普通法的主体）。法律是严格的法定规则，在其司法范围内监管所有公民的行为。

道德是哲学的一个分支，它规定哪些事情是正确的以及哪些事情是错误的。多年来，哲学家们提出了很多道德规范，然而不道德的并不一定是违法的。这样，在很多情况下个人面临道德选择时不会考虑是否违法。在今天的复杂环境中，对正确和错误的定义并不总是十分明确。正是因为电子商务开创了一系列现有法律没有调整约束到的行为空间，所以道德就已经在这中间扮演了一种很重要的角色。许多这种行为被归入“灰色地带”。商人需要一种指导方针，借以规范特定情形下行为的合理性。请参考以下几种情形：

公司利用从 Cookie 和问卷中收集的信息来建立潜在顾客的列表，并将这些资料卖给广告商。有些列表并不准确，结果人们会收到大量不合时宜的电子邮件。

公司允许员工有限地为私人目的使用互联网，然后在员工无意识的情况下监视使用情况。

一家软件公司的总裁明知其开发的一种税收咨询软件有错误，仍在网上销售。结果一些用户税收申报错误，遭到美国国税局的惩罚。

这些行为是否被认为不道德，取决于其所处的机构、国家和特定的环境。

电子商务的传播带来许多新的道德问题。例如，在公司监视电子邮件的问题上就有很大的争议。显然，在是非标准问题上公司和个人有很大的分歧。

不同的国家对于道德问题也有很大的分歧。在一个国家认为是不道德的行为可能在另一个国家完全能接受。例如，一些西方国家比亚洲国家更加关心个人和他们的隐私权，而在亚洲一般更注重社会利益。一些国家，如瑞典和加拿大，有非常严格的隐私法律，而其他一些国家没有。例如在 1997 年，意大利、比利时、西班牙、葡萄牙和希腊只有最低限度的立法保护个人存放在政府和公司数据库中的个人信息，这阻碍了欧共体内部的信息流动。为了克服这个问题，在 1998 年欧共体委员会向所有成员公布了一个纲领，规定个人有权访问和修改他们自己的信息。

许多国家和专门组织制定了它们自己的道德规范，它是指导成员行为的一套准则。

为了改善“道德气候”，各公司和专业机构建立了自己的道德规范，它们包含了一整套准则，用于指导成员的行为。道德和法律问题对电子商务的成功是非常重要的。

二、诽谤

诽谤是一种有损于别人或别的公司声誉的虚假陈述。如果这种陈述损害的是产品或服务而不是人的声誉，就称为诋毁产品。在一些国家，对产品的真实比较也会被认为是诋毁产品。由于判断什么是诽谤和诋毁产品有很大的主观性，所以电子商务网站最好不要对其他人或产品进行负面的评价。正当的批评和诽谤之间的界限是很难确定的。

网站的设计者尤其要小心避免因改变他人的照片而带来的诽谤责任。大多数情况下，此人必须证明这种诽谤对他实际造成了伤害。但相关法律可以认为，这侵害了当事人的肖像权。因此，在互联网上对竞争者的陈述里如果有诽谤的因素，那么在决定发布之前应该小心地审查。

三、隐私权和责任

一般来说，隐私是独处的权利和不被他人干扰的权利。根据阿格兰诺夫（Agranof 1993）的定义，信息隐私（information privacy）是“个人、组织或机构声明关于他们的信息在什么时候、什么范围内可以传达给他人”。

在许多国家，隐私很早就成为一个法律和社会问题。对隐私的定义可以从广义的角度来解释，然而下面两条原则在过去的法庭判决中大体被遵循：(1) 隐私权并不是绝对的，必须在隐私和社会需要间权衡；(2) 公众知晓真相的权利高于个人隐私权。

互联网上的隐私问题会随着网络成为日益重要的沟通和商务工具而不断发展，也已经成为人们关心的焦点，如何保证商业秘密不被泄露或盗用、数据库的保密性、防止商业欺诈、电子签名的识别与防伪等都是不容忽视的关键所在。许多与隐私有关的法律问题还没有解决，许多论坛都对此激烈地争论。特别是在中国，这方面还存在很大的问题，不尊重别人隐私权的事件时有发生。近年来许多国家提出了许多关于网上隐私问题的立法提案。例如，美国1999年7月FTC发布了一个关于网站尊重访问者隐私权问题的报告，它指出很多网站都没有张贴隐私政策。

因为法律跟不上网络的发展，道德就成为网上隐私的一个重要问题。对个人行为的保密非常重要，因为网站能够收集到访问者的浏览习惯、产品选择和人口统计等大量信息。全球文化的差异导致对电子商务隐私的要求也不相同。比如在欧洲，大多数人希望自己提供给电子商务网站的信息只能用于当时收集这些信息的目的。许多欧洲国家都立法禁止公司在没有征得顾客同意的情况下交换顾客数据。1998年欧盟颁布了个人数据保护指导，将多数欧洲国家现有的宪法所赋予的隐私权力编成了法典。另外，它还禁止公司向欧盟以外的国家出口个人统计数据，除非这些数据能按照这个指导的精神继续得到保护。

一般情况下，电子商务网站在收集和使用顾客数据时应该慎重行事。1998年 *PC Week* 的一篇文章概括了处理顾客数据以方便网站管理者了解网站情况时应遵循的四个原则，即：

（1）使用所收集的数据来改进顾客服务；

（2）未经顾客同意，不要将顾客数据扩散到公司外部；

（3）明确告诉顾客你所要收集的数据类型及使用目的；

（4）顾客有权要求删除有关他的任何信息。

第八章　电子商务应用

第一节　电子商务与金融

一、电子商务与银行业

2005年6月，招商银行与阿里巴巴进行合作，招商银行将为阿里巴巴提供“票据通”、网上国内信用证、多模式集团现金管理等多种国内领先的金融服务，并协助其建立安全、高效、便捷的资金结算网络。

电子商务是传统银行变革与发展的巨大推动力，而网上银行的兴起则为前者的成长提供了必要的保障。招商银行自1995年涉足网上支付领域始，进行了大量的创新尝试，推出了一系列面向不同客户群的网上支付结算工具。

对于阿里巴巴来说，与招商银行的战略合作最直接的影响就是阿里巴巴和淘宝网的网上支付工具“支付宝”和招商银行系统得以实现无缝对接。“支付宝”是为了解决中国电子商务的诚信和支付问题而诞生，它希望通过吸收招商银行网银的优势和特色，可开发出更有价值、更高质量、更丰富的支付服务，成为中国人最实用的支付工具，进而在未来能够和海外支付巨头们相抗衡。

1. 网上银行

招商银行和阿里巴巴的合作是双赢的，招商银行提供针对电子商务的金融产品和服务帮助阿里巴巴建立更安全高效的支付平台，以提高阿里巴巴的竞争力，而阿里巴巴也为招商银行带来了丰富的客户资源。谈到银行针对电子商务提供的金融产品和服务，就不能不谈网上银行。

网上银行包括各类不是在实体银行里，而是在家中、工作中甚至路上开展的银行业务。网上银行的业务范围从支付账单一直到以电子化方式获得贷款。现在，世界上许多传统银行都提供各类网上银行服务。各银行的网上银行业务一般都分为个人网上银行（Personal e-Banking）和企业网上银行（Business e-Banking）。

个人网上银行具备的功能包括：

（1）在任何时间得到对账单。顾客可以方便地检查其经常账户、储蓄、信用卡和货币市场账户的状况。

（2）获得收费和信用卡结算单。用户甚至可以设定让其账户每月自动结清信用卡。

（3）付账。电子支付通常当天或隔天自动从账户里扣除款项。与每月寄送大量账单相比，电子支付的费用要低得多。

（4）下载账户交易数据。用户可以方便地将数据直接导入 Quicken 等财务管理软件。

（5）转账。不用再排队、填写存单和使用 ATM 机了。

（6）平衡账户。如果你经常忘记在 ATM 机上的提款数量，网上银行会帮助你管理账户，只要你将数据下载并导入自己的机器即可。

（7）向银行发送电子邮件。如果用户对自己的账户有疑问，那么可以向网上银行代表发送电子邮件。

（8）“银行工作时间”的新含义。顾客可以根据自己的时间表来管理资金和账单。

（9）在旅行时理财。顾客可以在路上访问自己的账户，甚至在不在场时安排付账。

网上银行为用户节约了时间和金钱。对银行而言，它提供了一种更经济的拓展业务的手段和获得外地顾客的机会。许多实体银行都提供网上银行服务，其中一些将电子商务作为主要的竞争战略。富国银行（Wells Fargo）就是一家这样的银行，它是加利福利亚的一家大型银行，从西部拓荒时期起这家银行就以其金融服务而闻名，截至2004年底它的总资产达4280亿美元，为美国第五大银行。富国银行是美国第一的抵押贷款发放者，第一的小企业贷款发放者，拥有全美第一的网上银行服务体系，是美国惟一一家被穆迪评级机构评为AAA级别的银行。富国银行宣称其战略就是发展网上银行业务。

2005年，富国银行再创业内先例，推出“我的开支报告”，这种新型个人理财管理工具充分利用了互联网的强大功能。通过这种免费的联网工具，客户可以随时随地查阅每日个人开支合并概要。“我的开支报告”可自动将购买项目和付款按客户熟悉的方式进行分类，使客户准确了解每日的开支归属，迅速掌握其富国银行账户内的开支规律。对于希望开支管理、理顺财务、计划未来的人来说，“我的开支报告”是一个很有用的工具。这是富国银行协助客户成功理财的又一种方式。

除了那些为自己增加在线服务的传统银行，还出现了完全在互联网上交易的虚拟银行。安全第一网络银行（Security First Network Bank，SFNB）是第一家提供网上安全支付的银行(sfnb.com)，美国其他有代表性的虚拟银行包括netbank.com和第一网络银行（First Internet Bank，fibank.com)。SFNB提供储蓄和支票账户、凭证取款、货币市场账户、联合账户和其他服务。为了吸引顾客，SFNB为凭证取款和货币市场账户提供非常高的利率和方便的信息服务。例如，如果你和你的父母共享一个账户，则当你离家以后，你的父母可以检查账户并存款和取款。你可以进行转账，检查过去的交易和信用卡，支付账单，查看所有账户的余额，并计算贷款和信用卡的利息。

2. 网上银行的未来

1998年，波士顿咨询集团（Boston Consulting Group，BCG）

进行了一项名为“信息高速公路和零售银行”的研究，描述了银行业充满了挑战的未来。由于在线交易成本可以比离线交易成本低，所以传统银行将面临危机。因而，必须建立成功的网上银行的战略。这种战略依赖于下列因素：

(1) 迅速建立银行、软件供应商、产品供应商和信息供应商之间的联盟。

(2) 在不忽视提高自身素质的前提下进行有效的外包，尤其注意客户信息系统。

(3) 特别注意带来高利润的顾客，为服务和产品开辟广阔的渠道。

(4) 在支付系统中保持中心地位。

研究显示银行有3种核心战略可供采用，它们是顾客代理、产品生产者、整合角色。

(1) 顾客代理。一些银行因为在金融产品生产和处理过程中处于不利的地位，所以认为自己无法达到规模经济。在许多情况下，它们往往选择放弃这部分业务。与这种选择相对应的战略是为顾客提供广泛的选择，包括产品组合和提供信息整合服务。

(2) 产品生产者。相反，有些银行认为自己在金融产品开发、生产和处理过程中可以达到规模经济，它们可能把自己定位成产品和服务批发商。

(3) 整合角色。只有那些拥有著名品牌，从生产到服务都占有优势的银行才能成为整合角色。波士顿咨询集团的研究表明：“银行必须考虑到如果它们出售第三方的产品来增加顾客的选择，那么销售额的增加可能弥补不了利润的减少。这种角色的一个例子是Fidelity投资银行，尽管它实力很强，但还是得满足顾客的需求，通过它的资金网络提供多种选择。”为此，许多银行将采用混合战略，但是每家银行都必须做出一个关键决策——哪些领域外包太危险，哪些能力必须靠自身来培养。

3. 网上个人金融

网上银行业务可以同时给企业和个人带来好处。个人经常把网上银行和个人资产管理以及个人金融结合起来。像嘉信这样的经纪公司提供诸如退休计划这样的个人金融服务，专门的个人财务软件公司则往往提供更广泛的服务（Tyson 2000）。例如，Quicken（来自 Intuit）和 Money（来自微软）软件都提供以下功能：

(1) 账单支付和电子支票签发。

(2) 跟踪银行账户、支出和信用卡。

(3) 证券组合管理，包括报告和资本利得（损失）计算。

(4) 投资跟踪和证券监视。

(5) 报价以及过去和现在的价格。

(6) 制定预算。

(7) 记录现金流以及收益和亏损的计算。

(8) 税收计算和准备（如 riahome.com 和 taxlogic.com）。

(9) 退休目标、计划和预算。

Quicken 是现在最流行的个人财务软件，除此之外还有很多更复杂的软件包，如 CAPTOOL（captool.com）。这些软件或者独立运行，或者与其他服务（如美国在线提供的服务）结合运行。

二、网上保险

2005 年 4 月初，国内首张全流程电子保单在北京正式问世，并签下了“第一单”。网上投保成功，即可获得人保财险签发的具有双方数字签名的电子保单，大大简化了投保手续。所谓全流程即整个保单的全部操作均可在互联网上实现。它的出现开辟了中国保险营销渠道的新模式，意味着中国保险业真正进入电子商务时代。

2005 年 4 月 1 日是《中华人民共和国电子签名法》正式实施的第一天，它的生效解决电子保单网络销售中的法律问题。此前，国内多家保险公司也推出过各种“电子保单”，但投保人不可能做到网上签名，因此不是真正意义上的电子保单。电子签名法的实施，使得电子签名和手写签名、盖章具有同等的法律效力，解决了网上交易的认证问题。

保险，作为金融业的一大支柱，一向以一种保守、稳健的形象出现在世人面前。因为，保险业是抵御冲击产业经济的自然灾害和意外事故的最后一道屏障。保险和信息是紧密相连的，保险是一种承诺、一种无形产品、一种服务商品，保险中的每个环节都离不开信息。信息技术的发展对保险业的影响是巨大的，特别是20世纪90年代以来，互联网技术的发展与普及日新月异，其中所蕴涵的无限商机使得无数商家纷纷把目光投向电子商务。于是一种全新的保险经营方式——网上保险应运而生。

网上保险是指保险公司或保险中介机构以互联网和电子商务技术为工具来支持保险经营管理活动的经济行为。

从狭义上讲，网上保险是指保险公司或新型的网上保险中介机构通过互联网为客户提供有关保险产品和服务的信息，并实现网上投保、承保等保险业务，直接完成保险产品的销售和服务，并由银行将保费划入保险公司。

从广义上讲，网上保险还包括保险公司内部基于Internet技术的经营管理活动，对公司员工和代理人的培训，以及保险公司之间以及保险公司与公司股东、保险监管、税务、工商管理等机构之间的信息交流活动。

1. 国外的网上保险

近年来在互联网上提供保险咨询和销售保单的网站在欧美大量涌现，网上投保量剧增。各国网上保险的发展势头也相当可观。

美国是网络保险发展的先驱。美国国民第一证券银行首创通过互联网销售保险单。安泰、友邦等国际保险网站建设颇具规模。美国加州最大的一家网络保险服务公司INSWEB提供28家保险商的费率咨询，1997年用户数为60余万，到了2002年增加到了300余万。INSWEB公司运作的在线保险市场，可以使消费者进行在线购物对比并获得保险公司承办的，包括车险和定期人寿险在内的大批保险产品报价。INSWEB为消费者和保险公司提供了一个电子化的匹配市场。

在网上保险服务的内容上，涉及信息咨询、询价谈判、交易、解决争议、赔付等；在保险品种上，包括健康、医疗人寿、汽车、财险等。同时，互联网还被用于公司内部的经营管理，决策人员开始利用互联网进行收集资料、统计分析、业务培训等。

美国在1999年的时候仅有0.2%的个人保单是在线销售的，网上保费收入仅占其总收入的0.039%。然而到2004年，这一比例已升至40%左右。从全球市场的角度预计，未来10年内将会有超过30%的商业保险业务和40%的个人保险业务通过网络实现。

欧洲网络保险的发展势头也相当可观。全球最大保险集团之一的法国安盛（AXA)，1996年在德国开始网上直销。世界第二大再保险公司——瑞士再保险公司则宣布，电子商务帮助该公司平均每年节省7.5亿瑞士法郎。英国于去年建立的“屏幕交易”网址提供7家本国保险商的汽车和旅游保险产品，用户数量迅速递增。由于电子商务已经开始动摇国际承保市场的整个流程，英国劳合社、国际承保协会和劳合社保险经纪人协会提出了激进的改革方案，明确规定在保费和理赔的会计方法和其他各个流程上应该考虑到电子商务的运用。

1999年7月，日本出现首家完全通过互联网推销保险业务的保险公司。这家保险公司由总部位于美国的AFLAC公司和日本电信共同投资设立和管理。这家名为aflacdirect.com的网络保险公司将利用AFLAC和日本电信的资源来开设一家服务对象定位于40岁以下客户的网站。在网站开通以后，网民可以直接通过互联网向网站投保或获取保险信息，利用在线计算计算保险金。

国外许多知名保险公司已经开始在保险业务特别是寿险营销中引进电子商务。通过网络媒体，传统的保险销售手段发生变革，保险公司不仅拓展了业务，更完善了服务体系。国际在线保险将持续热下去，据美国的行业协会分析，在未来十年内，超过三成的商业保险险种和近四成的个人险种将在互联网上在线交易。

2. 国内的网上保险

(1) 国内保险公司的电子商务

2000年3月9日，国内推出首家电子商务保险网站——“网险”（www.orisk.net），该网站由中国太平洋保险公司北京分公司与朗络电子商务公司合作开发。“网险”目前推出了包括网上个人保险和网上企业（团体）保险两大类30个险种。网上个人保险包括机动车辆保险、家庭财产保险、房屋保险、出国人员人身意外伤害保险、家庭人身意外伤害保险、学有所成两全保险；网上企业（团体）保险包括财产险、电脑保险、公众责任险、顾主责任险、产品责任险、展览会责任保险等。

2000年8月1日，国内首家集证券、保险、银行及个人理财于一体的个人综合理财服务网站——平安公司的PA18在京正式向外界亮相，其强有力的个性化功能开创了国内先河。

2000年9月22日，泰康人寿保险股份有限公司独家投资建设的大型保险网站——“泰康在线”（www.taikang.com）全面开通，这是国内第一家由寿险公司投资建设的、真正实现在线投保的网站，也是国内首家通过保险类CA认证的网站。2005年10月，泰康在线入选由《互联网周刊》主办的“2005中国商业网站100强”。

2005年中国互联网络信息中心发布的第16次互联网调查报告显示，我国网民人数已超过1亿。这一数据表明，我国网民人数已经进入到高速增长的阶段。对于保险业而言，如何抓住互联网飞速发展的契机，积极拓展保险销售渠道，大力推广网上保险，已成为未来保险业内竞相争夺的又一战略高地。

从国际上看，网上保险的发展历史虽然比较短，但速度非常快。国内保险公司在这一领域的发展还显稍慢，目前除了平安保险、泰康人寿、中保人寿和太平洋保险建立了自己的电子商务平台，其余各大保险公司的网站还处在一个产品宣传的角色上，离真正的电子商务平台还有很大差距。国内保险公司中在电子商务领域走在前列的当属泰康人寿和平安保险。泰康保险的“泰康在线”和平安保险的“PA18 新概念”两个电子商务平台投资都是上千万元的项目，他们已经具备了网上保险的基本功能，初步实现了网上保险，并且已经具有很强的竞争能力。

从网上服务来看，泰康人寿提供的网上服务比较全面，除了基本的产品宣传和保单查询、变更等功能外，还增加了续期缴费、网上投诉等功能，更体现了为客户服务的理念。

从网上投保的险种来看，泰康人寿于去年就开发出了适合网上投保的“亿顺”系列保险；而财险老大中国人保也在电子商务开通两周年之际隆重推出了网上专用的第二代 E 系列保险产品，并且是目前国内惟一的网上自助式组合保险产品。平安和太平洋在网上可投保的险种也较多。

从支付方式来看，四家保险公司的电子商务平台都能进行在线支付，也可以单到付款。中保人寿支持 17 家银行、60 多种银行卡的支付基金；泰康人寿还可以通过手机进行支付，方便了手机一族，而且其支付是通过上海环迅支付网关支付，能支持全国大多数银行的网上支付。

(2) 其他竞争者

中国加入 WTO 之后，外资保险公司也纷纷登录内地创办自己的保险网站。2000 年 9 月，友邦保险上海分公司网站开通 (www.aia.com.cn)，利用互联网为客户提供保险的售前咨询和相关的售后服务。

与此同时，由非保险公司（主要是网络公司）搭起的保险网站也风起云涌，目前影响最大的是一家由中国人寿、平安、太平洋、友邦等十几家保险公司协助建立的易保网（www.ebao.com）。它以中立的网上保险商城为定位，打出了“网上保险广场”的旗号，使保险公司、保险中介、保险相关机构都可以在这个平台上设立个性化的专卖区，客户只需要在一个网站浏览就可以完成对十几家国内大型保险公司的保险咨询，特别是其推出的保险需求评估工具，如同在线计算器，客户只要在网页上输入个人需求，服务器就能自动地列出各家保险网页，通过信用卡完成保费支付。

(3) 我国网上保险的模式

瑞士再保险公司（Swiss Re）出版的Sigma杂志2000年第5期关于网上保险的专题中，将目前国际上出现的网上保险模式归纳为以下6种：

① 保险公司网页或网站（单个保险公司的主页或网站）；

② 产品网站（金融和保险产品的综合性标准网站）；

③ 信息集合中心（网上保险经纪人）；

④ 网上风险市场（与商业伙伴分担大型风险）；

⑤ 分类销售网站（通过不同主题网站销售保险）；

⑥ 反向拍卖（拍卖保险需求）。

如果按照上述模式对国内目前的保险网站进行分类，网上太保、泰康在线应该属于比较典型的保险公司网站。平安PA18略有不同，虽然它也是由保险公司设立的网站，但PA18电子商务的种类，却并不仅限于保险产品，还涉及证券和银行产品，这一特点从它的网页设计中就可以清楚地看出来，因此，PA18似乎更接近于上述的第二种模式金融和保险产品的综合性标准网站。易保和网险从经营模式看，接近第三种分类网上保险经纪人，但两者之间也有不同，易保似乎更倾向于卖技术，而网险则更侧重于卖产品。迄今为止，国内还没有出现比较典型的第4～6种模式的网上保险网站，但有些网站进行过一些类似的尝试。

3. 网上保险的挑战

保险产品是一种或有产品，保险作用的发挥是以一定的概率而存在的。这决定给消费者带来的实际利益是一种或有利益。所以保险产品不是投保人主动购买的，而是更多地依赖于面对面的推销。网上保险的运作，与整个金融系统的网上运作状况息息相关，比如保费的网上支付，网上保单的安全认证和网上理赔的程序，保险公司的安全、保密问题，客户的个人隐私如何保护等等都是必须要解决的问题。

国内网上保险的应用还处于起步阶段，我国的网上保险业务还只能处于传统保险业务的补充地位，真正意义上的网上保险还需要一定的发展过程。

三、电子商务与证券业

网上证券服务是证券业以互联网等信息网络为媒介为客户提供的一种全新商业服务。目前大家普遍认同的网上证券主要是指网上证券交易，但实际上网上证券服务还应包括有偿证券投资资讯（国内外经济信息、政府政策、证券行情）、网上证券投资顾问、股票网上发行与推广等多种投资理财服务。

自从 1994 年美国的奥夫豪斯尔公司首先在网上开办了股票交易业务后，华尔街上的各家证券经纪公司纷纷通过自己的网络和交易系统向客户提供低成本的网上股票、基金、债券及衍生产品服务。嘉信理财（Charles Schwab）于 1995 年推出世界上第一个互联网在线交易——网上证券平台。当时那个平台很简单，属于一种比较原始的线上交易。到了 1998 年，网上证券经纪公司就超过了 100 家，美国上网的 2 500 万个家庭中有 1/5 进行网上投资，通过互联网进行的股票交易占个人投资股票交易额的 35%，股票网上交易量已占美国全部股票交易量的 14%，发展速度惊人。嘉信理财的客户资产规模在三年内翻了一番，股票市值胜过全球著名证券经纪商美林公司。到 2005 年，嘉信理财管理着高达 10 800 亿美元的客户资产和 700 多万个客户账户。

1. 电子商务给证券交易市场带来的便利

在以前的证券交易中，客户要下单的时候必须打电话给经纪人，经纪人将信息写在纸上，然后再交给交易人，交易人在这张纸上要打一个时间，打完后进行交易，交易完后再打时间，一层一层传回去，告诉客户这个交易完成了，整个过程大概要花 15 分钟。

而有了证券电子商务以后，客户选好了股票，只用鼠标点一下，前后不到一秒钟就完成了。这样交易就变得非常的便利。

互联网将证券业平民化了，每一个投资人都能上网查看所有的市场的信息，也有能力自己下单买卖，所以投资人完全有能力自己掌握自己的理财。嘉信理财也认为这是他们公司的一个重要的使命，即给投资人一个机会，给他们这个能力去掌握自己的理财人生，所以嘉信理财的理念和互联网带来的效益其实是很相配的。

互联网为投资者打开了国际视野，它使交易没有了距离。想想看，任何人只要有网络，他就可以不单是交易美国的股票，也可以进行日本股票、欧洲股票的交易。现在的投资人已经有一个全球观，全球投资市场都在他的掌握中。

2. 网上券商案例：史考特证券

2005 年，史考特证券再次被权威评级机构 J.D. Power and Associates 评鉴为美国投资者心目中最佳网上券商，它已经是连续六年获得此项荣誉了。

史考特证券公司成立于 1980 年，其前身为 Scottsdale 证券公司，当时只是一个小型证券商，经过十年的发展，分行数目增加 14 家。1994～1995 年被评为发展最快的 500 家私人美国公司之一，分行的数目增加到 57 家。1996 年，网络浪潮风起云涌时，史考特证券把握时机，开始向客户提供网络服务。但公司并没有因为网络的优势而忽视人性化服务。

如今，史考特证券已成为网上投资业的领导者，主要服务于那些自主做出其投资决定的个人投资者。史考特证券凭借低廉的佣金和为网上交易提供支持服务的遍及全美的分支机构而在业界独树一帜。截止到 2005 年 3 月，史考特证券在美国各地拥有了 228 家分行。在这 228 家分行中，目前有 33 家有专业的中文服务人员。史考特证券作为一个网络证券商，为什么还要花费大量资金建立分行呢？这是因为史考特证券不仅希望他们的股民能看得到他们，听得见他们，更重要的是要“摸”得到他们。失去了与客户人性化的接触和服务，再卓越的技术都不足以令客户满意。应该说人性化的服务与先进技术的完整的结合，树立了史考特证券在客户中满意度最高的证券商的形象。

客户可在史考特证券的电子交易系统内登录账户及下单，或在经纪人的辅助下进行交易。该公司的按键电话交易系统每周 7 天、每天 24 小时提供服务。此外，史考特证券的交易网站免费提供道琼斯实时投资资讯及实时报价和走势图。

根据 J.D. Power and Associates 提供的资讯，史考特证券 2004 年的排名再度超过竞争对手，其中包括交易执行和网站的容量以及客户满意度（包括费用、客户服务、诚信度和信息资源）。

3. 风险问题

电子商务的应用给证券投资交易降低了成本，增加了投资者的投资机会，但它还是存在某些方面的风险或者不足。

史考特证券公司从一台电脑，一天只有三五个人在线，到现在每分钟有 20 万的人在线，它所产生的冲击固然有正面的，但也有很多需要史考特证券时时注意的：

第一就是其交易平台的稳定性，在大规模的并发访问之下，要保持服务器稳定的工作。

第二是安全性，以前是最古老的方法，投资人打电话进来，由经纪人接单，所有资料以纸质文件锁在柜子里，现在状况不一样，全部在网络上，在服务器里。安全主要体现在如何保护客户的资料和公司营运的资料。

第三就是危机处理。现在股民已不只是局限在一个城市，一个区域，或一个国家了。任何的事情的发生，都可能会造成很多不便，比如说“9·11”事件。所以网上券商不仅要提供一个方便的、让股民进行交易的平台，同时还有责任要保障他们的安全，保障他们资产的安全。史考特证券有很多危机处理的措施，比如，服务器分在三个不同地方，有特别危机处理小组，不管在任何状态，任何危机发生，都要在 24 小时内让股民马上能进入他的账户。

第二节 电子商务在国际贸易中的应用

在阿里巴巴（Alibaba.com）的主页上，我们可以看到其口号是“Global trade start here”。在其竞争对手环球资源（GlobalSources.com）的中文网站上，我们也可以看到类似的口号“为买卖双方创造及促成全球交易”。

阿里巴巴是全球B2B电子商务的著名品牌，是全球国际贸易领域内大型的网上交易市场和商人社区。它拥有超过800万网商，遍布220个国家和地区，每日向全球各地企业及商家提供810万条商业供求信息。

环球资源也是大中华地区双边贸易的主要促进者。环球资源为专业买家提供采购资讯，并为供应商提供综合的市场推广服务。环球资源协助其超过430 000名活跃买家在全球供应市场进行更有效的采购，其目标是提供最多及最有效的市场推广途径并协助供应商推销产品给遍布230个国家，平时难以接触的买家。

环球资源为其所服务的行业提供广泛的媒体及出口市场推广服务，供应商采用公司四项基本服务，包括网站、专业杂志、展览会和网上直销服务进行出口市场推广。环球资源并同时提供广告创作、教育项目和网上内容管理等支援服务。

传统的国际贸易活动，每一笔交易涉及的主体一般包括买方、卖方、银行、运输、税务、海关、商检等部门，环节众多，业务过程十分复杂，效率低，周期长，越来越不适应当今国际贸易业务快速发展的需要。电子商务通过互联网将交易涉及的各方连成一体，把其中部分或全部的业务处理过程转移到网上。具体看来，电子商务应用于国际贸易有以下途径。

一、物色贸易伙伴

物色贸易伙伴是开展国际贸易的前提。在传统方式下，无论是买方还是卖方，为了寻找合适的贸易伙伴，必须付出极高的代价。而利用电子商务物色贸易伙伴，既可以节省大量的人力、物力的投入，而且还不受时间、地点的限制。一方面，企业可以通过建立自己的网站或借助有关国际贸易电子商务平台向全球范围内的潜在客户提供有关产品和服务的供求信息，吸引相关客户开展贸易；另一方面，企业可以主动上网搜索各种经贸信息，寻找到理想的贸易伙伴。随着电子商务的发展，一定程度上削弱了传统的“广交会”、“华交会”的作用。国内的进出口企业足不出户就可以找到国外的贸易伙伴，国外的客户也可容易地物色到最理想的中国进出口企业。

2003年，阿里巴巴发布了面向企业间商务即时通讯的服务“贸易通”。“贸易通”可使用户共享800万商人资源库，通过会员搜索功能，用户可以根据行业、产品关键字、地区等条件搜索商人，并且能够方便地将他们加入到贸易通的商业伙伴列表中，通过这个列表，商人可以和对方直接沟通、联系，甚至进行商务洽谈。通过维护这个列表，商人可以维护和管理自己的客户关系。用户通过贸易通能够共享阿里巴巴百万商人会员的资源。

二、电子采购

电子采购就是通过互联网管理公司的采购流程，实现企业对产品、原材料、非生产性产品及服务等的电子化、网络化采购。它可加强总公司与下属子公司及各职能部门有组织、有计划的统一管理，减少流通环节，降低成本，提高效率。一个发展完全的电子采购系统应可将采购的工作流程自动化。

Oracle Purchasing 系统是一套完整的电子采购解决方案，它可以帮助用户快速有效地处理采购申请、购买订单、RFQ、报价和收据，因而使用户能够将重点放在发展战略性供应商关系和管理采购过程上。

三、电子货物运输及跟踪

电子货物运输及跟踪一般是对通过口岸建立起对外贸易运输的内部网，货物的订舱、集装箱和船舶管理、货物跟踪、单证传输、财务及结算等运作过程都实施电子化。采用网上货物跟踪系统，使客户和贸易伙伴可直接进行查询以获得货物的状态信息，了解运输方面商业伙伴的数据信息，从而减少货物的库存时间，缩短货物通关时间，加快贸易流通。外经贸运输领域的电子化管理，使贸易链运作过程全方位地扩展了电子商务的应用。

联邦快递就是一个典型案例，当客户打电话给联邦快递的时候，只要报出发件人的姓名和公司的名称，该客户的一些基本资料和以往的交易记录就会显示出来。当客户提出寄送某种类型的物品时，联邦快递会根据物品性质向客户提醒寄达地海关的一些规定和要求，并提醒客户准备必要的文件。

联邦快递的速递员上门收货时，采用手提追踪器（Super Tracker）扫描货件上的条形码，而这些条形码是从 FedEx Power Ship 自动付运系统或 FedEx Ship 软件编制，说明服务类别、送货时间及地点。所有包裹在物流管理的周期内，至少在货件分类点扫描六次，而每次扫描后的资料将传送到孟菲斯总部的中央主机系统。客户或客户服务人员可利用 PowerShip 自动化系统及 FedEx Ship 软件发出电子邮件或查看互联网上联邦快递的网页，即时得到有关货件的行踪资料。这项技术不仅方便公司的内部管理，而且大大提升客户满意度和忠诚度。

四、网上支付

国际贸易中的网上支付对可以直接通过互联网传送交付的软件、音像、咨询服务等无形产品交易来说极为便利，可节省很多人员的开销。

五、网络营销

电子商务促进国际贸易营销创新，网络营销应运而生。网络营销是指电子商务在市场营销上的应用，也就是通过互联网进行市场营销。网络营销正在发展成为现代国际贸易营销的重要方式。

网络营销的最显著的特点就是网络互动式营销，网络营销帮助企业考虑客户需求的同时，还考虑企业的利润，寻求能实现企业利润最大化和最能满足客户需求的营销决策。新的国际市场经营环境要求企业必须把客户整合到整个营销过程中来，并在整个营销过程中不断地与客户交流。网络互动的特性使客户真正参与到国际贸易营销过程中成为可能，客户在整个国际贸易营销中的地位得到提高，客户参与的主动性和选择的主动性也得到加强。

六、在线售后服务

在线售后服务是将互联网用于售后服务，收集和储存客户和产品的信息存放在数据库，并将产品说明、技术报告和订购情况等信息上网，这使公司的售后服务人员有更多时间来处理更复杂的问题，对客户关系进行管理，还为企业提供新的业务增值，提升客户的满意度与忠诚度。

第三节 电子商务在服务业、出版业和知识传播中的应用

一、基于经纪人的服务

经纪人通常为获得佣金，充当产品或服务的买卖双方的中介。买方可以是个人或组织。最常见的服务包括旅行代理、职业代理、房地产代理、保险代理和股票市场经纪。代理商的主要功能是做市，将买家和卖家集中到一起。有些市场不能还价并要收取佣金，

如股票和旅游市场。职业代理将工作和求职者进行匹配，而房地产代理负责匹配、谈判和签订合同。

经纪人提供多种服务。例如，旅行代理属于信息经纪人，将信息从供应商传送给消费者，他们负责处理订单、收取费用、提供旅行帮助（如申请签证）和保险指导，有时还向旅行者提供健康和安全方面的建议。

完全电子商务一般定义为在产品、代理人和交易过程三方面都是数字化的。在交易过程中，只有当产品可以被数字化时（如软件和音乐）才能算完全电子商务。完全电子商务的潜在优势是巨大的，因为对全过程的自动化将使成本大幅降低；但在大部分情况下送货必须以实物方式进行，这使完全电子商务无法实现。然而，在服务业中大多数交易是完全电子商务，因为该行业处理的是可以电子化的文档。所以，相对于销售实物产品的行业而言，服务行业有更大的成本节约潜力。

银行和经纪行等服务业企业，由于整个供应链上的流程都可以数字化，所以在互联网产生之前就开始了在线销售。最初，银行等供应商向顾客提供带有客户端软件的磁盘，然后由顾客将软件安装在自己的 PC 上。顾客可以使用该软件通过专线（后来是通过互联网）访问供应商的数据库。再往后，公司允许顾客自己下载软件，而不再提供磁盘了。今天，由于浏览器具有交易过程所需的所有功能，所以不再需要额外的软件了。

在 B2B 和 B2C 模式中，电子商务都允许客户直接访问服务提供商。这样，许多代理或经纪人的增值服务可以被自动化。随着越来越多的人使用电子商务，各种人工代理将消失，因为他们的工作正不断被科技手段取代。

二、旅行服务

良好的计划和选购可以帮助旅行者节约一大笔资金。Internet 是计划、探索和安排几乎任何旅程的理想场所。顾客可以绕过旅行代理直接与服务提供商进行交易，从而节省开支。

1．提供的服务

在国内，比较著名的旅游服务网站有携程旅行网和 e 龙旅行网。

携程旅行网是中国旅游业第一家在美国纳斯达克上市的公司，其总部设在中国上海，下有北京、广州、深圳、香港四个分公司，并在全国 20 多个大中城市设有分支机构，现有员工 1500 多人，是中国最大的旅游电子商务网站，最大的集宾馆预订、机票预订、度假产品预订、旅游信息查询及打折商户服务为一体的综合性旅行服务公司。

e 龙旅行网是中国领先的在线旅行服务公司，业务范围覆盖全球酒店及机票预订、休闲度假产品、特约商户、集团差旅等服务。e 龙总部设在北京，并在上海、广州、深圳、南京、杭州、成都、武汉等城市设立分公司，目前公司有员工 1500 多人。e 龙可以提供国内 220 多个城市的 2600 多家星级酒店及海外 108 个国家和地区的 40 000 多家星级酒店价格低至 2～7 折的预订服务；e 龙机票预订现已实现北京、上海、广州、深圳等 50 个中国主要商务旅游城市的出票、送票服务。依托自身丰富且具有竞争力价格优势的酒店及机票资源，e 龙推出了以“机票 + 酒店”为核心的自助休闲度假产品，从北京、上海等地出发，覆盖国内所有热点旅游城市的主要景点。2004 年 10 月 28 日，e 龙成功在美国纳斯达克上市。同年 12 月，全球最大的在线旅游服务公司 IAC 旅游公司对 e 龙的累计投资达到 1.67 亿美元，获得 e 龙 52% 的股权。e 龙将自身已有的国内旅游服务网络与 IAC 丰富的海外旅游资源、先进的服务理念及服务技术紧密结合，为会员提供高品质的出行服务。

在线旅行代理可以提供所有传统旅行社的服务，从提供一般信息到预订机票、安排食宿和娱乐。此外，有些服务是传统旅行社无法提供的，如在线旅游论坛、电子旅游杂志、费用比较、费用跟踪（当费用降到令人满意的程度时通过电子邮件通知顾客）、全球地址查找、购买旅行用具和书籍、重要的国际旅行新闻、各个国家的行车路线等。

2．拍卖和竞标

互联网带给航空公司的最大好处可能是公司可以在网上进行折价促销甚至最后一分钟折扣。大部分美国航空公司都通过电子邮件或网上拍卖的方式进行折价促销。这样航空公司可以有效地销售这些机位，保证飞行的保本点。

美国航空公司（aa.com）在淡季将某些航线的机票进行拍卖，还提供“最后一分钟折扣”（Last-Minute Packages）；国泰航空公司（cathaypacific.com）将一些竞争激烈的航线的机票进行拍卖，并在网站上提供最新报价，还有一些机票则以半价限量出售。

Priceline.com 是一家提供反拍卖服务（Name Your Own Price）的网站，它要求顾客指定他们愿意支付的票价和房价水平，并要求顾客对旅程的时间、航空公司和酒店的要求较有弹性（如不能指定某间酒店）。顾客同时承诺一旦 Priceline.com 找到了符合要求的价格会接受交易。顾客在定下旅程目的地和来回时间后，可以先调查清楚有关的机票及酒店价钱，再到 Priceline 定出低于市价的合理价钱，一小时内便会得到回复，若 Priceline 无法找到适合供应商，消费者无须付任何费用。

Priceline 还提供最低价保障服务（Hotels Best Price Guarantee），该服务保证，一旦顾客在其他网站发现同一家酒店在同一天和相同条件下的收费标准比 Priceline 提供的价格更便宜，Priceline 将支付其差价。

Priceline 不是类似 eBay 的拍卖类电子商务企业。Priceline 创始人 Jay Walker 认为：Priceline 是目前世界上存在的第六种价格体系。这六种价格体系包括：易货贸易价格、零售价格、市场价格、拍卖价格、RFP 价格（Request for Proposal）和 Priceline 价格。其中，RFP 价格是指“所有人都向我出价，我从中挑一个价格”；拍卖价格是指所有买方均向卖方出价，最高的价格是成交价格；

Priceline是一个价格批发商，是一个价格系统，它使所有的买方都设一个可能成交的价格，由卖方来决定哪一个是成交价格。这样Priceline并没有减少供应商的品牌价值，也没有降低商家对于那些非过剩商品收取全额费用的能力。低价是一个驱动器，它可以使客户确立价格和价值间的交换，这就是Priceline.com存在的原因。

3. 好处和限制因素

在线服务给旅行者带来了巨大的便利。免费信息的数量惊人，而且可以在任何时间、任何地点得到。如果有足够的时间和耐心，还可以得到很多折扣。将来，消费者将能进行虚拟现实奇幻旅行。

在线服务也有自己的限制因素。首先，有些人并不使用互联网。其次，网站的目的是销售产品，而不是提供信息，因此顾客往往花了时间却无法找到自己想要的东西。最后，一些复杂的旅行需要专业知识和特别安排，这需要由经验丰富的人工旅行代理来帮助完成。

4. 公务旅行

公司可以使用上面提到的所有服务。然而，许多大公司还接受大型旅行社提供的额外服务。为了降低公务旅行成本，公司可以安排让员工自己计划和预订旅行活动。借助旅行公司在网上提供的优化工具，公司甚至能进一步降低成本。卢森布鲁斯等公司提供的旅行核准软件可以检查资金额度以及与公司规章的符合程度。

公务旅行市场发展非常迅速。Oracle公司的e-Travel服务提供软件，帮助管理在线订票并使之自动化。美国运通公司（American Express）与微软和MCI合作，提供一套名为AXI的交互式旅行预订系统，它能显示航班座位图、酒店位置图、附近保健俱乐部的信息和天气情况。在努力降低公司客户成本的同时，AXI为每位旅行者的偏好建立档案，力图使旅行者和公司管理人员都感到满意。运通公司、卢森布鲁斯公司与航空公司及其旅行公司展开了竞争。例如，Sabre控股集团（Sabre Group Holding，属于美国航空公司）就向企业客户提供可观的折扣。

5. 电子商务对旅行业的影响

布洛奇和萨格夫（Bloch and Segev）采用波特的竞争优势模型分析了电子商务对旅游业带来的影响。根据波特的模型，在任何行业中都有5种基本竞争作用力：新进入者、替代产品、买方还价能力、卖方还价能力、行业中现有的竞争对手的竞争。布洛奇和萨格夫建立了一个适合旅游业的分析框架。他们首先集中研究行业环境，然后对竞争对手的反应进行分析，最后分析公司的战略。

这种方法也适用于其他行业，但尤其适用于旅游业。事实上，电子机票的使用使得1998年的佣金收入大幅度降低，而且自1995年以来，旅行代理的数量明显呈下降趋势。信息技术已经很明显地使整个行业发生转型。电子化的航空公司订票系统是最大的民用信息系统，现在顾客可以直接通过互联网访问该系统，并获得那些通常由旅行社提供的服务。

布洛奇和萨格夫从供应链的角度分析了旅游业。分析主要涉及4个角色：供应商（航空公司、酒店）、销售商（旅行代理）、辅助机构（保险公司、会议组织者）和顾客（公司、个人）。根据旅行目的（休闲或公务）或安排方式（个人或团体）的不同，每个角色都可以再划分出几个小类。

通过总结前面描述过的一些应用（如在线订票或接收低价票信息），布洛奇和萨格夫将该行业受到的影响归纳为：

（1）提供低价的旅行。

（2）提供更个性化的服务。

（3）通过使用多媒体使顾客更加了解产品。

（4）通过无纸化操作节省费用。

（5）使在家获得信息更方便。

（6）支持以顾客为中心的战略的实现（如目标广告和产品集成）。

这些影响会为新的商业模式和进入者创造机会。布洛奇和萨格夫预言我们今天所了解的旅行代理将会消失。但是他们提供的增值服务不会被自动化，这些服务将会由新的组织提供。例如，这些新的组织将服务于特定的目标市场和顾客，能提供多种产品、服务和娱乐的网上旅行超市可能会加入该行业，顾客可以在家里选购。

三、网上求职和网上人才市场

“我们在寻找才华卓著的你”，这是 Google 在 2005 年的招聘广告，它以 Google 一贯的简洁风格，出现在一些著名网站的显要位置。现在通过互联网发布招聘信息和投递简历已成了普遍的做法。网上人才市场是世界上最大的市场之一，连接着寻找特定员工的雇主和寻找工作的个人。

1. 网上人才市场的驱动力

传统人才市场一般通过报纸广告来传递信息。下面是它的一些缺陷：

(1) 费用。报纸广告一般很贵。

(2) 生命周期。如果不另加费用续租广告，广告的生命只有几天或几周。

(3) 地点。大多数广告是本地的。全国广告很贵，国际广告就更贵了。

(4) 信息有限。由于费用的原因，报纸广告提供的信息非常有限，可能无法吸引一些求职者的注意力。

(5) 搜索。收集所有相关的招聘或求职信息非常耗时，寻找外地人才信息尤其困难。

(6) 寻找求职者。在互联网出现前，大多数求职者都不为自己做广告，有些求职者则会主动向企业递交申请和简历。这种情况使企业很难找到自己需要的员工。企业不得不求助于职业代理，并支付高昂的佣金。

(7) 匹配。匹配应征者和空缺职位以及匹配劳动力的供需是很困难的。

(8) 丢失或过时的资料。一些申请或答复信可能迟到或丢失。

收到的求职信可能很快就过时了。

(9) 速度。信件联系的速度很慢，处理大量申请也很费时。往往是当求职请求被考虑时，求职者已经找到了另外的工作，或者申请人因为害怕等待太久而接受了不甚理想的工作。

(10) 比较。比较可选职位的薪酬对于求职者而言很困难，有时几乎不可能。

2. 网上人才市场

互联网为求职者和招聘企业提供了理想的环境。网上人才市场对技术导向的公司和职业尤其有效，然而在网上还有许多其他类型的公司为自己的空缺职位做广告、接收简历和求职信。这种网上人才市场被以下几种人使用：

求职者。求职者可以通过电子邮件回复招聘广告，或向新闻组成员发送消息请求推荐自己，或使用类似 monster.com 的职业介绍网站。

雇主。许多公司在自己的网站上做招聘广告，其他公司则利用热门网站、在线服务、BBS 和职业介绍网站等渠道做广告。雇主还可以在网上召开宣讲会或进行笔试。

职业介绍网站。数以千计的职业介绍所正活跃在互联网上。它们将空缺职位的介绍以及自己服务的广告张贴在其他网站上。招聘者还使用新闻组、BBS、网上商业简历服务以及雅虎和美国在线这样的门户网站。

政府机构。许多政府机构在网上公开招聘，另外还使用网络帮助求职者寻找其他工作机会，比如中国香港。

中国网上人才市场拥有巨大的发展空间，据权威机构分析，2004 年中国网上招聘的市场规模已经达到 5.5 亿元人民币，预计到 2006 年将增长到 16.9 亿元人民币。中华英才网作为国内最大网上招聘企业，每天提供超过 25 万个有效职位需求，拥有超过 300 万个人会员和超过 28 万家企业会员。

2005 年，全球最大的招聘网站 Monster 以 5 000 万美元收购了中华英才网40%的股份，向中华英才网注入了先进的网络招聘服务理念、产品技术和管理方法。获得Monster的战略投资之后，中华英才网的背后是覆盖全球的人才资源库和人力资源服务网络。

四、在线房地产

房地产行业开展电子商务有诸多优势：首先，通过房地产网站强大的房源搜索引擎，购房者可以快速、准确地搜索楼盘，在更短的时间内获得更多准确的房产信息，从而提高购房者的效率。其次，购房者可以根据自己的标准来排列、组织和对比房产信息，并能预先看到房屋的内外设计结构，缩短了购房者的决策过程。再次，房地产网站可以提供业主社区和论坛，为业主和准业主提供一个相互交流的平台，在这个平台上，购房者可以获得在开发商那里无法获得的信息，还可以让业主走到一起进行团购团签。最后，房地产网站可以提供更多的相关信息，比如房地产项目信息和房地产新闻，还有装修、建材和贷款等方面的知识。

另外，建筑商现在利用虚拟现实技术，在自己的网站上对房屋的购买者展示房屋的三维立体图。这种技术能够让买方有身临其境的感觉。

1. 房地产方面的应用

一些有代表性的网站提供许多服务，如国际房地产目录和新闻，商业房地产目录，帮助他们购买或出售房屋，提供抵押贷款的比较、计算和其他金融信息，在多个数据库中搜索住宅信息，提供地图，将房地产交易完全自动化，允许用户通过虚拟现实技术查看房屋，以及在网上批准用户的贷款请求等。

在国内房地产电子商务方面走在前列的是搜房网(www.SouFun.com)。2005年6月，搜房网在全球网站权威评测机构Alexa全球排名为136位，为全球访问量最高的房地产网络媒体。

搜房网的业务涵盖了新房、二手房、租房、别墅、写字楼、商铺、家具、装修装饰等行业。购房者或租房者可以根据自己的需求来组合条件进行查询，还可以获得大量房地产和家居业的相关信息。另外，搜房网还开了一个团购团签社区。对于开发商，搜房网则提供如下的服务：房地产网络营销顾问——网络广告服务，房地产项目挂牌服务（Listing Services），房地产网络全面解决方案（TWS），房地产创新、分析、评价与整合推广服务。

除了搜房网外，顺驰置业集团作为一家以二手房交易和商品房销售为主营业务的房地产经纪机构，在其线下门店已具规模的情况下也集中发力线上平台，推出了顺驰置业网，并和新浪网进行合作，将企业全部业务与网站进行整合。在2005年，顺驰置业网获得了软银亚洲和凯雷的4500万美元共同投资，其中3000万美元来自于全球互联网淘金者日本软银。

2. 房地产抵押贷款

在住房抵押贷款市场，有众多公司在开展竞争。一些在线公司在这个领域十分活跃（例如lendingtree.com、eloan.com）。许多网站提供贷款计算器。Priceline.com为房屋贷款提供"自定价格"模式。还有一个例子是，一家新加坡公司把贷款者集中起来，在网上进行一揽子投标。一些机构在10分钟之内就在线批准了贷款，并在5天内办妥了手续（如homeside.com.au）。

五、网络出版

网络出版是指通过互联网以电子化方式传送报纸、杂志、书籍、新闻、音乐、录像和其他数字化信息。它通常和广告联系在一起，因为在大多数情况下它是免费提供的，出版商需要将人们吸引到附带广告的网站上以获得收入。

1. 网络出版的模式和方法

网络出版模式包括在线文档方式、新媒体方式、出版中介方式及动态（或准时）方式。

在线文档方式用于在线发布图书馆目录或书目数据库这样的数

字化文档，它基本上就是把纸质出版物搬上网。

新媒体方式可以为任何问题或主题添加额外的分析和补充信息，比传统的杂志提供更多信息。新媒体方式的应用之一是提供集成的超文本链接，提供相关的故事、主题和图片。它很容易被定制和个性化。

出版中介方式可以被视为新闻服务的在线目录，它可以帮助人们在网上找到产品和服务。网景公司和其他门户网站就提供此类服务。

动态方式（也称准时或点播送方式）是另一种网络出版方式。通过这种方式，内容可以被实时个性化，并以最适合用户所在位置、口味和偏好的格式进行传播。

2. 内容提供商和发布商

网络出版涉及内容提供商和发布商。此类服务由该领域的多家公司提供（如 akamai.com、digisle.com 和 edgix.com）。内容提供商面临的主要挑战是进入那些由于难以用多媒体表达而基础设施落后的领域。另外，知识产权的付费问题对于内容发布的成功也是至关重要的。在这个领域中值得一提的是 digimarc.com，它提供了一种工具将印刷出版物与 Web 相连。

3. 音乐出版

互联网是一种出版音乐、录像、电子游戏和相关娱乐的理想媒体。2005 年 6 月普华永道发布的报告显示，到 2008 年年底亚太地区的音乐市场规模将达到 53 亿美元，其中数字分销市场将达到 5.04亿美元，占音乐消费市场总额的近 10%，而中国和印度是增长最快的国家。这里的一个主要问题是知识产权费用的支付问题。2005 年就发生了香港七大唱片公司状告百度侵犯信息网络传播权的案子，七家唱片公司就百度的 MP3 搜索引擎是否涉嫌侵权与百度展开了激烈辩论。

然而苹果公司则找到了令唱片公司和用户都满意的商业模式。该公司推出的苹果 iPod 风靡世界，从根本上颠覆了传统的音乐载体。每一款 iPod 的推出都令全世界的音乐爱好者为之着迷。

4. 文档数字化传递

许多企业提供在安全环境中传递数字文档，包括美国邮政服务公司（U.S. Postal Service）、联合包裹运输公司（UPS）和像 e-Parcel（eparcel.com）这样的小公司。例如，UPS 使用 128 位加密手段和软件进行数字签名、认证、公证和抗抵赖，提供电脑到电脑的安全文档传输（exchange.ups.com）。UPS 的另一种产品——Courier 的安全程度较低，能够在任何两台电脑间传输文档。UPS 是一家受信任的第三方服务商。

5. 教育式娱乐

网络出版还发展到了其他领域，加入了教育式娱乐和推广技术的概念。教育式娱乐（Edutainment）是教育、娱乐和游戏的结合体。教育式娱乐的目的是让学生主动而不是被动地来学习。在主动学习过程中，学生更深入地参与学习，这使其学习经历更丰富，掌握的知识也更牢固。教育式娱乐的指导思想是"嵌入式学习"，它帮助学生在不知不觉中学习知识。教育式娱乐覆盖了主动学习的多个学科，如数学、阅读、写作、历史和地理。教育式娱乐适合不同年龄的人群，从 3 岁小孩到成年人，也可以用于企业内联网上的培训。Software Toolworks 公司就是一家教育式娱乐产品供应商。

6. 在线印刷

有许多公司提供一站式在线印刷服务。iprint.com 就是一个例子，它与多个商业伙伴合作提供各类印刷服务。iprint.com 能自动集中客户的订单，这使它得以降低成本和价格。它的主要客户之一是 NBA 达拉斯小牛队。在国内，有快印通（print86.com）和美程在线印刷等在线印刷公司。客户需要先在网站上免费注册为会员，再上传需要印刷的电子文件，然后下单及汇款，在线印刷公司收到订单和汇款之后就可以进行印刷了。

7. 电子书

2002 年，美国电子书年销量超过 22 万本，2004 年超过 42 万本。2004年秋季，Google宣布推出要将全球的图书资源数码化的宏大计划——“Google出版商”项目和“Google图书馆”项目，2005年11月3日宣布正式推出全球第一家网上图书馆，引发了全球出版行业的关注和争论。

与此同时，亚马逊公司也展开了自己的图书上网计划，宣布将在2006年推出两项网络版图书业务。

“亚马逊页面”（AmazonPages）服务改变了人们以往购书必须买整本的方式，“化整为零”，使消费者能够购买自己选择的页面或章节的网络版图书。例如，学生只需买自己所需要阅读的章节，工具类图书的使用者也可以只购买书中与解决问题有关的部分。而“亚马逊升级”（AmazonUpgrade）服务则可以让消费者将所购的实体书“升级”为实体书加网络版的套餐，例如一本定价约20美元的书，只需再加1.99美元，消费者就能获得可以在任何时间、任何地点在网上阅读的网络版。

在国内，电子书领域的冰面下依然是暗流涌动。中国内地2005年出书20万种，电子书发行近15万种。电子书出版主要集中在教育和数字图书馆等领域，国内四大电子图书出版商方正、超星、书生、中文在线，占据了全国90%以上的电子书出版份额，而传统出版商大多只是电子书的内容提供者。

六、知识传播、远程教育和其他在线服务

1. 虚拟教学和在线大学

远程教育（distance learning）或在家学习的概念并不新鲜。教育机构早在几十年前就开始提供函授学位。信息技术和互联网已经拓展了这种远程教育的机会。在线大学或虚拟大学（virtual university）的概念发展得很快。许多现有的大学，包括斯坦福和其他顶级大学，都提供了在线教育。一些大学，如加利福尼亚州立大学，在互联网上为几十个国家的学生提供上百门课程和相应的学位。其他大学只提供数量有限的网上课程和学位，但在传统教室中使用了

创新的教学技术和多媒体支持。

虚拟大学允许各大学为全世界的学生提供教育服务。另外，我们可能很快就会见到“综合学位”，学生可以根据自己的需要定制学位，并在不同的学校学习课程。

麻省理工学院早在2001年春天就宣布将公开所有的课程内容，通过互联网让每一个人免费享用。最初，它们通过一个小规模的测试站点，尝试着公布了50门课程，就已经引起了世界范围的关注。2003年9月30日，麻省理工学院正式向全世界公布多达500门课程的全部内容。公开课程材料的概念，就是把麻省理工学院所有本科生和研究生阶段的课程内容转换成基于网络的形式，通过互联网进行发布，以便公开并免费地让世界各地的人都能利用。到2007年，将会发布1800门课程，这大概是麻省理工学院的所有课程。这些公开的课程材料涉及大约30个不同的学科，每门学科都有对应这门学科的不同的课程内容，充分展示了每一位学院教授的不同教学风格。所有的课程至少包括一个教学大纲，课程的日程安排和讲课记录，许多课程还有一种或多种辅助内容，甚至还有辅导和讲课的视频实况。

但公开课程不是远程教育，不需注册、登记，也没有学分或学位，世界各地的学生、教授、研究者，都可把它作为共有资源进行学习、改编、参考，但引用材料时要注明出处。目前，麻省理工学院的公开课程材料已经被十几个国家翻译成了本国的通用语言，如西班牙语、葡萄牙语、蒙古语、乌克兰语、德语等。麻省理工学院公开课程材料表达了学院关于教育是可以通过不断扩展接触信息的途径，并不断鼓励更多的人参与来得到发展的信念，体现了其服务于社会和人类的基本教育使命，旨在构建一个“共享的知识园地”。

2. 在线指导和咨询

这是一个发展相当快的领域。上万名各类专家通过互联网以相对低廉的价钱出售他们的知识。下面是一些例子：

医疗指导。在线健康指导公司（Kasamba.com 和 Keen.com）

为公众提供来自一流医疗专家的咨询。

管理咨询。许多咨询公司（如 Aberdeen.com）正在出售其知识库中积累的专家知识。

法律指导。由咨询机构为个人和公司提供的法律指导有相当大的发展前景。例如，亚特兰大的 Alston&Bird 法律公司与其他 12 家法律公司合作，为一家大型医疗保健公司和许多其他客户提供法律咨询服务。

专家服务。一些站点提供各种专家服务，有一些是免费的。例如，guru.com 是一个由法律、财务、税收、时尚和其他领域专家组成的工作组。它集中了超过 20 多万名各类专家。

财务指导。许多公司提供广泛的财务指导。例如，美林在线（Askmerrill.ml.com）提供了一些免费的公司研究报告和分析。

七、非中介化和再中介化

传统意义上，中介提供交易的基础设施（如销售网络），他们管理着匹配买卖双方需求的复杂过程。电子商务的引入使得许多由中介提供的服务都被自动化。这是否意味着旅行代理、房产经纪人、职业介绍人、保险经纪人和其他类似的工作都会消失？我们将取消中介的过程称为非中介化。非中介化是否也会波及到经纪人？很有可能。我们看到传统的采购代理人在新的系统中可能找不到位置。另一方面，只有大客户才能参与到像加州大学那样的期刊采购系统；较小的购买者需要借助传统代理人或者集中代理人来进行集体采购。许多代理人将失去他们的工作，而其他的将幸存下来，甚至更加兴旺。布洛奇等（Bloch et al.1996）认为代理人的角色将会变得更加侧重于增值服务，例如：

- 帮助顾客比较来自多个来源的产品。
- 提供结合多个供应商的服务来提供完全解决方案。
- 提供认证、守信的第三方控制和评估系统。

通过这种方式，代理的角色在一种被称为再中介化的过程中被改变。这些价值增值服务需要综合的方法。综合是指在非常了解顾客的需求的情况下，为顾客提供一套产品，如提供股票投资组合。例如，旅行代理会为旅行的全过程提供服务，包括预订高尔夫球场地和购买展览票。银行会提供一揽子金融产品，职业代理会帮助顾客完成简历，提供税收、养老金和保险方面的建议。

一些公司试图减少非中介化。例如，美林公司正在努力加强顾问和顾客之间的关系，而常规的在线公司是无法提供这种关系的。正因为如此，美林公司的许多客户继续保持两者之间的信任关系，而不是转向相对低廉的在线经纪人。这种现象是再中介化的另一个例子。

在基于代理的交易中，中介的问题是更广义的互联网中介问题的一部分。根据德克萨斯大学电子商务研究中心的调查问卷，在电子市场中有两种中介商：一种是将真实的市场延伸到虚拟的世界。例如，对应于真实世界的目录服务、黄页和购物指南，出现了虚拟的搜索服务和电子邮件；认证授权服务对应于真实世界的公证人认证等服务；电子银行和数字信用卡服务把支付清算功能延伸到了互联网上。

另一类中介商正在超越单一的网络化市场功能。他们或者把真实市场的价值链分解成一些小部分，或者把它们组合成其他新型的服务。例如，零售商的功能不仅限于分销。玩具零售商除了销售玩具外，还会展示该类玩具的全系列产品，因为买方希望以此进行比较。所以，如果你想避免和每种玩具的生产商打交道，那么还得需要零售商。

零售商在销售产品的同时还用自己的声誉保证其质量。有时候，这种保证在业务中起到了更重要的作用。例如，当认为 CNN 和《纽约时报》上的新闻是高质量的时，还会相信那些不知名网站提供的新闻吗？CNN 和《纽约时报》实际上只是收集、包装和发布新闻、信息的中间商。在信息时代，它们不能也不应该希望继续控制市场。网络版的 CNN 和《纽约时报》可能会成为数字信息的可信来源，但是它们的价值创造过程受到真实世界需求的影响，如搜集信息的费用、时间和地点的约束、广播和印刷媒体的特点、占优势的靠广告支持的商业模式。但是，新闻业正在改变，CNN和《纽约时报》最大的资产是它们的质量声誉，由此它们可以成为数字经济中的终极信息中介。

第四节 电子商务在拍卖中的应用

你想和沃伦·巴菲特共进午餐吗？

在2005年为期一周的“与沃伦·巴菲特一起午餐”的网上拍卖活动中，这个与“股神”巴菲特共进午餐的资格最终以351 100美元成交，这是eBay又一次成功的天价拍卖，eBay网名为“hanka3153”的人赢得午餐资格。他将在纽约、奥马哈、内布拉斯加任选一地与巴菲特一起午餐，并允许带最多七名朋友。

此拍卖是巴菲特本人的主意。从2000年开始“与沃伦·巴菲特一起午餐”的拍卖就在美国的拍卖会上屡屡成功上演，从2003年开始拍卖地点改在了eBay网上。巴菲特称拍卖所得将全部用于救助贫困、饥饿和无家可归的人。

eBay十年来改变了人们的生活方式，也造就了它在C2C市场的垄断地位，不过现在这种地位正在受到挑战。随着Yahoo!、Google、Amazon、overstock.com等相继加入战团，C2C的竞争日趋激烈，overstock.com推出了自己的拍卖网站，服务费用仅为eBay的1/3。Yahoo也推出了免费的C2C服务，吸引了很多eBay的用户“倒戈”。

在中国市场，eBay同样面临着激烈的竞争。2005年9月，腾讯C2C网站“拍拍网”（www.paipai.com）悄然上线。拥有4亿注册用户的腾讯开始闯入电子商务领域，与淘宝网、国际巨头eBay展开正面较量。2005年10月20日，淘宝网宣布从即日起继续免费三年。同时阿里巴巴公司宣布，对淘宝网追加10亿元人民币的投资，并在未来3年通过淘宝网的个人网上交易，给中国社会创造100万个就业机会。另外，当当的C2C平台也正式上线。

一、拍卖的基本原理

拍卖（auction）是一种买主进行投标而卖主提供产品的市场机制。在拍卖中，最终价格是通过竞争确定的。各类开展拍卖的在线市场都符合该定义。拍卖是经过几代人建立起来的一种商业模式，专门处理传统营销渠道无法有效处理的商品和服务。拍卖可以加速处理那些需要清算或者需要立即出售的商品。它可以向买卖双方提供通过传统渠道无法获得的交易机会，并且保证合同的执行。

互联网为以低成本执行拍卖，以及为容纳众多买家和卖家提供了基础设施。个人和公司都可以参与这种发展迅速和非常方便的电子商务。

1. 传统拍卖

传统拍卖，无论属于哪种类型，都有一些限制因素。例如，出售一件物品的过程通常只持续几分钟甚至几秒钟。在这么短的时间里潜在买家几乎没有时间做决策，因此可能不会投标；因此，卖家可能无法得到最高的价格，而竞拍者可能得不到真正想要的东西，或者支付价格过高。而且在许多情况下，竞拍者没有足够的时间对物品进行检验。因为竞拍者通常必须亲自出现在拍卖场所，所以许多潜在竞拍者被排除在外。同样，卖家要将货物运到现场可能也十分复杂。佣金也非常高，因为要租借场地，做广告，还要向拍卖人和其他雇员付费。电子拍卖方式消除了这些不足。

2. 电子拍卖

电子拍卖（e-auction）已经在局域网中存在了许多年，并且在1995年开始应用于互联网中。除了使用计算机以外，这种方式和离线交易很相似。互联网上的主机就像经纪人一样，允许卖家将货物公开出售并允许买家竞价。许多网站都有一定的行为规则，以保证交易的公平。usaweb.com网站提供网上拍卖的列表和搜索引擎。

bidfind.com 集中了几百个拍卖网站，告知哪件物品正在哪个网站上被拍卖。

网上拍卖主要提供消费产品、电子零件、艺术品、度假套餐、飞机票和收藏品的交易，另外在 B2B 市场上还拍卖过剩产品和存货。还有一些在线拍卖网站提供新型产品的交易，如电力、汽油和能源以及频段的拍卖。传统的商业活动有赖于合同和固定价格，现在正在转向拍卖，通过竞价进行在线采购。

二、拍卖的类型

拍卖最主要的特征是动态定价。

动态定价（dynamic pricing）是指价格不固定的商业交易。与此相反，商品目录中的价格是固定的，百货商店、超市以及许多门店的价格也是固定的。

动态定价有几种不同的形式。也许最古老的一种是谈判和议价。这种交易方式在露天市场交易中沿用了很长时间。习惯上，根据买卖双方的人数将动态定价分为 4 类。

1. 一个买家，一个卖家

在这种类型中，可以使用谈判、议价和易货方式。最后的价格由议价实力、商品市场上的供求和商业环境因素决定。

2. 一个卖家，许多潜在买家

在这种类型中，卖方采用正向拍卖，或称普通拍卖。有 4 种主要的正向拍卖方式：英国式、美国式、荷兰式和自由落体式。

英国式拍卖。在英国式拍卖中，买家依次出价。这种方式通常规定了最少加价金额。拍卖持续进行，直到没有人出价，或者拍卖时间结束。如果价格是惟一标准，那么获胜者就是出价最高的人。如果考虑其他标准，如支付安排或买家取货的及时程度，那么就从出价最高的那些人中选择获胜者。互联网上的正向拍卖可以持续数天，而联机拍卖可以是实时（当场进行）的，或许只持续几分钟。英国式拍卖在 C2C、B2C、B2B 和 G2B 市场中都有应用。

美国式拍卖。在美国式拍卖中，卖家提供多件完全相同的商品，并给出底价。出价人可以在底价之上出价购买任何数量的商品。获胜者支付成交价（最高报价）。这种拍卖也可以采用反向拍卖方式。

荷兰式拍卖。它的起价非常高，荷兰国际鲜花市场一直沿用这种方式。价格被缓缓降低，同时竞拍者指定其在较低价格上愿意购买的数量。荷兰式拍卖适用于大批同质商品的拍卖。在互联网出现以前，荷兰式拍卖以人工方式通过一座大钟进行，钟的时针指示了价格。现在这座钟被计算机化了。一旦竞拍者愿意按拍卖商给出的价格购买，可以出售的产品数量就会被调整，直到所有产品都被售出。荷兰式拍卖的速度很快，即使在互联网上也是如此；相比之下，英国式拍卖可能要花几天时间。它还有一些衍生形式。

下面描述一下在 eBay 上的荷兰式拍卖过程：

(1) 出售者列出商品的起价以及待售数量。

(2) 如果没人竞价就降低价格。

(3) 竞拍者同时指定出价和希望购买的数量。

(4) 所有的获胜者为每件商品支付同样的价格，即最低的成交价。这可能低于你的出价。

(5) 如果需要的数量大于商品待售数量，则最早出价的人获得商品。

(6) 出价更高的竞拍者将更有可能得到需要的商品。

(7) 荷兰式拍卖中不使用代理拍卖制。

(8) 竞拍者可以拒绝数量不足的产品。例如，假如你竞价 10 个单位的商品，但是拍卖后只得到 8 个单位，那么你完全可以 1 件都不买。

自由落体式（降价）拍卖。这其实是荷兰式拍卖的一种衍生方式，在这种方式下一次只拍卖一件商品。一开始起价很高，然后按固定的时间间隔降价，直到有人出价成交。这种方式被用在有许多人想购买的热门商品上，它的成交速度相当快。

3. 一个买家，许多潜在卖家

在这种类型中，使用反向拍卖的方式，它也被称为竞标或招标系统。在反向拍卖中，买家将需要的项目写在询价单上，然后所有的卖家进行竞标，不断降低价格。在电子化竞标中，往往要经历几个回合，直到竞标人不再降低价格。如果只考虑价格因素，那么中标者将是出价最低的。由于这种方式主要应用于B2B和G2B，所以还考虑其他标准，中标者将从一批人（如报价最低的5个投标人）中选出。

封闭式第一价格拍卖。在这种方式下你仅能出价一次。这是一种无声拍卖，投标人不知道谁在竞标，也不知道其报价。标的由报价最低的投标人获得。

封闭式第二价格拍卖（Vickrey拍卖）。标的被授予报价最低的投标人，但成交价格是第二低的竞标价。这是为了消除投标人对报价低于真正市场价格的顾虑。

4. 许多卖家，许多买家

在最后一种类型中，买家及其还价和卖家及其要价要匹配，并考虑双方报出的数量。股票和商品市场都是典型的例子。买卖双方可以是个人也可以是企业，这种拍卖也被称为双向拍卖（double auctions）。

反向拍卖既可以是让所有投标人知道竞标价的公开式拍卖，也可以是封闭式拍卖。

三、收益、限制因素和经济影响

无论是对于个人还是商业组织，电子拍卖都日益成为买卖商品的重要渠道。电子拍卖使买家在任何地方都可以对商品或者服务进行竞标，而且几乎可以获得价格、产品、供需等方面的完全信息。所有人均从这些特征中获益。

1. 对于卖方的益处

可以通过扩大顾客的数量和缩短商业周期来增加收入。通过电子拍卖，卖方可以以有效的方式接触最感兴趣的顾客，并且恰好以买方愿意支付的价格出售。这样就不必再预测需求，并避免了定价过高或过低的风险。

最佳的定价。卖方可以通过拍卖来收集价格敏感度的信息，为其在其他固定价格市场上定价提供参考。

非中介化。卖方可以避开费用较高的中间商或者昂贵的传统拍卖，从直接销售中获得更多收入。

更好的顾客关系。买卖双方有更多的机会和时间进行接触，这带来了社区的感觉和忠诚度。另外，通过收集顾客兴趣爱好的信息，卖方可以改进购买者的整体电子商务体验，为他们提供更加个性化的内容，从而改进与顾客间的关系。

流动性。卖方可以迅速处理掉大量过时产品。

2. 对于买方的益处

有机会发现一些特殊物品和收集品。

讨价还价的机会。这种拍卖机制允许买方和卖方讨价还价，而不是以固定价格购买。

娱乐性。参与电子拍卖可能十分有趣和令人兴奋。买卖双方的交互性可能创造一种亲切感和积极情绪，买方之间也可以随意接触。

匿名性。通过第三方的帮助，买方可以保持匿名。

便利性。买方能在任何地方进行交易，甚至通过移动电话进行。

3. 对于电子拍卖人的益处

更高的重复购买率。Jupiter 通信公司在 1998 年进行了一次调查，比较各主要电子商务站点的顾客重复购买率。结果显示，eBay 和 uBid 等拍卖网站比亚马逊这样的 B2C 电子商务网站拥有更高的重复购买率。

黏性。黏性（stickiness）是指顾客在（拍卖）网站长时间停留和再次登录的趋势。拍卖网站往往比那些固定价格的网站更具有黏性。黏性强的网站可以获得更高的广告收入，因为浏览者有更深的印象和更长的浏览时间。

拍卖业务的扩展。曼海姆拍卖公司（Manheim Auctions）是全球最大的二手车拍卖公司，在1999年创立了曼海姆在线（MOL）来出售以前用于出租的汽车，以应对日本Aucnet公司进入美国汽车拍卖业的努力。这种基于互联网的电子销售体系具有改变汽车拍卖业的巨大潜力。美国有数以万计的二手汽车经销商，曼海姆公司2004年为它们拍卖了900万辆汽车。为了利用自己对汽车行业的了解来为客户提供服务，曼海姆公司开发了另外两种产品：Manheim Market Report和AutoConnect。公司还将拍卖业务扩展到了欧洲。曼海姆希望继续在MOL上附加价值来抵御竞争，并在不影响该公司核心业务的基础上增加网上销售。

4．限制因素

电子拍卖也存在一些限制因素，包括：

欺诈的可能性。在许多情况下拍卖品是独一无二的、二手货或是古董。因为买家看不到实物，所以可能买到有缺陷的产品。而且买家也有可能实施欺诈，因此欺诈率很高。

有限的参与者。有些拍卖只有受到邀请才能参与，还有些只对经销商开放，因此它们并不是完全公开的。

安全性。有些在互联网上进行的C2C拍卖并不安全，而一些B2B拍卖在非常安全的专用网上进行。

软件问题。现在只有很少一部分“完全”和“现成”的解决方案可以支持优化定价策略所需的动态商务功能，并且能订制以适应某公司或行业的特定需要。简而言之，动态商务的“最佳实践”仍被局限于行业内部，并将随着新的在线业务流程的出现而继续发展。

5．拍卖和定价机制的策略使用

通过使用动态定价机制，买家和供应商能优化产品的库存水平，并且迅速调整定价策略。例如，通过使用基于Web的拍卖和交易，供应商能迅速清空过量库存和将闲置资产变现，而买方可以以自己希望的价格采购商品和服务。最后还能精确估计和充分利用市场的供需信息，这比竞争方式更加快速和有效。

6. 影响

由于交易目标和拍卖内容是多种多样的，所以拍卖的经济原理以及参与拍卖的各方的动机也有很大不同。以下是一些典型的影响：

（1）拍卖作为一种协调机制。拍卖正被越来越多地用做一种建立平衡价格的有效的协调机制。一个典型的例子就是长途电信带宽的拍卖。在这些拍卖过程中几乎没有人为干涉。

（2）拍卖作为确定价格的社会机制。对于不在传统市场中交易的物品，例如稀有物品以及偶尔提供或者隔很长时间才提供的产品，拍卖可以创立一个市场来吸引潜在买家（往往是专家）。通过提供这些特殊的物品来吸引注意力，拍卖可以集中必要的购买和销售订单，从而决定价格并提高市场的流动性。典型的例子包括艺术珍品和稀有物品的拍卖、通信频段的拍卖、横幅广告以及广告空间的拍卖等。例如，WineBid.com 是全球最大的网上酒品拍卖站点，公司为收藏家们提供了一个平台，使他们能够从 Internet 上获得稀有的好酒，还为委托单位和酿酒厂商们提供了一个较其他市场更为有利的市场环境，使他们能够更有效地销售他们的酒品。

（3）拍卖作为影响力强的销售机制。另一种类型的拍卖与上一种很相似，但只提供特价产品。在这种情况下，拍卖的建立方式有所不同。典型情况是一名供应商拍卖数量有限的物品，主要是利用拍卖来赢得注意力，并吸引那些寻找便宜货的人或偏爱拍卖过程的投机性的人。美洲航空公司的航班座位拍卖就属于这一类。

（4）拍卖作为电子商务的组成部分。拍卖可以独立进行，也可以和其他电子商务活动结合在一起。例如，将团体购买和反向拍卖相结合。

四、自定价格的 C2B 模式

自定价格模式（name-your-own-price model）是一种十分有趣的电子商务模式。这种模式有多种衍生形态，并与价格在线公司（Priceline.com）相关。

1. Priceline 模式

Priceline.com 是“自定价格”互联网定价系统的首创者，它允许消费者通过自己给商品和服务定价而大大节省开支。因此，它属于消费者对企业（C2B）模式。Priceline.com 或者把消费者的购买要求提供给那些能在所要求的价格下提供足够商品的卖家手里，或者通过查询 Priceline.com 数据库里的卖家最低价格来匹配供需。简而言之，Pricclinc.com 的“虚拟”商业模式允许迅速调整规模，使用互联网来收集消费者需求并努力给予满足。这种做法是基于需求曲线向下倾斜的基本原理。例如，航空公司每天都有约 50 万个空座位，Priceline 可以帮助将这些座位售出。

现在，该公司销售多种产品和服务，主要包括如下类别：提供机票、旅店房间和汽车出租的旅游服务，提供住宅再融资和家具租赁的个人金融服务，以及提供新车的汽车服务。在 2000 该年增加的新服务包括信用卡和长途电话业务。2000 年公司与亚洲最大的电信和互联网基础设施所有者——和记黄埔有限公司（Hutchison Whampoa Limited）合作，在亚洲地区，包括中国大陆以及中国香港和台湾，印度，印度尼西亚，泰国，韩国，马来西亚，菲律宾和越南等地提供服务。Priceline.com 还在其他许多国家设有办事处。

Priceline.com 要求客户保证在报价等于或低于其要求的价格时介绍货物。这种保证是通过给出信用卡号做出的。在 2000 年，Priceline.com 因为亏损不断增加而暂停了食品、汽油和日用品的送货。

2. 其他模式

竞争者也提出了一些类似的模式。例如，Savvio.com 在为旅游者提供实时降价拍卖的同时，还提供国际和国内航线打折机票和船票的详细情况。与自定价格的旅行网站不同，Savvio.com 允许消费者查看航线、航班号、飞机型号、精确的起飞和到达时间以及机票的剩余情况。然而，这家公司在 2001 年暂停了服务。

AsiatravelBids.com 允许旅行者提交询价单，然后邀请商家竞标。该网站与 Priceline.com 很相似，但它仅提供拍卖。

五、拍卖过程和软件支持

有许多软件或智能工具可以帮助买家和卖家寻找拍卖或完成交易。交易过程有以下 4 个阶段：寻找和比较、开始拍卖、实际竞价、拍卖善后事宜。

每个阶段都有几种支持工具，让我们按阶段逐一研究。

1. 第一阶段：寻找和比较

因为拍卖在全球数以百计的网站上进行，所以买卖双方需要进行大范围的寻找和比较来选择理想的拍卖网站。它们可能会对下面的支持工具感兴趣：

(1) 大范围搜索和比较。许多网站都提供与数百个拍卖网站的链接，或者提供搜索特定网站的工具。大范围搜索工具不仅可以帮助卖家找到合适的网站来提交自己的物品，也可以帮助买家高效地浏览现有的拍卖网站。下面是一些比较流行的搜索工具：

Auction Watch（AuctionWatch.com）提供一个按类别组织的拍卖网站目录，还有拍卖新闻和留言簿等。

互联网拍卖列表（Internetauctionlist.com）提供关于全球电子拍卖的新闻，并帮助参与无数的专门拍卖。

雅虎拍卖列表（Auctions.yahoo.com）提供 400 多个与拍卖相关的链接。

Bidder' s Edge（Biddersedge.com）对大量拍卖网站进行搜寻，寻找特定的拍卖品和价格信息。它还提供曾拍卖过的物品的详细历史信息。

Itrack（davecentral.com）在 eBay、雅虎和亚马逊网站上寻找用户指定的拍卖品。

Turbobid（etusa.com）提供大范围搜索服务，可以帮助当地竞拍者从一批电子拍卖网站中寻找想要的拍卖品。

（2）自动搜索服务。当买家感兴趣的物品在一个或多个拍卖网站上进行拍卖时，自动搜索服务就会通知买家注意。买家需要填写一张简单的表格，指定自己关注的物品，然后寻找像 AuctionWatch 和 Itrack 之类的搜索助理，由其监视网站并通过电子邮件通知买家。

（3）浏览网站分类目录。几乎所有的拍卖网站主页上都有一个分类目录。买家可以通过阅览目录及其子目录来缩小搜索范围。一些网站还允许用户根据拍卖时间来对物品排序。

（4）基本和高级搜索。买家可以通过搜索引擎查找单个词汇、多个词汇或关键词。在使用高级搜索时，买家需要填写一张搜索表，指明物品名称、物品描述、卖家用户名、拍卖品编号、价格范围、地点、截止日期、已完成的拍卖信息。

2. 第二阶段：开始拍卖

为参与拍卖，用户需要在所选网站注册。注册之后，卖家就可以将物品列在网站上，描述特征，设定拍卖时间表，报出价格。买家则可以查看卖家的档案和其他细节，如最低交易数量、拍卖规则和允许的支付方式，然后给出报价。

（1）注册和建立档案。在参与一项特定拍卖之前，买卖双方必须注册自己的姓名、用户名和口令。用户页面的标题及拍卖列表中会显示对卖家的概要描述。在提交报价之前，买方可以查看卖方的档案，如会员用户名和先前的交易记录。如果拍卖网站提供自愿的用户认证计划，如 BidSafe（auctions.cnet.com），买方就可以通过第三方安全机构来检查卖方是否合格的拍卖社区成员。

（2）陈列和促销。有一些软件程序可以帮助卖方陈列和促销货物。

Advertisement Wizard。它可以帮助用户制作吸引人的广告和拍卖海报。通过易于使用的填空式界面，用户可以制作漂亮的电子拍卖广告。

Auction Assistant。这套工具和 Ad Studio（adstudio.net）可以帮助建立拍卖列表，改变字体，增加背景，选择主题，进行标准化描述（如装运条款和支付条件）。这套工具还可以被用于跟踪销售、支付和装运。

Auction ePoster2000。这套程序使添加图片变得很简单，并直接与 eBay 网站相连。它可以帮助添加背景和照片等，且不需要设计和编程技巧。这套程序可以一次产生 100 条广告，也支持批量列表。

Auction Wizard。这套程序可以同时提交 100 件拍卖品。作为海报张贴工具，它具备复制和粘贴功能。Auction Wizard 还可以输入用户名、口令、拍卖品名称、地点、公开报价、类别以及拍卖持续时间。

eBay 上的 Mister Lister。卖方可以一次提交多件拍卖品。

Bulk Loader。卖方可以将多件拍卖品输入类似微软 Excel 的电子表格程序中。

(3) 定价。在提交一件拍卖品后，卖家必须决定出价的最小购买量、加价幅度以及底价（即卖家愿意出售的最低价位）。买家可以通过 BidFind.com、freemerchant.com、PriceScan.com 和 AuctionWatch.com 等搜索引擎寻找“比较指南”。如果拍卖网站允许搜寻已经结束的拍卖，那么类似物品的交易价格可以为买家提供出价基准，也可以帮助卖家决定可接受的最低价格。

3. 第三阶段：实际竞价

在竞价阶段，买家可以亲自出价，也可以使用软件工具代表自己出价。他们还可以使用工具来查看拍卖状态，并在不同的网站上实时出价。

(1) 竞价监视和多处竞价。买家可以在任何时候访问拍卖网站的用户界面以了解正在进行中的拍卖的状态。他们可以回顾一下自己近期的一些成功或失败的竞价。在美国，BidWatch (egghead.com)、BidMonitor (bruceclay.com) 和 EasyScreen Layout (auctionbroker.com) 等工具可以帮助用户查看自己在不同网站上的竞标情况。竞拍者还可以将自己在多个网站上的出价情况显示在同一个屏幕上，而不用在多个窗口间切换。

(2) 自动截止。截止 (snipping) 是指在拍卖的最后几秒内进入，并以最高价格胜出。

(3) 电子代理竞价。软件系统可以作为代理来代表买家出价。在这种代理竞价 (proxy bidding) 中，买家要设定其最高出价，然后亲自报出第一个价格。然后代理将负责出价，并使报价尽可能低。一旦有新的竞拍者出现，代理将自动提价，直到达到预先设定的最高价。但这不适用于价格递减的荷兰式拍卖。

4. 第四阶段：拍卖善后事宜

拍卖完成后，就要考虑拍卖的善后事宜，包括电子邮件通知以及安排付款和发货。Easy! Auction (saveeasy.com) 是一种典型的拍卖后事务处理工具。

(1) 拍卖完成后的通知。

① 竞价通知。在竞价过程中，买家的出价一旦被超过或取得领先位置（英国式拍卖），就会收到电子邮件通知。

② 拍卖结束通知。拍卖结束后，卖家会收到一封电子邮件，告知出价最高者的情况。电子邮件提供了买卖双方的用户名、卖家和获胜者的电子邮件地址、拍卖广告的链接、拍卖品名称、最后价格、拍卖结束的日期和时间、总的出价数以及开始和最高的竞价数量。

③ 卖家通知。拍卖结束后，卖家往往要和买家联系。卖家通知一般提供拍卖号码和拍卖品名称、总的购买价格（拍卖价加运费）、支付方式选择、邮件地址等。

④ 明信片和感谢信。AuctionWatch.com 可以帮助卖家向竞价

成功者发送订制的拍卖结束函或感谢信。

(2) 用户交流。用户对用户的在线交流有多种形式：

① 即时通讯工具。在电子拍卖网站以及与拍卖相关的网站上，用户可以实时发送信息，并迅速从其他人那里得到反馈。如淘宝网推出了淘宝旺旺，而腾讯的拍拍网更是充分利用了QQ用户数巨大且黏性高的优势。拍拍网具有一个别致的特色并且已经获得专利：边聊边买。客户点击商品页面的交谈按键直接出现对话框，买家和卖家都可以看到该页面的商品，然后一边看着商品一边谈。比如你去一个柜台，看到一个东西好，你就会叫服务员过来看看，问她一些商品的具体情况。腾讯发挥其即时通讯的专业优势把电子商务通过直接通讯来尽量符合大家在实际购物中的情景。

② 邮件列表。一组用户可以通过电子邮件对选定的话题进行讨论。

③ 留言板。在电子拍卖网站以及与拍卖相关的网站上，人们可以张贴信息，其他用户可以方便地看到并进行回复。

(3) 反馈和评级。大多数电子拍卖网站都提供反馈和评级功能，使拍卖社区中的成员可以相互监督。它使用户可以给卖家或竞拍者评级，并对卖家、竞拍者和交易进行简短评价。卖家也可以对买家进行评价。用户在不同的交易中可以充当不同的角色，有时是买家，有时是卖家。用户的信用度靠交易的对方所给的评价来计算，信用度高的用户将会有更多的交易机会。

(4) 发票和账单。发票工具软件可以用电子邮件发送并打印发票，通过多种方式搜索和整理发票，编辑发票和取消支票。这种软件能自动计算运费和销售税，还能自动计算和向卖方收取刊登费和佣金。

(5) 支付方式。卖家和竞拍获胜者可以选择的付款方式包括现金支票、C.O.D（货到付款）、信用卡、电子支付以及第三方委托保管。有许多在线服务支持电子支付、委托保管服务和信用卡支付。例如：

① 电子支付服务。买家可以通过 PayByWeb.com、Paypal.com 以电子化方式支付。

PayPal 公司是美国 eBay 公司的全资子公司。PayPal 利用现有的银行系统和信用卡系统，通过先进的网络技术和网络安全防范技术，在全球 56 个国家为超过 8600 万个人以及网上商户提供网上支付服务。2004 年，PayPal 处理的支付总额超过 180 亿美元，占美国当年电子商务交易总量的 9%，全球电子商务交易总量的 5%。2005 年第一季度，PayPal 每秒钟处理的支付总额为 802 美元，全季度处理的支付总额超过 62 亿美元。2005 年 7 月，PayPal（贝宝）正式登陆中国市场。

② 第三方委托保管服务。一家独立的第三方机构受委托保管竞拍者的货款，直到买家收到拍卖品并同意接受。托管服务提供商包括安付通、支付宝和 tradenable.com 等。

安付通是由易趣担当货款保管人的交易工具。使用安付通，买家验货满意后才通知易趣放款给卖家，安全有保障。安付通特别适用于网络购物新手或者价值超过人民币 2 000 元的在线商品。易趣"安付通保障基金"对于安付通交易提供全额保障。

贝宝与安付通共同构成了易趣安全支付平台，买家可根据自身需要选择使用贝宝或安付通支付货款。贝宝与安付通是两个既可独立使用又可关联使用的安全在线支付工具。通过贝宝，买家可直接付款给卖家；通过安付通，买家先验货后付款。

(6) 装运和邮资。

① 网上托运。像 Iship.com、Smartship.com 和 AuctionShip.com 这样的运输商为卖家提供一站式集成服务，包括包装、加工和运输电子商务货物。

② 网上邮资。像 Stamp.com 和 Estamp.com 这样的邮资服务商允许用户下载邮资，打印"盖戳"的信封和标签，并通过美国邮政服务公司安排运输。这些服务商向卖家收取固定费用加交易费。

5. 附加条款和规则

每家拍卖行都有自己的规则和行为指南。下面就是一些例子：

① 保留价格拍卖。卖方设定愿意出售物品的最低价格。

② 垂直拍卖。一种专门化的拍卖，在 B2B 中特别有用。在 e-Bay 上可以拍卖各种物品，而许多拍卖网站专注于某个领域。例如，TechSmart 公司专门通过 B2B 拍卖出售二手或过时的个人电脑。

③ 报价收回。指竞拍者撤销报价，这仅适用于特定环境。通常报价被视为有效合约。

④ 特色拍卖。这些拍卖被网站重点推荐，卖方要为这种服务支付额外费用。

六、双向拍卖、捆绑交易和定价问题

1. 双向拍卖

拍卖可以是单向拍卖（single auction），即只有一名卖家或只有一名买家，其他人进行竞价；也可以是双向拍卖（double auction）即有多名卖家和多名买家同时报价。股票交易就是双向拍卖的一个例子。

尽管大部分的网上拍卖都是单向的，但是双向拍卖对某些特定类型的交易十分重要。其程序和市场出清价格水平都是无可替代的。

在双向拍卖中，某种产品的多个单位可以被同时拍卖出去。如果提供的数量超过 1 件，同时买卖双方报价的数量不一样，那么情况会变得很复杂。

在给定的交易时间里，任何卖家都可以要价，同时任何买家都可以还价。卖家或买家都可以在任何时候接受要价或还价。成本和支付价格之间的差额就是卖方的利润，支付价格和估价之间的差额就是买方剩余。如果像股票市场中那样要价数量会变化，那么做市商还要对数量进行匹配。

2．捆绑交易

数字经济的主要特点之一是产品与服务的个性化和定制化。这通常意味着要提供互为补充的产品和服务。例如，可以将飞机票、旅馆房间、汽车出租、餐饮和游乐场门票捆绑起来组成一套休闲产品。一些垂直相关的产品（如计算机操作系统和Web浏览器）可能由不同的厂商提供，这需要买家与多名销售商打交道。捆绑交易提供了一个简单而有效的解决方案，通过一系列交易或拍卖，一次性向多名销售商购买产品或服务。

3．拍卖中的价格：更高还是更低

与竞争市场相比，拍卖站中的价格偏高，当只有一名卖家时可能达到垄断价格水平。一般来说，拍卖人在使收入最大化方面处于有利位置。当拍卖人将产品出售给众多竞拍者时，预期价格高于竞争市场中的价格。反过来，当拍卖人从众多卖家处购买产品时，他可能会选择最低的报价，这通常比竞争市场中的价格低。这一结果在很大程度上是由竞拍者之间的竞争造成的。

然而，在许多情况下拍卖中的价格更低。在清理存货时就有可能发生这种情况，因为卖家的目标是尽快将产品售出。另外，买家在全球市场上可以得到比通过中间商进口更便宜的产品。总的来说，买家希望网上的价格更低。例如，卡车运输商和航空公司往往在最后时刻以低价出售空闲舱位。同时，考虑到大部分C2C拍卖出售的是二手商品，而且剩余产品B2B拍卖可能包括二手或过时产品，所以折价出售可能会成为主流。

买卖双方都可以制定拍卖策略。卖方可以选择使用不同的拍卖机制，如英国式、荷兰式、封闭式第一价格、封闭式第二价格拍卖等。买方需要制定策略，确定提价幅度以及何时停止出价。

第九章 电子政务概述

第一节 电子政务基础知识

一、电子政务及其相关概念

电子政务是在政府信息化的过程中，人们提出的一个被广泛应用的概念。但究竟什么是电子政务，人们在实践中又有许多不同的理解。比如，有人认为，电子政务（e－Government）是相对于传统政务（Government）而言的，它是快速发展的现代电子信息技术与政府改革相结合的产物。据此他们指出，电子政务就是应用现代化的电子信息技术和管理理论，对传统政务进行持续不断的革新和改善，以实现高效率的政府管理和服务。也有人认为，电子政务是一个综合的信息系统，它既不同于传统的办公自动化，也不同于简单的“政府上网”（即网上信息发布）。广义地讲，电子政务应是基于网络的符合 Internet 标准的并且面向社会的政府办公自动化系统。还有人认为，电子政务就是政府机构应用现代信息和通讯技术，将管理和服务通过网络技术进行集成，在互联网上实现政府组织结构和工作流程的优化重组，超越时间、空间与部门分隔的限制，全方位地向社会提供优质、规范、透明、符合国际水准的管理和服务。我们认为，电子政务是公共管理组织在政务活动中，全面应用现代信息技术、网络技术以及办公自动化技术等进行办公、管理和为社会提供各种公共服务的一种方式。电子政务实际上就是平常我们所说的政务工作信息化。在中国，电子政务的范围既包括各级行政机关系统的政务工作信息化也包括执政党以及国家权力机关、司法机关、政协以及其他公共部门的政务工作信息化。

一般地，电子政务至少应包括三层含义：首先，电子政务必须借助现代信息技术、数字网络技术和办公自动化技术，同时也离不开信息基础设施和相关软件技术的发展。其次，电子政务处理的是与公共权力行使相关的公共事务，或者为了提供高效的公共服务而快速处理公共部门内部的事务，这决定电子政务有着广泛的内容。最后，电子政务并不是将传统的政府管理和运作简单地搬上互联网，而是要对现有的政府组织结构、运行方式、行政流程进行重组和再造，使其更有利于信息技术、网络技术的应用。

1. 电子政务与政府信息化

政府信息化是人们在日常工作中经常使用的一个概念，它是相对于国民经济信息化、社会信息化、企业信息化等来使用的。从1999年开始，联合国经济社会理事会连续两年都把通过信息化改造发展中国家的政府组织、重组公共管理、最终实现信息资源的共享作为其工作的重点，并在世界各国积极倡导“信息高速公路”建设的五个领域中，将推动政府信息化、建设电子政府一直列为第一位。可见，政府信息化是指为了适应信息时代的到来，运用信息技术、通信技术、网络技术以及办公自动化技术等现代信息手段，对传统的政府管理和公共服务进行改造，从而大大提升政府管理的有效性，满足社会以及公众对政府公共管理和公共服务的期望，促进社会经济的发展。

从人们对政府信息化的认识来看，政府信息化概念的内涵也经历了一个发展变化的过程。在20世纪80年代前后，人们首先提出了办公自动化这一概念，这实际上是政府信息化的早期表述，其核心是要用计算机技术处理办公室的内部事务，如文件资料的制作、传送和储存等；80年代以后，随着管理信息系统的出现，信息的加工处理系统成为人们关注的焦点，这时的政府信息化，实际上就是运用信息加工和信息处理技术改善政府的决策和满足管理者的需求；90年代后，随着国际互联网技术的迅速发展以及在政府公共管理中的应用，电子政务、电子政府等一些新的概念也很快产生，其含义是指在政府内部办公自动化的基础上，利用计算机技术、通信技术和网络技术，建立起网络化的政府信息系统，并通过不同的信息服务设施如网络、电脑以及电话等工具，为企业、社会乃至公民个人提供政府信息和其他公共服务，并且打破了传统政府管理受时间、空间限制的界限，改变了政府管理的方式。政府信息化内涵的上述演变过程说明政府信息化本身就是一个动态的过程，政府信息化概念也将随着政府信息化的不断推进，不断拓展其内涵。

电子政务与政府信息化有着密切的联系。如果说政府信息化强调的是一个过程，也就是说，作为凌驾于社会之上的权威公共部门，政府信息化的过程本身就是一个重要的领域，并要率先实现信息化，那么，电子政务则是实现政府信息化的具体途径。也就是说，通过使政务活动中不断扩大电子化政务的范围，逐步推动政府信息化水平由低向高发展。从这种意义上说，政府信息化的过程，就是不断推进具体政务工作电子化的过程，也可以说，电子政务是实现政府信息化的一种手段。

2. 电子政务与电子政府

电子政府是国外比较流行的一个概念，有时也称“电子化政府”或“电子网络政府”、“计算机化政府”、“数字政府”、“联机政府”等。通常电子政府是相对于传统政府而言的，它的核心是通过在传统政府中应用现代信息技术、网络技术和通信技术，使政府的存在形式发生重大变化，从而出现了一个实在与虚拟数字化相结合的跨平台网络政府。从这种意义上说，电子政府就是电子化网络政府。

电子政府绝不仅仅是一个新的概念，而是将政府管理与服务建立在现代信息技术、办公自动化技术和网络技术基础之上的一种全新的政府范式。电子政府与传统政府的最大区别，就在于它所具有的虚拟性。也就是说，与传统的实体政府相比，电子政府在传统的实体政府之外，又存在着一个不受时间和空间限制的、对社会和公众不断提供各种在线服务的虚拟政府。电子政府的这种虚拟性，决定了电子政府的出现，将预示着政府治理的一场深刻革命。因此有人认为，电子政府的这种虚拟性将意味着：大量频繁的行政管理和日常事务都通过设定好的程序在网上实施，大量决策权下放给团体和个人；政府重新确立其职能。随着信息基础设施建设的开展和深化，电子政府的轮廓也日益清晰，其所包含的内容有：完备的网络时代的法律体系、新型的立法和选举机制、新型的行政管理和司法体系。总之，电子政府代替传统政府，意味着系统程序式管理将取代政府实体管理。当然，就人们的理解而言，电子政府可以有广义和狭义之分。广义的电子政府，应该包括所有国家机构在内；而狭义的电子政府则主要包括直接承担管理国家公共事务、社会事务的各级行政机关。

建立电子政府的过程，实质上就是把工业化模式的大政府，即以集中管理、分层结构、在物理经济中运行的工业化模式大政府的特征，变为新型的管理体系，以适应虚拟的、全球的、以知识经济为基础的数字经济，同时也适应社会的根本转变。

电子政务与电子政府的联系在于，电子政府的建设，是以一系列电子政务的实现为前提的，如果没有大量政务工作的信息化，电子政府是不可能建成的。从这个意义上说，电子政府的建设必须以电子政务的发展为基础。电子政务与电子政府的区别在于，电子政务是指一项一项具体政务工作的信息化，而电子政府则指整个政府管理的信息化。在实践中，有的政府机构在某些领域或某几项政务工作方面实现信息化，并不意味着就建立起了电子政府。但只要建立起了电子政府，其主要的政务工作必然实现了信息化。由此我们可以看出，电子政府的建设是一个漫长的过程，不可能一蹴而就。只有政府管理的绝大多数政务工作实现了信息化，如政府内部的办公自动化、政府间的信息传递、沟通的网络化以及政府对社会、公众提供的主要公共服务实现了不受时空限制的在线服务，以及政府管理中的资源实现高度共享等，才标志着电子政府的最终建立。

3. 电子政务与办公自动化

办公自动化是指利用现代化的办公设备、计算机技术和通信技术来代替办公人员的手工作业从而大幅度提高办公效率的一种管理手段。办公自动化设备早在20世纪80年代就在世界范围内得到广泛应用，目前这一管理手段正随着电子商务、电子政务的迅猛发展，在公共部门、企业以及其他机构乃至个人得到进一步提升，并向无纸化、数字化的方向发展。电子政务与办公自动化有着密切的关系，办公自动化强调的是政府内部在各类政务工作的处理方面要运用先进的设备，并借助这些设备，大幅度提高办公效率并提高政务工作的质量。而电子政务有着更广泛的内容，它不仅强调政府的内部办公要实现信息化，更重要的是政府向社会、企业乃至公众提供的各种公共服务，也要实现信息化，从某种意义上说，后者的重要性比政府内部信息化更为重要。当然，办公自动化是电子政务的基础条件之一，也就是说，在政府内部，电子政务的目标是要通过办公自动化来实现的，离开了办公自动化，政府内部的电子政务也就失去了基础。

4. 电子政务与政府上网

政府上网是1999年中国推动的“政府—上网工程”形成的一个概念。政府上网的基本含义在于，政府及其相关部门利用互联网，建立自己的门户网站，向公众发布信息，实现与企业、公众的信息沟通、交流，并提供一站式“在线服务”，实现公共服务事项的网上办理。目前我国的绝大多数政府网站还处于初始阶段，一些办得比较好的网站，已经开始进行一些网上政务的办理，但多数还停留在信息发布、信息交流的水平。随着电子政务的发展，政府的网站将发挥更大的作用。

电子政务与政府上网也有一定的联系与区别。从二者之间的联系看，不管是电子政务还是政府上网，都是政府信息化的重要内容，某些电子化的公共服务项目，必须通过政府网站才能进行；离开政府网站，政府就不可能向社会提供一个单一的窗口。二者的区别在于，电子政务的含义要宽泛得多。除了政府向社会提供的公共服务事项外，政府与政府之间、政府部门与部门之间的交流、信息传递等，也都属于电子政务的范畴。这说明这两个概念并不能等同。

二、电子政务的应用

电子政务有着广泛的应用领域，可以说涉及到政府管理的各个方面。按照电子政务的应用结构，我们可以把电子政务的应用，分为六大类别。

第一类：政府为社会提供的应用服务及信息发布。这方面主要包括：

① 通过政府网站发布信息，提供查询；

② 面向社会的各类信访、建议、反馈以及数据收集和统计系统；

③ 面向社会的各类项目申报、申请；

④ 相关文件、法规的发布、查询；

⑤ 各类公共服务性业务的信息发布和实施如工商管理、税务管理、保险管理、城建管理等。

第二类：政府部门之间的应用。这方面主要包括：

① 各级政府间的公文信息审核、传递系统；

② 各级政府间的多媒体信息应用平台，如视频会议、多媒体数据交换等；

③ 同级政府间的公文传递、信息交换。

第三类：政府部门内部的各类应用系统。这方面主要包括：

① 政府内部的公文流转、审核、处理系统；

② 政府内部的各类专项业务管理系统；如日程安排、会议管理、机关事务管理等；

③ 政府内部面向不同管理层的统计、分析系统。

第四类：涉及政府部门内部的各类核心数据的应用系统。这部分主要包括：

① 机要、秘密文件及相关管理系统；

② 领导事务管理系统，如日程安排、个人信息；

③ 涉及重大事件的决策分析、决策处理系统；

④ 涉及国家重大事务的数据分析、处理系统。

第五类：电子商务在政府管理中的应用，如政府电子化采购等。

第六类：电子社区，即城市社区管理中信息手段的应用。

三、中国推动政府信息化以及发展电子政务的基本政策

随着信息技术的不断发展，我国对推进电子政务、加快政府信息化建设高度重视。早在1992年，国务院办公厅就提出建设全国行政首脑机关办公决策服务系统的目标和具体实施方案，并在全国政府系统推行办公自动化。2001年，国务院办公厅又制定了全国政府系统政务信息化建设的五年规划，对我国政府信息化的指导思想、方针、政策等作出了明确规定。按照这个发展规划，我国在政府信息化的建设方面的方针、政策主要集中在以下四个方面：

1. 总体目标

根据我国的国情，大体用3～5年的时间建设以“三网一库”为基本架构的政府系统的政务信息化枢纽框架。这“三网一库”是指：政府机关内部的办公业务网，国务院办公厅与各地区、各部门连接的办公业务资源网，以互联网为依托的政府公众信息网，政府系统共建共享的电子信息资源库。

2. 指导原则

按照国务院制定的有关方针和政策，我国推动政府信息化的指导原则是：“以需求为导向，以应用促发展，统一规划，协同发展，资源共享，安全保密”。所谓“以需求为导向，以应用促发展”是

指要以需求作为动力，以应用推动政府信息化的发展。这就要求各级政府在政务信息化的建设中要善于捕捉和发掘政府机关办公业务和领导科学决策的需求，有针对性地开展各项系统建设和应用开发工作，并通过系统应用的成果不断推进系统建设的深入发展。

所谓“统一规划，协同建设”，是指政府信息化建设必须在国务院的统一规划指导下，由各地区、各部门遵循统一的规范和标准协同建设、共同发展以促使这项涉及面广、技术和资金密集的系统工程，更好地发挥整体效益。

所谓“资源共享，安全保密”，是指在政务信息化的建设中，各地区、各部门要按照系统建设的要求从政务信息化的全局出发，打破条块分割，主动提供相关信息，实现资源共享。同时，要严格遵照国家的有关安全保障的法规，采取有效措施，确保国家秘密的安全。

3. 主要任务

按照国务院制定的五年发展规划，我国政务信息化的任务主要集中在以下 7 个领域：一是大力推进政府业务的应用建设，具体包括政府机关内部的应用系统建设、公文、信息无纸化传输系统、多媒体应用系统以及办公决策服务系统；二是加强政府办公业务网和办公系统资源网网络建设；三是筹建办公业务资源网及政府公众信息网政府网站；四是建立和完善共享信息资源库；五是做好计算机网络安全保密工作；六是加强对公务员的培训工作；七是抓好与系统建设和应用相关的法规工作。

4. 保障措施

为了有效推动政务信息化，国务院还就有关的保障措施做出了一系列具体规定。这些规定主要包括：做好组织领导工作；加强组织实施工作；确保建设经费的落实等。

四、电子政务在公共管理中的地位和作用

进入 21 世纪以来，伴随着信息技术，特别是网络技术的飞速

发展，信息化成为各国普遍关注的一个焦点。在国家信息化体系建设中，政府信息化又成为整个信息化中的关键。在新的历史条件下，推动政府信息化，发展电子政务成为影响我国在国际社会中竞争力的一个重要方面。

1. 大大提高公共政策制定的科学性和有效性

公共政策的制定，是通过一系列行政决策实现的，而决策的科学性、及时性、有效性，不仅是公共政策制定的基础，也是政府实行有效管理的前提和条件。过去我们在行政决策方面之所以会出现这样或那样的问题，一个重要原因，就是对信息的搜集和掌握不全面，或有片面性。电子政府的建立以及网络技术的运用，将会对行政决策产生深刻的影响。

首先，可以促进决策的科学化和民主化。因为电子政府建立后将会有一个专门的决策支持系统，通过这个系统，一方面政府可以及时获取大量准确的信息，使决策的许多方法如统计方法，系统分析方法、可行性论证、群体讨论等变得简单化、可操作化，从而可以大大提高行政决策的科学性；另一方面通过网络，可以使广大民众随时了解政府的决策过程，并及时向党和政府提出自己的建议和看法，从而大大提高行政决策的透明度和公众参与的积极性，提高决策的民主化程度。

其次，行政决策支持系统的建立和网络技术的应用，还可以大大提高行政决策的及时性和有效性。在传统的政府管理活动中，决策和执行是严格分开的。当一项决策在执行过程中发生了问题之后，通过层层上报，才能反映到决策机关那里。而电子政府的建立，则可使行政执行中的问题很快地通过网络反映到决策机关，从而对执行中的问题及时做出反应，提高行政决策的及时性和有效性。

2. 改善政府的公共服务，提高服务质量

众所周知，公共服务是政府的一项重要职能，也是政府向社会提供公共产品的一种最基本的手段。以往我国政府提供公共服务的主要缺陷，不仅表现在提供公共服务的数量少、质量低、技术服务手段落后，更重要的是由政府独家垄断，公众没有选择性，处于被动地位。这种状况与加入世贸组织后政府必须开放公共服务，将形成尖锐的冲突。而电子网络政府的建立，在公共服务领域必将产生一场深刻的革命。

首先，政府可以通过网络，向社会及时、准确地传递信息，可以大大提高政府提供服务的效率，克服官僚主义等弊端。因为电子网络政府的建立，不仅可以减少机构和中间管理层次，减少政府的公职人员，降低政府提供公共服务的人力、物力、资金成本，有利于提高行政效率，而且还有利于政府克服长期存在的官僚主义作风，这无疑会提高政府在公共服务开放以后的竞争力。

其次，从接受服务的社会公众来看，电子网络政府的建立，为他们获取政府提供的各种服务提供了更加便利的条件。比如，在过去，公众要办理一件事情，要进很多政府部门，花费大量的时间和精力，即使如此，还不一定能顺利办成。因此，老百姓把这种现象称之为“门难进、事难办，脸难看”。而电子网络政府的建立，则可以从根本上扭转这种局面。一方面，通过网络政府，可以把政府承担的各类公共服务的内容、程序、办事的方法等向行政区域内的所有单位、个人予以公布，使广大群众做到心中有数；另一方面政府可以通过网络，提供“一站式”和 24 小时的服务，这就使过去必须要到多个部门去办理的事情，在政府提供的网络窗口，很轻松地就可以得到办理，而且还不受时间和空间的限制，使企事业单位、公民个人有可能在足不出户的情况下获得服务。

3. 实现资源共享，大大降低行政成本

有效地利用政府内部和外部资源，提高资源的利用效率，对改进政府治理，降低行政管理成本具有十分重要的意义。以往，我们的政府治理中之所以出现管理成本过高、行政效率低下等问题，一个重要原因就是不能充分利用各种资源，造成严重的人力、物力和财力的浪费。在新的历史条件下，伴随着信息社会的到来、知识经济的出现，信息资源的重要性也更加突出地显现出来。能否及时准确地掌握信息资源、利用信息资源，将会对一个国家或地区社会经济的发展起关键作用。

电子网络政府的建立以及政府管理中通过信息技术、办公自动化以及网络技术的普遍应用，可以把一定区域乃至全国的行政机关连接在一起，使信息、知识、人力以及创新的方法、管理制度、管理方式、管理理念等各种资源，真正实现共享，提高包括信息资源在内的各种资源利用的效率，这就使行政组织具有更大的开放性，从而打破条块分割、小而全的传统管理模式。

电子网络政府的建设，还可以大大降低政府的行政管理成本。在电子网络政府状态下，由于行政系统内部办公自动化技术的普遍运用，使大量以往必须由行政人员手工作业的工作，可以在一种全新的网络状态下进行，从而可以有效地降低行政管理成本。如虚拟办公、无纸办公的出现以及政府部门之间跨部门、跨地区的电子交换作业、事务活动的连线办公、电子邮递、办公自动化、公文电子化处理，都可以大大减少行政人员的办公费用和公文处理的费用，克服以往长期困扰我们的“文山会海”、“公文旅行”等现象。另外通过政府网上采购，又可以节约大量的人力、物力、财力和时间。与此同时，随着政府管理技术手段的变化，还可以避免大量有形资源如组织机构、会议设施等的重复建设和浪费，减少行政系统的中间层次和管理人员，所有这些，都可以相应地减少行政人员的工资、福利方面的开支，达到提高行政效率，降低管理成本的目的。

4. 从根本上改变政府的管理方式，提高公务员队伍的整体素质

电子网络政府的建立，对政府管理方式以及行政人员素质的影响同样是极为深刻的。在传统的政府管理模式下，政府对社会公共事务的管理，主要通过行政命令、审批等手段进行的。由于审批项目多，透明度低，再加上少数行政人员的职业意识差，监督不到位等多种原因，使暗箱操作、权力滥用、以权谋私等腐败现象难以得到遏制，也引起了社会各界的普遍不满。传统政府管理方式暴露出

来的问题说明，在新的历史条件下，政府及其公务人员不仅要树立全心全意为人民服务的意识，而且还要适应时代发展的要求，从根本上改变政府的管理方式。

电子网络政府的建立之所以可以引起政府管理方式发生根本性变化，首先在于它的公开性和透明度。因为在电子网络政府状态下，政府不仅要把能够公开的信息在一定的信息通道上公开，让行政区域内的单位、个人能够及时了解政府的政策和各种相关的制度、规定等，而且这种公开本身就有一个接受社会和民众检验，看其是否合理的问题。比如，目前我国普遍推行的政府的“管理权限公开、办事依据公开、办事标准公开、办事程序公开、办事结果公开”的五公开制度，就在许多地方的政府管理中收到了很好的效果，并且不断得到深化。而这一制度在电子政府状态下，将会进一步发挥它的巨大作用。一方面，通过政务公开制度，借助电子网络技术可以使政府的政务公开活动真正落到实处，为社会、民众了解政府提供一个信息网络平台；另一方面也可以大大提高政府管理的透明度，避免或杜绝暗箱操作。这对规范政府及其行政人员的行为，防止公共权力的腐败，加强人民群众对政府管理的监督等都会产生深刻的影响。

政务公开以及政府工作方式的转变，必将引起政府传统审批制度的改革。过去，我国政府管理中审批范围过宽，审批的事项过多，政府部门的审批权限过大，审批受到的制约又很小，审批中的自由裁量权也过大，审批的透明度也很低；所有这些，都在一定程度上导致了审批权的滥用，助长了一些行政机关和行政人员不正之风的蔓延，也与市场经济的发展不相适应。而建立电子网络政府，一个重要的先决条件，就是要对在计划经济体制下形成的审批制度进行大刀阔斧的改革，这在一定程度上也必将引起政府管理方式的变更。

第二节 电子政务的功能和意义

电子政务是政府管理方式的革命，它不仅意味着政府信息的进一步透明和公开，而且意味着政府要通过网络来管理其管辖的公共管理事务。电子政务最重要的内涵是运用信息及通信技术打破行政机关的组织界限，构建一个电子化的虚拟机关，使人们可以从不同的渠道获取政府的信息及服务，而不是传统的经过层层关卡书面审核的作业方式；而政府机关之间及政府与社会各界之间也是经由各种电子化渠道进行相互沟通，并依据人们的需求、可以使用的形式、要求的时间及地点，提供各种不同的服务选择。

一、电子政务的功能

电子政务包括三方面的内容，即政府部门内部的网络化和无纸化办公，政府部门之间通过网络进行的协同办公和信息共享，以及政府通过网络实现的与公众的沟通和互动。这三项内容各有其独特的功能，同时，它们结合起来又具有一些整体性的功能。电子政务的几项重要功能如下：

1．增强政府监管力度，维护市场经济秩序

政府的职能主要有经济调控、市场监管、社会管理和公共服务。在现代市场经济条件下，在发挥市场机制在资源配置中基础性作用的同时，必须充分发挥国家对整个国民经济的调控作用。我国电子政务建设的首选目标确定为加强政府业务监管。实施电子政务，能够用信息化的手段来加强政府的有效管理，使政府的各项监管工作更加严密、有效，如“金关”、“金税”等工程所取得的成就都说明上述选择是符合我国国情的重要决策，对于监督和整顿市场秩序，加强财政管理，规范财税秩序，保障经济的正常运行，增加国家收入，促进国民经济健康有序发展起到重要作用。

2. 整合决策依据，实现决策支持

电子政务可以在政府信息系统的基础上完善决策支持系统，以达到科学决策的目的。

决策支持系统（Decision Support System，DSS）是一种新兴的信息技术，它通过整合个人的智力资源和计算机的能力来改进决策的质量。DSS使用数学模型来模拟客观事务，然后借助信息化技术对现有数据分析得出预测结果，从而实现决策支持。政府业务通常要涉及各个行业和部门，其间的关系错综复杂而又多变，给决策带来了很大困难。而DSS系统大量采用先进的计算机技术，可以将多方面的资料进行综合并加以整理和分析，是克服政府决策困难的有效途径。

虽然很多政府业务涉及的模糊决策问题，通常被认为无法进行确切推理，只能依靠经验和主观判断来进行决策，但是近年来飞速发展的模糊推理技术和不确定推理技术可以在一定程度上解决这一问题，这就使得更多的政府决策问题可以借助政务DSS技术来得以解决。

3. 实施信息发布，提供丰富信息

政府机构是整个社会最大的信息搜集者。借助政务信息系统，政府可以向社会各界提供各类信息，支持企业和公众的决策。电子政务系统的建设可以促进国内各级政府单位信息中心的建设，不但可以为政府决策提供综合性信息服务，而且还可以向企事业单位和公众提供信息服务。随着电子政务的发展，可进一步将各级政府信息中心整合，向政府部门、企事业单位和公众提供更为全面的信息。

4. 加强沟通互动，有利服务公众

电子政务可以大大增加我国政府和公众之间的沟通和互动，为政府提供一种全新的为公众服务的方式。政府可以以互联网为基础，构建政府服务骨干网络，提供电子窗口、电子目录、电子邮件、电子新闻、电子民意信箱、政策法规资料查询、办事程序查询等基本服务。人们不必走进政府机关，只需坐在家中轻击鼠标进入政府网站，就可获取有关政府机构设置、办公流程、工作动态等方面的信息。

电子政务还可以推动政府服务向“单一窗口”、“跨机关”、“7×24小时”、“自助式”服务的方向发展。人们无需进入政府机关，在家中通过电脑网络就可以申办居民身份证、护照、驾驶证，办理纳税、户籍等手续。办理事务的市民面对的电子政府是“一站式”结构，他们不必知道自己究竟是在和哪个政府部门打交道，就可以将事情办完。采用这种方式办事，不仅可以方便群众，提高政府部门的办公效率，更可以防止人情因素的干扰，减少腐败滋生的土壤。

5. 降低行政成本，提高办公效率

电子政务是降低政府行政管理成本的最有效的途径之一，主要是通过实行办公自动化和业务流程重组这两个途径，来降低运行成本、提高办事效率。政府很多事务性、常规性的业务，都可以进行自动化处理，诸如文档管理等。由于很多政府业务的手续、步骤和流程都已经比较成熟和固定，所以，实行电子化办公能够有效地降低每个环节的成本。另外，电子政务还可以通过推动业务流程的重组，来节省系统中冗余结构所消耗的成本。在电子政务的建设过程中，由于借助了先进的计算机和网络技术，很多过去传统模式下必不可少的环节和步骤变得不再必要，所以配合电子政务建设，可以调整原有的业务流程结构，精简不必要的手续、步骤乃至整个部门，这不但可以精简政府机构，提高办公效率，同时也能大幅度地降低政府的运行成本。

6. 发挥主导作用，带动国家信息化建设

发展以政府为主导的电子政务，将给政府管理方式带来深刻变革，同时也将带动和促进我国信息技术及其相关产业的繁荣。电子政务的实施推广，将使政府成为推动社会信息化的主导力量，也必将加速我国社会的信息化进程，最终实现以信息化带动工业化的目标。

二、实施电子政务的意义

1. 改革传统政务模式，促进政府职能转变

我国政府的行政思维、行政措施、行政管理方式以及行政制度等方面都需要根据国际标准进行相应的调整，具体地说，我们需要进一步转变政府职能，改革传统政务模式，规范和优化政府业务流程，减少不必要的行政审批手续，营造更加开放、宽松的环境，逐步削弱直至取消政府对微观经济的直接干预，打破阻碍经济健康发展的条块分割和行政垄断，从而建立行为规范、运转协调、公正透明、廉洁高效的行政管理体制。电子政务建设对于这些改革和调整，具有一定的促进作用。

2. 增强透明度，实现"阳光政务"

透明度原则对我们的立法、立规活动提出了更高的要求。市场经济既是信用经济，又是法制经济。只有政府业务高度透明，才会有利于自由贸易、非歧视、公平竞争等原则的贯彻执行。实施电子政务，可以充分利用信息技术，实行全面的政务公开。具体地说，可以将国家的法律、法规和政策上网宣传，可以将政府的工作职责、办事程序及收费标准等规定上网公布，从而增强政府工作的透明度，保障人民的知情权、参与权和监督权，消除滋生腐败的土壤，形成依法行政、依法办事的良好风气。

3. 提高服务意识，适应国际服务水平

政府职能转变要与市场经济的要求相适应，必须明确一个总的指导思想，那就是政府应当向服务型政府转变。政府管理只有增强服务意识，强化服务功能，提高服务水平，才能在国际上塑造我国政府的良好形象。而电子政务建设则能够推动向服务型政府的转变。例如，政府通过网络向公众提供"一站式"服务，可以使服务的提供过程变得"快捷、简便、通畅"，达到"优良、周到、令人满意"的服务水平。

4. 政务信息化将促进国民经济的发展

政务信息化不但可以提高政府的办事效率和服务质量，加强廉政建设，充分发扬民主，而且还可以拉动国内信息产业的发展，进而促进整个国民经济的发展。

首先，电子政务可以为政府提供更有力的工具，加强对经济的宏观调控。借助电子政务工程，海关、税收、银行等部门可以提高自身的工作效率，同时还可以与业务相关部门共享信息，从而堵塞监管漏洞。政府高效率的市场监督工作，可以创造一个更有秩序的市场环境，从而为国民经济的健康发展奠定坚实的基础。

其次，电子政务本身就可以造就一个潜力巨大的产业。政府上网，需要建设大量的信息工程，采购包括各种软硬件设备在内的大批信息产品，这将直接拉动国内相关产业的发展。另外，政府今后通过网络直接采购商品和服务，也使得政府采购更加市场化和透明化，从而将巨大的需求纳入到市场经济的运行轨道之中，这必将对整个国民经济的健康发展起到巨大的促进作用。

5. 政务信息化将带动社会信息化的发展

政府的信息化建设，可以直接提高社会的信息化水平。由于政府是信息资源的最大拥有者，也是信息技术应用的最大使用者，同时由于互联网的广域性，使得政府的电子政务建设涉及面更广、影响更为深远，在推动全社会信息化方面起到更加重要的作用。具体地说，政府通过建设政府专用信息平台，完善向社会提供的信息服务，可以推动公众使用信息技术。目前，电子政务在教育、社会保障、社区服务、社区治安、文化、体育等多个领域都大显身手，多种虚拟社区也已经蓬勃发展了起来。政府信息化同样能够推动企业信息化的进程。为了与政府部门进行网上的交流，企业会积极地提高自身的信息化水平。正如有些专家所指出的，没有政府信息化，就没有全面的企业信息化；没有电子政务，就没有真正的电子商务和企业信息化。电子政务不仅为电子商务和企业信息化提供了良好的支持环境和对接方式，而且也成为电子商务的服务对象和客户。

在这个意义上，电子政务工程将成为社会信息化水平的重要标志和国内信息产业和服务业发展的关键动力。所以，总的来说，政府信息化能够带动社会信息化的发展。在信息时代，电子政务已经成为政府实现公共管理所不可或缺的工具。

第三节　中国电子政务的发展历程和现状

一、中国电子政务的发展历程

中国电子政务的发展可以追溯到20世纪80年代，已走过了20多个年头。按照不同时期的发展特点，中国电子政务的发展可分成四个不同的阶段。

1．办公自动化阶段

中国政府早在20世纪80年代已意识到信息革命带来的挑战与机遇，各政府部门已经开始尝试利用计算机技术辅助一些基础的政务活动，譬如文件电子化处理、数据电子化存储等，这就是所谓的"办公自动化"发展阶段。这一阶段主要的特点是利用计算机替代一部分手工劳动，提高政府文字、报表处理等工作的效率。在20世纪80年代的中后期，全国各地许多政府机构掀起了学习计算机、使用计算机的热潮。但由于在当时计算机设备价格昂贵、软件易用性差，办公自动化的普及并不是很迅速。到80年代末，全国各地不少政府机构已建立起了各种纵向或横向内部信息办公网络，很多政府机构成立了专门的信息中心，为提高政府的信息处理能力和决策水平起到了重要的作用。

2．"金字工程"实施阶段

进入20世纪90年代，我国的政府信息化建设进一步加快，特别是一系列"金字工程"的启动，标志着中国政府与国民经济信息化的序幕正式拉开。1993年12月，我国政府成立"国家经济信息化联席会议"，确立"实施信息化工程，以信息化带动产业发展"

的指导思想，正式启动“金卡”、“金桥”、“金关”等重大信息化工程，这些工程都是由中央政府直接领导，以加强信息化基础设施建设为重点，以保证国民经济重点领域的数据传输和信息共享为主要目的。

“金卡工程”是以电子货币工程为重点的应用系统工程，主要是通过利用邮电、金融系统现有的网络资源，借助“金桥网”，为金融系统推行信用卡和现金卡，为商贸、旅游等行业提供新型电子支付手段服务。

“金桥工程”，即国家公用经济信息通信网工程，是国家经济和社会信息化的基础设施之一，它与原邮电部通信干线及各部门已有的专用通信网互联互通，互为备用，建成覆盖全国、天地一通的中速信息通信网。金桥网建成后，于 1996 年 9 月开通互联网业务，为中国的网络事业发展作出了重要的贡献。

“金关工程”是“金桥工程”的起步工程之一，它的主要目的是通过海关、外贸、外汇管理和税务等政府部门的联网，向企业提供相关服务，建立起出口退税、进出口配额和许可证管理、收汇和结汇、进出口贸易统计等信息应用系统，加强和改善政府对进出口贸易的管理。

紧随“三金工程”之后的是“金税工程”，是为了配合中国财税体制的改革，推行以增值税为主体的流转税制度，严格税收征管，杜绝税源流失而实施的一项全国性的信息化工程。“金税工程”的实施为提高税收征管水平、保证国家税收来源完整具有重要的意义。

3. 政府上网阶段

20 世纪 90 年代的中后期，互联网已经开始在经济社会生活的各个领域进行广泛渗透。1999 年初开始的“政府上网工程”，标志着真正意义的电子政务活动在我国正式启动。

1999 年 1 月，由中国电信和国家经贸委经济信息中心牵头，联合 40 多家部、委、办、局信息主管部门在京共同举办“政府上网工程启动大会”，倡议发起了具有历史意义的“政府上网工程”。“政府上网工程”的主要目的是推动各级政府部门通过网络向社会提供各种公共信息资源，并逐步应用网络实现政府的相关职能，为实现电子政务打下坚实的基础。

在“政府上网工程”的推动下，我国的政府信息化建设有了实质性进展。到2005年12月底，全国各级政府在“gov.cn”下注册域名的数量为23 752个，已经建成的WWW下的政府网站达到11 955个。可以说，绝大部分国家部、委、办、局与地市级以上地方政府都已经在互联网上建立起了自己的网站。与此同时，政府网站所发挥的作用也变得越来越大。如地方政府通过互联网发布政务通告，向社会提供政府职能部门服务电话，提供各种事务处理程序及问题解答；外经贸部门通过互联网办理进出口资格申请，申报出口退税，三资企业审批；人事部门进行网上公务员考试录用，劳动人事政策公开等。应该说，“政府上网工程”的启动，使中国政府真正开始了基于互联网的电子政务活动，无论是普通百姓，还是政府职员，对电子政务发展有了更进一步的认识，为改善电子政务发展环境起到了重要的作用。

4．电子政务实质性应用阶段

在经历了“政府上网工程”后，我国电子政务的发展进入了实质性应用阶段。在这一阶段，电子政务的发展已经不再停留在“概念炒作”、“盲目建站”这一层次，而是把发展电子政务与政府职能转变、政府机构改革、依法行政以及中国加入WTO后政府与国际接轨的现实需要结合起来。与此同时，电子政务的发展也进入了整体规划、逐步推进、有序实施的阶段，改变过去技术主导的状态，逐渐把电子技术与政府的各项具体业务紧密地结合起来，使得电子政务的作用与价值得到很好的体现。

在电子政务发展规划方面，从中央到地方都引起了足够的重视。2001年12月，国家信息化工作领导小组成立，由国务院总理朱镕基担任领导小组组长；同年的12月29日，由国家科技部会同国家信息化办公室、国务院办公厅、国家保密局、信息产业部、公安部的有关专家共同组织进行的“中国电子政务应用示范工程”开始在全国范围内进行公开招标。这些举措充分表明，国家在发展电子政务方面是希望协调进行，克服盲目、混乱的做法。除中央政府外，我国不少地方政府也纷纷行动起来，结合当地的实际，提出了详细的推进电子政务建设的时间表。

二、中国电子政务的发展现状

从 1999 年“政府上网工程”的正式启动，到我国信息化建设不断取得新突破的今天，电子政务建设水涨船高，异军突起，在软件市场环境一度低迷的状态下，电子政务市场成为一匹不小的黑马，给 IT 产业带来了新的希望。

1．电子政务基础建设成效显著

截至 2005 年 12 月 31 日，调查数据显示，我国网民总人数为 1.11 亿，上网计算机总数达到 4950 万台。网络国际出口带宽增长飞速，总带宽量为 136G，CN 下注册的域名数、网站数分别达到 100 万和 30 万，其中政府网站建设快速推进，总数量突破 1 万个。由此可见，电子政务的发展取得了丰硕成果。

2．电子政务市场商机无限，仍将继续保持快速增长势头

权威分析认为，未来的几年内，我国各级政府投入电子政务的总金额预计将会达到 2000 亿～2500 亿元人民币。全国 80％的政府部门实现办公信息化，3000 多万公务员中 60％配置计算机，需要投资 1000 亿元。按硬件和软件的配比 4∶1 计算，购置软件需要 250 亿元。全国 2500 多个县，600 多个市，47 个省、自治区、直辖市和副省级城市以及近 90 个国务院部门的局域网、传输网建设，需要 550 亿元，这样大体算来应该在 1800 亿～2000 亿元。这些资金不需要全部由政府投资，中央各部委由财政部拨款，地方的电子政务建设则根据地方财政情况进行支持，其中富裕的省市可以自筹资金，而且大部分资金应该来自社会。之后，在人员培训、技术支

三、中国电子政务发展存在的问题

国务院前总理朱镕基曾经指出，政府的主要职能在于经济调节、市场监管、社会管理、公共服务。电子政务就是要将这四大职能电子化、网络化，提高政府部门依法行政的水平。应该说，在电子政务实施这一环节上，就技术层面讲，没有解决不了的问题，最大的难点还是在体制上。

另外，随着计算机信息技术的飞速发展，电子政务在政府实际工作中已经发挥了越来越重要的作用。可以说，如果缺少了电子信息技术这个手段，或者说如果因为安全问题导致电子政务系统无法正常运行，大量的政府部门将完全无法进行正常的工作，将直接给地方的经济发展带来巨大的负面影响。

1. 资金上的困难

电子政务建设需要投入大量资金，对于欠发达和贫困地区而言，这是一个不小的挑战。在第三届中国电子政务技术与应用大会期间，有政府代表提出电子政务建设不是增加两台电脑、增加两个人手就能解决问题的，从基础设施，硬件配置、配套软件到网络运转和后期的维护，需要巨大的资金支持。根据中国互联网络信息中心2006年1月的调查报告，华东、华北、华南三地区的网站数量占全国总量的近九成，网站数量排在前四位的省市依次是北京、广东、浙江和上海，这四个省市的网站数量占全国网站总数的53.5%，域名数量占全国域名总数的48.2%。资金短缺问题成为困扰一部分地区电子政务发展的头等难题。

2. 观念上的陈旧

这里说的“观念”有两方面：一是传统行政观念的障碍；二是重“电子”轻“政务”的观念。传统的行政观念长期存在于我国部分政府机关人员头脑中，受到传统观念的影响，“官老爷”始终处于高高在上的位子，办事效率低下，法制观念淡薄，给我国包括电子政务在内的各项工作造成了巨大的阻碍。

另外，重“电子”轻“政务”现象严重。目前，国内电子政务的采购额中硬件支出高达80%以上，软件和服务方面的投入相对较少。由于对我国电子政务建设的出发点和落脚点一知半解，加之受到“政绩工程”和“形象工程”概念的影响，部分地区电子政务建设成为“政府形象工程”，导致部分花费巨资购来的硬件设施成为摆设。这种现象的出现不是偶然的，一方面，受到传统观念的影响，硬件设施相对软件设施更为直观，更加显而易见；相反，软件设施的价值是难以用肉眼来判断的。另一方面，部分人员不愿意接受新的行政方式，只是为了应付检查，购置部分硬件，或者简单地购置一两套信息化软件。由此导致“电子”大于“政务”的后果。

3. 专业人才的缺乏

电子政务在我国已经开展了较长时间，但一些地方政府部门在请一些专业的网络公司进行电子政务工程建设后，长期请网络公司人员驻守，一旦网络公司人员离开，电子政务系统运转就受到影响，有些地区的个别部门甚至没有一个人懂得操作电脑，在这种基础上建立起来的电子政务系统其运作情况可想而知。针对这一问题，中共中央组织部、人事部、国务院信息化工作办公室曾联合发布《关于开展信息化与电子政务培训的通知》，通知规定：“开展信息化和电子政务培训的重点是县级以上领导干部和国家公务员”、“要发挥各级各类教育培训机构的作用，各级党校、行政学院以及其他干部教育培训机构举办的各类干部培训班、进修班，要把信息化与电子政务内容纳入教学计划。三个月以上的班次，学习时间不少于5天；三个月以下的班次，学习时间不少于3天。”

4. 体制的不合理

党的十六大报告已经明确指出，要“进一步转变政府职能，改进管理方式，推行电子政务，提高行政效率，降低行政成本，形成行为规范、运转协调、公正透明、廉洁高效的行政管理体制。”因此，推动中国电子政务，不只是用电子手段履行政府的现存功能，而是要进一步深化行政管理体制改革，进行一次深入的本质性的变革。我们必须以改革的精神来推动电子政务建设，力争取得比较扎实的成效。部门分割、信息不对称是我国目前电子政务建设的一个重要瓶颈。大多数部门建立的信息网络没有互联互通，形成了一个个“信息孤岛”，部门内部、部门之间难以在网络上直接沟通与交流。这给未来留下了成本隐患。

据统计，中国各级政府部门掌握着3000多个数据库、80%的社会信息资源，而能够互相连接的数据库不到30%，投入巨额资金的信息化工程往往只是方便了本单位、本系统的员工。由于各部门信息化资金由本部门支付，建设自上而下的网络，并没有考虑其他相关部门，重复建设相当严重。另外，统一规划也存在诸多的难点，信息化将建立的是一个高效的协作体，只有配合机构改革，如公务员及部门精简等才能得以实施，现阶段机构改革本身就是难点，要统一规划信息化网络更是阻力重重。

由于中国信息化走的是“信息化带动工业化”的道路，各单位大多采取的是“先上再改”、“摸着石头过河”的方式，加上规划意识与协调机制的薄弱，未来也许要重建一套系统，或者需要大量的二次开发，或者等待智能化新技术出现，这些都涉及大量的成本，现行的建设也许只是一场预演。

5．法律法规建设滞后

我国正处于社会转型期，法律法规滞后，旧的生产力和生产关系之间的矛盾尚未完全解决，新的矛盾层出不穷，这必然引起部分人士对法律法规建设的质疑。由于现有的部分法律法规难以解决现阶段各种矛盾，直接导致新生事物遭遇层层阻挠，同时现有的法律法规在犹豫不决中步履维艰，这是一个恶性循环。但在我国社会的转型阶段，这是一种必然现象。电子政务的出现亦是如此，作为一种新生事物，现有的法律法规对我国电子政务建设过程中出现的各种矛盾束手无策，而屡遭挫折的电子政务建设带来的各种假象也使得相关法律法规的建设踌躇徘徊。

6. 我国现阶段国情决定了电子政务建设的曲折性

目前，电子政务的建设在部分贫困地区刚刚开始；部分地区、县级城市网站，几年来没有更新过。这一方面是管理者的问题，另一方面是使用者的观念问题。

电子政务建设是个长期、曲折的过程，我国现阶段存在的各种矛盾都在直接或间接地影响着这个21世纪最伟大的变革。我国现阶段的国情，决定了电子政务建设同样要走“共同富裕”的发展道路，部分有条件的先“富裕”起来，带动贫困地区，落后地区；贫困地区也要向先进地区借鉴成功经验，最终达到“共同富裕”。

7. 安全问题

(1) 网络安全域的划分和控制问题。很显然，安全与开放是矛盾的，这个矛盾在电子政务的应用中也同样存在且显得尤为重要。电子政务中的信息涉及国家秘密、国家安全，因此需要绝对的安全；同时电子政务很重要的发展方向，一是要为社会提供行政监管的渠道，二是要为社会提供公共服务，如社保医保，大量的公众咨询、投诉等，它需要一定程度的开放。因此如何合理地划分安全域，通俗地讲，能让老百姓看什么，不能让老百姓看什么，在这两者之间寻求一个平衡点就显得非常重要。如一些单位采用VPN的形式进行某些业务操作，但是操作中以Web方式给公众浏览，这时就存在网络拓扑中Web应该摆在什么位置、业务数据库应该摆在什么位置、如何利用防火墙等网络安全设备合理划分这些网域等问题。

前一阶段由于政府公开的信息中过分强调了“安全”，弱化了“开放”，导致了很多政府部门在电子政务的实际应用中发挥不了多大的正面作用，甚至有负面作用的存在，如制作了一个网页以后无人定期进行维护，导致与实际内容有所偏差，甚至有的出现明显错误等。在全社会广泛关注的情况下，一些部门为了迅速扭转在社会公众面前的形象，盲目地将一些信息公开化，导致了一些泄密事件的发生。

（2）内部监控、审核问题。电子政务与电子商务的不同点在很大程度上是体现在对公网的利用率上。除黑客群体外，内部人员是否对网络进行恶意的操作和是否具有一定程度的网络安全意识，在很大程度上决定该单位网络本身的安全等级系数和防护能力。目前情况是绝大部分单位都没有系统可以实时地对内部人员除个人隐私以外的各项具体操作进行监控和记录，更不用谈对一些非法操作进行屏蔽和阻断了。

（3）电子政务的信任体系问题。电子政务要做到比较完善的安全保障体系，第三方认证是必不可少的。只有通过一定级别的第三方认证，才能说建立了一套完善的信任体系。目前应用比较广泛的是 PKI 信任体系。它包括密码算法的选择、CPS 的制定、捆绑的安全强度等，但这些都是在电子商务的基础之上建立起来的。电子商务与电子政务毕竟有很大的不同，如果只是简单地把 PKI 的电子商务应用模式应用到电子政务中，出现问题将在所难免。

（4）数字签名（签发）问题。在电子政务中，要真正实行无纸化办公，很重要的一点是实现电子公文的流转，其中数字签名（签发）问题又是重中之重，因为它是使公文有效的必要条件。一旦在这个环节上出了问题，可能就会出现很多假文件、错文件，严重的将直接影响政府部门的正常运作。但是，从目前的情况看，数字签名系统不但在实际操作中存在能不能接受的问题，而且系统本身也都不是很完善。

（5）电子政务的灾难响应和应急处理问题。很多单位在进行网络规划时，没有考虑作为系统核心部分——数据库本身的安全问题，完全依赖于网络自身的防护能力，一旦网络的安全体系被击破或者直接由内部人员利用内网用户的优势进行破坏，对电子政务将是一场灾难。

第十章 电子政务的建设

第一节 电子政务模型

一、电子政务的发展定位

电子政务发展的根本目的是实现技术向生产力的转化，但以这样的方式实行的电子政务是高投入和低产出的。从国际电子政务的发展可以看出，电子政务的发展应定位在实现以“公共管理”为目标和以“知识管理”为模式的管理创新。

1. 公共管理目标

电子政务发展的首要问题是确立政府公共管理目标模式。所谓政府公共管理目标模式是指政府在市场经济条件下的角色定位。按照公共行政的一般理论，政府在整个社会中扮演的角色主要涉及社会的公共领域，即行使公共权力，代表公共利益，管理公共事务，提供公共服务，维护公共秩序，承担公共责任。从国外20年来行政改革的实践看，传统的公共行政已经发生了很大的变化，即由公共行政发展到公共管理、其主要标志是：政府更注重发挥市场的力量，政府的职责主要集中在公共领域；公共事务管理主体由过去的政府独家垄断，逐步向多元化方向发展；政府管理方式大量引入市场机制，推行公共管理社会化和公共服务市场化，并把现代企业管理的方法如质量管理、成本效益和投入产出等引入政府管理中来。电子政务在公共管理目标模式的选择上，必须考虑三大基本要素，即：政府职能的合理界定、政府规模的有效控制以及行政流程的科学设置。其目标模式可以定位于“小规模、严管理、大服务”。

在政府职能配置方面，应该注重发挥市场在资源配置中的基础性作用，并按照权责一致的原则，合理划分各部门的职责权限，转变政府职能，真正找准政府的职能定位。政府职能的合理配置是政府实行有效管理的前提，他是政府行使各种权力的基本依据。现代政府在配置职能时，首先要考虑政府的基本职责以及与此密切相联系的部门的科学设置与权限的合理划分。其次，要按照权责一致的原则，合理划分事权，理顺条块以及行政层次之间的关系。界定部门之间的职能分工，克服多头管理、政出多门的弊端。再次，在重新界定政府职能的过程中，除了要解决好行政体系内部的职责权限的合理划分外，还要十分重视政府职能的转变；而政府职能的转变，又必须考虑处理好三种关系，即政府与市场、政府与企业、政府与社会的关系。

在政府规模控制方面，应该建立办事高效、运转协调的行政管理体系。政府规模是一个综合反映一级政府管理的指标体系，包括政府职能、机构、人员以及财政开支等。在国外衡量一个政府规模的大小，一个重要指标就是其靠财政供养的公职人员的数量。同时，政府规模的大小还与政府的财政收入、财政支出比例有密切联系。这说明控制政府规模，必须与事业单位的配套改革、建立财政供养公职人员的约束机制等要有机结合，而不单是一个精简机构和人员的问题。根据我国政府管理的实际情况，在电子政务建设过程中要有效地控制政府的规模，实现“小规模、严管理、大服务”的目标选择，建立办事高效、运转协调的行政管理体系。

在行政流程方面，要实现政府管理的“简便、务实、廉洁、高效”。离开了简便、务实、高效和廉洁，不仅“严管理、大服务”的目标难以实现，而且还可能背离为人民服务的宗旨。行政流程不仅仅是一个规范政府的办事程序问题，还与政府的管理手段、管理方式等有密切的关系。

电子政务的公共管理几乎包括了生活、教育、就业、交易等各个领域，其服务对象也几乎包括所有公民、企业、政府机构、政府工作人员以及国外游客等。因此，电子政务的发展是在“小规模、严管理、大服务”目标下为各类用户提供任何时间、任何地点、任意方式（Anytime、Anywhere、Anyhow，即 3A）的多元化、个性化公共管理服务。

2. 知识管理模式

要实现“政府职能的合理界定、政府规模的有效控制及行政流程的科学设置”，知识管理（Knowledge Management）发挥着越来越重要的作用，并将成为 21 世纪政府运作的主要工具。因此，电子政务的发展必须实现“知识管理”为中心的管理创新。

“知识管理”应是以“人”为中心、以信息为基础、以知识创新为目标，将知识看做是一种可开发资源的管理思想。简单地说“知识管理”就是人在管理中对其集体的知识与技能的捕获与运用的过程，目的就是寻求信息处理能力与人的知识创新能力的最佳结合，在整个管理过程中最大限度地实现知识共享，以达到将最恰当的知识在最恰当的时间传递给最恰当的人，并能作出最恰当的决策。

二、电子政务环境

电子政务系统在改善政务本身的同时，也打破了原有的政务价值链，因此电子政务系统的建设不仅需要技术，而且需要政府内部和政务价值链上的所有单元进行政府结构和工作方式的变革。也就是说，电子政务系统的建设必须具备一定的环境条件。电子政务涉及的环境主要包括两大方面：社会环境和内部环境。

1. 电子政务的社会环境

在社会环境方面，首先，电子政务系统需要一个适应网络经济条件的法规环境，电子政务的存在和发展必须以特定的法律、法规和政策来规范。作为国家信息化的“龙头”，国家会逐步建设有秩序的国家电子政务体系，包括：制定适应网络时代要求的开放式、原则性法规，统一的基础设施、应用系统等的技术标准及规范等；以形成纵横互联的各级政府网络和应用体系。同时，国家电子政务系统也需要有关电子契约、数字签名和个人隐私等方面的法律界定，以及鼓励甚至引导电子政务系统建设和应用的相应政策。其次，电子政务系统需要一个适应电子政务建设和应用的社会信息化环境，电子政务系统需要诸如国家信息化、城市信息化、企业信息化、商业信息化和行业信息化以至于家庭信息化建设和发展的协作，只有在"信息生态圈"中生存，电子政务系统才有其赖以生存和发展空间；只有在一定的社会信息化普及程度和应用水平，电子政务系统也才能够真正发挥其效用。实质上，影响电子政务建设的社会因素很多，这里仅强调两大方面：知识经济对电子政务管理变革的要求和电子政务发展所需的信息生态圈。

(1) 知识经济对电子政务管理变革的影响

随着知识经济的形成和发展，需要有与之相适应的管理模式、管理理论和实践，正如彼得·德鲁克所强调的，"因为知识社会是一个政府的社会。其中心器官是管理，仅仅管理就能使今日的所有知识成为有效"。目前，世界上的著名政府都越来越重视无形资产而轻视有形资产，或者说越来越重视知识而轻视库存。据统计，目前有实力的政府的有形资产和无形资产的比例达到1∶2或1∶3，拥有和利用知识成为时代的真正动力。

(2) 政务信息生态圈

信息生态圈是指任何组织及其事务的创立、生存、发展和转化过程中发生的多目标、多层次、多方向，并反映该组织的功能及其资源（技术、观念、人力、资金和物资等）代谢的全部信息集合。电子政务的主要目标之一是构建或进入已有的信息生态圈。信息生态圈是在信息技术的基础上注重人们如何集中地创造、描述、理解和利用信息，它要求有新的管理模式、激励机制，对组织内部等级划分和复杂关系的正确态度以及资源分配作为新的起点。其着眼点在于整个地球、一个国家、一个地区或一个组织的整体信息环境。

信息生态圈可以视为政府信息、企业、组织和社会公众的总和，它包含了参与社会经济活动的一切政府部门、经济实体、个体和组织。信息生态圈内的信息环境包括信息生产者、信息传递者、信息分解者和信息消费者。信息生产者主要生成各种原始信息，包括登记资料、调查资料、技术和研究报告等。信息传递者主要传递各种信息，包括证明、报告、设计、创意、书刊、杂志等出版物及广播、电视、电台及网站等媒体。信息分解者则是在不同层面使用和加工原始信息，信息分解者具有不同的层次。信息消费者是信息的最终使用者和受益者，从各级信息消费者那里获取信息并加以利用。信息生产者、信息传递者、信息分解者和信息消费者共同构成了信息环境，他们之间既有明确的角色界限，又有可相互寄生、共生和转化的特点，在不同的阶段和时期及场合扮演不同的角色。

信息生态圈的功能和结构由信息时效、信息循环链、生态圈平衡构成。首先，信息生态圈中的信息是有生命的、相互适应的。不能适应变化的信息将失去生存空间。其次，信息生态圈具有实现和完成组织信息流动和循环的功能，生态圈内的各信息环境可以视为一个小的信息生态系统，可以具有独特的信息内容，多个信息环境便构成了一个大的信息生态圈，并相互影响、制约和融合。同时，信息生态圈具有自动调节恢复和稳定的功能，进入圈内的信息种类越多样化，信息交互和循环越强、越快速，系统的调节功能就越强。再者，信息生态圈是一个完全开放的网络信息系统和平台，信息生态圈内的各信息源所发布的各种随时间、空间及政治经济条件而变化的需求信息构成了动态的反映社会经济环境变化的信息平衡体系，它不断从外界吸纳新的信息，释放旧的信息，删除死亡的信息，同时其内容随社会经济文明和文化发展的变化而变化。当政务信息生态圈发展到成熟阶段时，各类信息的比重、数量和群体的比例趋于平衡；信息的流向、流量趋于稳定，即达到政务信息生态圈的平衡，这种平衡是社会经济环境平衡的真实反映，这时社会的各种资源的配置趋于优化状态。

2. 电子政务的内部环境

就内部环境而言，电子政务是用技术改进现有的各种关系，并创造新型关系，创建新的服务，延伸政务价值链，因此，电子政务系统的建设涉及政府内部思想，政府、业务、管理、人才和技术等方方面面。建立完善的政府机构，制定行政管理及其流程的标准和规范体系及业务操作和资源利用的管理制度体系，成立由管理人员、技术专家在内的建设领导小组，组成由技术雄厚、人员稳定的开发队伍和有关政府部门政务人员相结合的工作小组是电子政务实施必须具备的基本条件。而政府结构的变革、管理模式的改革、人文环境的创造和业务流程的优化重组则是电子政务实施的核心。

(1) 变革管理体制

电子政务的实施是以管理体制的变革为主要特征的。从信息技术时代的管理变革能够发现一些特定的征象，主要表现在以下几个方面。

① 灵活的政府结构。由于信息传输方式的根本改变，建立在逐级上传下达方式基础上的传统金字塔式等级制的科层政府结构正在逐步解体。20 世纪 70 年代，以阿尔温·托夫勒等为代表的未来学家对社会信息化特征作过预测。这些远见卓识的观察和判断以惊人的准确性预言，将产生符合时代节拍的新的政府形式，政府结构呈现出频率越来越快的变化。非常规部门快速增长，新的政府形式将是暂时性很强、适应性很强、变化迅速、充满着稍纵即逝的基本单位和流动性极强的个人。相应的信息系统建设也是具有灵活性和强适应性的体系，特别强调人和系统要更多地适应信息时代的变化性的特点。

② 流动的工作岗位与多层面交互性的业务过程。政府结构的变化也会带来工作岗位的不稳定性。例如，今天美国的工作场所的非全日制工作岗位越来越多，同时，衡量工作结果的方式和观念也大大改变，目前已有 3/4 的工作脱离了按“岗位付酬”的旧观念与

旧制度，转而按“业绩付酬”。传统官僚政府包括政府和大企业政府的科层制典型特点是严格的专业分工、部门分工下的业务过程。在信息技术时代，取而代之的方式是跨专业学科、跨部门和跨地域的多层面的交互式业务过程。

③ 以知识为中心的工作方式。等级权威在信息时代逐步瓦解，知识权威重于等级权威。“知识型工作人员需要领导但不承认等级”，美国管理理论界泰斗彼得·德鲁克认为，知识与任务而不是与等级相关，“任务决定一切而不是取决于姓名、年龄或科目的预算，或从事这项任务的个别人的等级……所以知识必须像一个小组一样地组织起来，其中由任务来决定谁负责、何时负责、负责什么、负责多长时间”。

电子政务环境下的管理不重视等级身份，重视的是知识，一切围绕知识，既不为等级所阻隔也不为专业所阻隔。

(2) 创新管理方式

电子政务环境下的管理方式倡导运用集体的智慧提高政府的应变和创新能力，具体体现在以下几个方面。

① 与政府战略相结合。管理者只有把知识当作一种资产来管理、利用、创造和投入，才会对知识的管理变得积极和敏锐，并热情参与。管理者应当关心知识管理对业务发展的作用，重视它与业务的结合，把它融于政府运营的过程当中，使二者的结合相得益彰。

② 与核心业务相结合。如果不把知识管理与核心业务相结合，使政府项目的成败完全维系于技术本身，知识管理就形同虚设，毫无效益可言。

③ 与政府文化塑造结合。在内部形成一种自然而然地共享知识的行为环境是开展知识管理的基本条件。首先，政府管理者思想开放，敢于向自己和传统的习惯提出挑战，敢于突破固有的思维模式，把管理模式由控制转为支持，由监督转为激励，由命令转为指导，自上而下形成一种共享学习的宽松环境。其次，政府的每一位

公务员都认为贡献知识与人共享是一种固然的行为，并自然与政府内外的人员形成知识网络团队。再次，政府竞争环境不是相互损害对方的利益，而是实力的竞争。因此，政府要同其环境形成一个由供应链、产业链、知识链共同支撑的全方位的知识网络环境。

④ 与理性的管理结合。作为现代政府管理模式的新形式，知识管理的确为政府的发展带来了效率，然而，科学的理论、方法、发展和应用都不是一帆风顺的。加之应用对象、环境和时代变迁的复杂性，要求人们对知识管理潜在能力的认识要客观、公正，避免主观夸大乃至误解知识管理对社会经济发展的作用。

⑤ 与政府投入相结合。在政府知识管理的投入中，最大的投资不是技术和设备的硬件投入，而是人力与时间，即对知识本身的投入。因此，政府管理者的眼光要放远一些，硬件投入不会很快产生预期的效果，员工用于创造知识的时间和投入才与知识管理的成果相辅相成。总的原则是充分利用现有的技术与设备，一切以实用为主，不要一味追求技术和设备的先进性。

⑥ 与激励方式相结合。知识管理需要相应的激励机制与之配合，尤其在知识管理的初期，知识共享还没有成为一种自然的行为，政府有必要推出相应的物质激励、精神激励、情感激励措施，帮助建立知识共享的环境。

⑦ 与人的素质相结合。人是知识的有机载体，是知识管理活动中的主体。知识管理就是要把政府知识链中的智慧聚集为政府的竞争力，因此，员工的知识背景、道德行为以及思想意识会对政府知识管理的质量产生影响。

(3) 推动知识共享

与其他资产不同，知识不具独占性，即把你的知识传送给别人后，你还拥有这种知识；甚至通过互动，你的知识还会增加。知识只有流动起来，才会不断丰富，从而发生价值增值。相反，如果知识不进行流动和更新，那么很可能对政府的发展毫无用处。知识还带有主观色彩，即对一个人毫无价值的东西，对另一个人却可能是宝贵的。对于一个政府来说，通过知识的传播与共享，就可以使政府的知识增值。

知识管理的核心目标之一是鼓励相互协作，培育知识共享的文化氛围，简言之，知识共享绝不会自然而然地发生。在实施知识管理时，必须清醒地认识到这种困难，否则必定失败。

知识管理要采取渐进方式进行，并通过多种方式鼓励和吸引工作人员参与知识共享。

首先，在系统设计中突出知识提供者的贡献，使他们获得相应的成就感。在知识库中，应该能容易地查到某位工作人员对知识库的贡献。知识文档与提供者的简历相链接，使得每个工作人员都能够知道是谁贡献了这些知识。这样，知识管理系统成为宣传个人成就的一种途径，在很大程度上可抵消人们对它的抵触情绪。此外，为了鼓励工作人员积极思考，创造出新知识，对参加“创新小组”的人员提供优惠条件，工作人员对知识库的贡献计入“工作人员年度评定”中。

(4) 向学习型组织发展

随着知识经济时代的到来，学习型组织成为做好知识管理工作和提高竞争能力的必要条件。建立学习型组织不能脱离政府结构、管理模式、政府文化而孤立存在。

首先，政府将自身改造为学习型组织，必须从建立适合于学习的政府结构入手。学习型组织是以信息和知识为基础的政府，其管理层次比传统结构要少得多。强调政府结构的“扁平化”，尽量减少内部管理层次，可以使政府更适于学习和建立开创性思考方式。除此之外，项目管理、团队工作、界面管理以及并行工程等都有利于政府开展系统性的学习。

其次，在具备了一定的政府结构基础后，政府还要着重塑造政府的学习文化，培养政府的学习习惯和学习气氛。要开展经常性的学习，以提高整体的学习积极性。

最后，要更好地提高自己的学习能力并注意积极地向外界学习，组建知识联盟。知识联盟有助于政府之间的学习和知识共享，使政府能够开展系统思考，它可以帮助政府扩展和改善自己的基本能力，从战略上创造新的核心能力。因此任何想成为真正的学习型组织的政府都不应忽视知识联盟的重要意义。

三、电子政务的实施

在电子政务实施过程中，要解决三个层面的问题：第一层面是认识问题，其中包括在电子政务的目标、价值、意义、时机、重要性、利弊等方面达成基本共识。第二层面是操作问题，也就是说，如何做好电子政务工程和如何运行好电子政务，包括管理、规划、投资、标准、组织、阶段性、评价、系统结构、运营、法律制度和环境等问题。第三层面是工程和技术问题，也就是项目方案和实施问题，这里包括软硬件、安全、认证，人员培训等。一个完整的电子政务实施方案应包括以下内容。

1．完善的组织机构

成立由管理人员、技术专家在内的系统建设领导小组，组成由技术雄厚、人员稳定的开发队伍和有关政府部门工作人员相结合的工作小组。

2．确定总体目标和阶段目标

整个电子政务系统的建设要以优化政府管理工作的各核心业务流程，提高工作效率，更好地发挥政府宏观管理、综合协调管理与服务的职能为总体目标。具体实施可分为内部建设、政府上网、政务上网、网间互连等几个阶段进行，循序渐进逐步加以完善，最终形成功能强大的电子政务综合应用系统。

3．进行系统总体设计，确定开发应用标准和规范

结合电子政务系统信息和应用的特点，综合考虑网络体系、支撑安全体系、应用体系等组成部分进行系统的总体设计。同时要建立各子系统所必须依据的统一技术规范、应用平台、指标体系、信息代码、运行管理制度等，以确保整个政务系统成为高效运行的有

机整体。

4. 构建基本支撑体系

① 选用 TCP/IP 网络作为低层通信网，利用 IPSEC 或其他安全协议构建安全通信通路。

② 构建安全体系。安全管理体制综合了安全检测、实体安全、运行安全、信息安全、网络公共秩序和人员管理等安全法规的规定。另外，有实效的稽查制度和事故应变制度也是管理体制的重要组成部分。运用适合网络结构的安全技术，为系统提供保障。安全技术分为用户身份安全、网关安全、主机安全、网络安全、内容安全和系统安全等。

③ 确定系统可靠性方案，如备份，防病毒，复杂系统的容错，应急体系等。

5. 构建应用体系

电子政务系统的应用具备以下特点：随机访问服务，大量的潜在用户，应用必须安全可靠，应用开发周期要短，与工作流程紧密结合，与现有信息系统高度集成等。因此，在构建电子政务系统的应用体系时要遵循以下步骤：

① 熟悉机关工作规则、明确用户需求和划清业务流程，确定每个节点进入、流出的信息与正常工作的运转情况一致。

②选择具有高度的可伸缩性，能够实现多系统并存所需的互操作能力，以及多种资源管理能力的应用开发平台。

③ 确定应用开发模式，在构造电子政务系统各子系统和应用环节时应尽可能投入使用，在应用中发现问题、解决问题，并尽快与已有系统融为一体。

④ 选用科学的系统开发方法：在系统规划和分析阶段采用生命周期法确定系统目标、主要功能、共享数据库在具体实现上采用原形法，在开发过程中用户（机关工作人员）始终参与系统开发过程，使得系统目标和功能得以保证，而又较快地研制出满足用户需求的应用系统，同时减少维护代价。

6. 进行系统评估

首先，确定待评估系统的边界和范围，明确评估的目的。其次，确定待评估系统的状态与所处的阶段（如可行性分析、总体设计、系统开发与运行等各阶段）。再次，选择适当的评估方法（结果观察法、类比—对比法、专家评价法或评分法等），确定适当的评估指标。最后，搜集有关数据、资料进行分析、计算，得出评估结果，作出评估报告。

第二节　电子政务平台

电子政务系统是一个庞大复杂的应用系统，涉及大量计算机和网络等新兴技术。政府部门应该如何整合内外资源，选择适合自身情况的电子政务建设方案，完成电子政务发展规划，分期分批建成高效实用的电子政务系统，也就成为各级政府必须关注和解决的问题。

电子政务系统建设的第一步，是电子政务平台的搭建，而国家电子政务平台建设，则以地区性电子政务平台的搭建为基础，分批分片进行。地区电子政务平台的建设，旨在建立一个地区性的电子政务体系，将现有的和即将建设的政府各部门网络应用系统连接起来，统一相关的技术标准和软件规范，互联互通，成为一个统一的地区性政务办公和服务平台。

具体而言电子政务平台的建设包括网络平台和应用平台两个方面。

一、网络平台

1. 部门内部网（Intranet）

部门内部网，又称 Intranet，就是把部门内的计算机通过特定的传输媒体（如电缆、光缆和无线媒体）用网络适配器连接而成的网络系统。Intranet 具有速度快、带宽高、性能稳定的特点。在

Intranet 内，计算机之间可以相互通信、共享资源（如存储设备、打印机和 Internet 入口）。Intranet 的规模可大可小，从节点上千的校园网到两三台计算机之间的对等互连，都可划入 Intranet 的范畴。也可以说，任何大型网络，都是由大量中小型 Intranet 连接而成的。

一个运行良好、功能齐备的 Intranet，通常包括计算机、传输媒体、网络适配器、网络连接设备、网络管理系统五部分。

部门内部网的建设包括网络设计、网络建设、网络管理三个环节。

要建成稳定高效的部门内部网，首先需要根据部门自身的需求和实际条件，结合通行的 Intranet 设计规范进行网络设计。网络设计的内容涉及规模、功能、结构、硬件选型等多个方面，在实际设计过程中，一般考虑以下原则：适用性、可靠性、可扩展性、易用性。

与网络设计比较，网络建设的内容就相对简单，网络建设的具体过程，就是依照设计阶段制定的标准和规范，进行安装、调试，直至设备全部投入正常使用。一般说来，可以将部门内部网的建设过程分为如下两个阶段：网络硬件建设，服务器和工作站的安装和配置，交换机等网络连接设备的安装和网络线路的铺设；网络软件建设，网络硬件安装调试完毕之后，还需要良好的网络软件与之配合，才能让网络发挥出最大效用。常用的网络软件主要包括四个大类：备份系统、防火墙、Internet 接入、业务应用系统。

随着部门局域网的建成和网络业务系统的运行，网络管理的重要性也日趋显现，并直接影响到整个网络系统效能的发挥。应该说，网络管理是一项长期而复杂的工程，主要包括：网络监控、性能控制、故障防治、效率管理、安全管理、运行管理。

2. 地区政务数据中心

地区政务网络数据中心，是地区性政务网络的中心节点。地区政务数据中心向本地区的政务网络用户提供各种网络服务，对地区网络的运行加以监控管理，同时还负责通过专门接口与其他网络进行数据交互。毫不夸张地说，地区政务数据中心是地区性政务网络的核心，同时也是政府网络服务的支持中心、政府网站的资源中心和网络数据的交换中心。

地区政务数据中心的功能十分强大。除了传统的虚拟主机、主机托管、租用业务外，还可利用宽带政务网络的有利条件，建立视频点播、网络硬盘、实时信息、异地通信（如可视电话）等一系列业务，向接入的政府部门提供更新、更全的服务。

地区政务数据中心涵盖了地区政务网络中全部的访问管理、数据传输、Internet 接入和应用服务管理，不仅是数据存储的中心，而且是数据流通的中心。因此，地区政务数据中心对设备、人员、管理等各方面的要求都很严格，除了丰富的带宽资源，还需要有安全可靠的机房设施和高水平的网络安全管理。

地区政务数据中心的业务繁多、结构复杂，对设备、管理等各方面的要求都很严格，这也决定了地区政务数据中心的规划和建设是一项庞大而复杂的工程。地区政务数据中心的规划和建设涉及大量的网络和通信技术，有很强的专业性，在这里，我们只简单介绍一下它的整体结构和功能。

一个功能完整的政务数据中心通常包含以下八个相对独立的功能子系统：交换系统、数据存储系统、增值服务系统、托管系统、后台管理系统、计费系统、访问控制系统、安全系统。

二、应用平台

1. Windows 系列操作系统

Windows 是美国微软公司推出的计算机操作系统，已经为全球电脑用户接受并得到了广泛应用，直至今日，它仍然是全世界普及率最高的计算机操作系统。Windows 系列操作系统主要针对桌面应用领域，其简单易用的功能特性和 Windows 操作系统特有的用户基础，使其在各类电子政务应用系统中得到了广泛的应用。Windows 作为一种成功的操作系统，主要具备以下特点：图形化操作界面，易学易用；用户界面统一、友好；多任务的运行机制；操作简便，界面友好，对应用软件有良好的支持。

2. Linux 操作系统

Linux 操作系统，最早是由一位名叫 Linus Torvalds 的芬兰大学生在 1991 年编写完成的，之后便开始作为免费软件在全世界范围内自由使用传播。

红旗 Linux 则是中国科学院软件研究所在 2000 年利用 Linux 技术内核，自行开发研制成功的一套计算机操作系统，可用于大型服务器和桌面计算机系统，目前，其正式版本已达到 4.1。红旗 Linux 以开放的 Linux 源代码为基础，进行了有针对性的本地化开发，同时也对 Linux 的内核进行了一定改进。与 Windows 相比，红旗 Linux 的运行性能更高，更稳定，而且同样具备全中文图形界面，支持多种硬件体系结构，安全性和方便性也有自身特点。红旗 Linux 的技术已经通过了国家有关方面的验证，并在各地政府近期的电子政务采购项目中得到了相当的重视。

3. Windows 与 Linux 的比较

Windows 和 Linux 是电子政务系统建设中最主要的操作系统选购对象，两者各有优势。

(1) 可靠性比较

① 运行稳定性。Windows 因其操作系统内核机制的缘故，更注重系统运行的性能，而非系统稳定性。所以 Windows 操作系统在使用一段较长的时间之后，容易出现运行变慢，蓝屏死机等现象。而 Linux 本身是模仿网络操作系统 Unix 而设计，非常强调对系统内核的保护，在稳定性方面，甚至比 Windows 2000 也要更胜一筹。

② 故障后的恢复。当 Linux 系统遇到一个重大的故障时，比如说系统不能够引导了，恢复起来是非常困难的。Windows 则不同，它具有系列成熟的备份和故障恢复工具，可以通过 Ghost 等软

件制作整个系统的备份，当系统遇到故障时，它能够在很短的时间内将备份导入，恢复到故障前的状态。

③ 驱动程序的来源。相对于 Windows 来说，Linux 可用的软件本来就比较少，而且在这些软件中大部分都没有经过正式的测试。当安装一个新的产品时，总是要担心会不会与系统中现有的应用程序发生冲突，从而导致系统故障，甚至死机。相对而言，Windows 在这方面则更为可靠。

(2) 可扩展性比较

广泛的硬件支持是任何流行操作系统最基本的要求，也是可扩展性的一个主要方面。由于任何硬件厂商在推出新的硬件时都会把 Windows 当做标准的平台加以支持，Windows 在这方面拥有很大的优势。而且 Windows 系统本身也自带了大量的硬件驱动程序，即插即用的功能更使硬件设备的安装变得非常简单。而 Linux 的硬件驱动程序经常都是由那些需要这些硬件的用户自己来开发的。Linux 的共享性能够很快地给那些常用的硬件提供驱动程序，但这些驱动程序大都存在潜在的不稳定性。至于一些尚未普及的组件，如各式各样的 USB 设备，其驱动程序的开发将需要更多的支持，来满足不同用户的需要。

(3) 可管理性比较

随着计算机系统变得越来越复杂，它的可管理性也变得越来越重要。虽然一个用户可以用操作系统自带的应用软件来很好地管理一台计算机，但让一个由许多计算机组成的大型系统保持良好的工作状态却是一件困难得多的事情。

Linux 是一个免费的软件，在互联网上可以找到非常多的免费的 Linux 管理工具，对于一个有经验的系统管理员来说，如果能够方便地找到这些工具，并正确自如地加以运用，管理一个 Linux 系统将是一个非常容易的事情。

值得注意的是，Linux 虽然提供了许多自由软件来管理单机甚至大型网络系统，但这些工具没有一个标准的管理框架，每一个工具都有自己不同的界面和输出，给管理增加了工作量。

Windows 和 Linux 相比，最大的优点就是它的成熟。Windows 2000 自带的管理工具功能非常完善，这是十余年成功操作系统经验的积累，利用 Windows 2000 自带的管理工具，一个管理员可以非常方便地管理一个基于 Windows 操作系统的大型网络，而且这些管理工具都统一在一个一致的管理框架——MMC（微软管理控制台）中。但庞大的管理体系相应也带来了问题，那就是它的管理过于复杂。

(4) 综合评价

Windows 操作系统性能一般，但使用简单，实用性强，更适合政府部门的个人桌面系统，红旗 Linux 性能和安全性更好，但配置和管理相对复杂，在机要部门和网络服务器领域有更大发展空间。

第三节　电子政务的发展道路

自 20 世纪 90 年代末期实施“政府上网工程”以来，各级政府信息化建设取得了明显进展。

对这些政府网站进行评估，其电子政务实现度（EGR：E-Gov Realization，包括在线服务力 OSA 和在线应用力 OAA）平均是 42.7%，排在前 5 位的是：北京、上海、大连、南京、杭州。中国城市政府门户网站绝大多数处于起步、探索、转型和发展阶段，服务力与应用力水平很低，高水准网站为数甚少，整体大致呈现两头小、中间大的正态分布特征。政府门户网站作为电子政务的核心平台，其重要性并没有被充分地关注，网站的自身定位和价值也没有得到充分显现。

出现这种评估结果不难理解，它说明我国电子政务建设虽然取得了显著成绩，但是在发展中还存在一定问题，在整体规划方面、建设目标方面、项目优先级确定及协调力度方面，建设路径方面都有需要进一步改进的地方。

一些地方电子政务建设缺少总体规划，或者是规划的科学性不够，一提电子政务，就是各自建专网、建系统、建数据库，项目之间缺少必要的联系。一些项目建设目标不明确，为信息化而信息化，为投资而信息化，为政绩而信息化，建成之日就是消亡之时，造成国家投资的重复和浪费。一些项目在实施中，重硬件、轻软件，重建设、轻应用，重新建、轻整合，影响了项目建设目标的实现和效益的发挥。

这些不足之处造成的结果，就是“烟囱林立”、“孤岛散布”、“有路无车、有车无货、有货无用”，以至一些政府或者政府部门的网站成为“古董展示窗”。从另一个角度看存在的问题，也说明我国的电子政务建设起步较晚，需要有一个成长发展和探索的过程，不可能一蹴而就。

一、电子政务建设的常规路径

电子政务建设的常规路径通常是采用先内部后系统再服务，先分散后整合再协同的方式展开。也就是说，一般先建设政府各部门的办公自动化系统和局域网，用计算机操作替代手工操作，通过网络传输替代人工传递，实现现实世界的业务流程在虚拟世界的镜像；其后是按照各部门行政职能的边界，建设各自的信息采集系统和业务应用系统，并形成各自专用的网络通道，实现信息采集和业务处理的计算机化和网络化；再后是建设部门网站和政府门户网站，整合网络资源、信息资源，梳理、重建、协同业务流，为企业和社会公众提供各类服务。最后一个过程从起步到成熟大致又分为四个阶段：政府信息网上发布；政府与用户单向互动；政府与用户双向互动；网上事务处理。当然，从整体上看，在实际操作中，各个阶段的内容也会有所交替和迭代。

许多国家推行电子政府是这么走过来的，也可以说这是政府信息化的常规路径。中国电子政务建设的路怎么走？信息界的主流意见也是常规路径。认为不能平地起高楼，电子政务发展的各个阶段，前一阶段是后一阶段的基础，只有完成政府部门自身信息化的过程，才能有效地为社会公众提供服务。通过社会公众对政府提供网络服务要求的增多，反促政府部门整合信息系统、重构业务流程、再造政府管理架构，实现电子政务的推进与政府管理体制改革的良性互动。

这种意见，从事物发展的规律性和信息化技术路径的实现角度看，无疑是正确的。但是，从政府行政管理体制改革的迫切性、信息化推进速度的紧迫性、先分散建设后整合重组的艰巨性以及提高建设资金投入效益的现实性角度考虑，我国城市电子政务建设有没有可能在现有基础上，在借鉴、扬弃国外经验和教训的基础上，体现后发优势，实现跨越式发展，是值得商榷的问题。

二、城市电子政务建设的逆行路径

许多文章和电子政务项目的建议书、可行性报告在谈到城市电子政务建设的目标时，通常都提到通过电子政务建设促进政府业务流程的再造，促进政府管理架构的扁平化，实现电子政务推进与政府架构及管理体制改革的良性互动，最终实现勤政为民的高效政府、廉洁政府、透明政府和诚信政府。就电子政务自身来讲，这个目标显然有点大。但是可以肯定，在实现这个目标的过程中，电子政务建设可以发挥重要的作用。

没有目标就没有方向。电子政务发展到今天，国内外已经有丰富的经验和足够的教训，电子政务是一个复杂系统，不是一个单位、一个部门的个体行为，不是一种自下而上的发散行为；无论是信息资源的整合，还是业务应用系统的开发，都应该是政府的整体行为、聚合行为，是一种自上而下的政府执政意志的体现，都是以更有效地履行政府职能为目的的。

随着社会主义市场经济的逐步建立，政府职能也将从“权力中心”向“服务中心”过渡。作为现代政府，最基本的职能就是服务企业和服务公众。这也就构成了电子政务建设的目标，即支持政府服务企业的需要和服务公众的需要。具体到每一个电子政务项目的建设目标，都应该从属于这个目标。电子政务建设应该紧扣目标做整体规划，通过建设项目的实施，不断提高目标的实现度。

在电子政务建设中，同样要落实科学发展观，坚持可持续发展。要在电子政务建设取得已有成绩的基础上，进一步做大、做强、做实，做到可持续发展，关键是要提高服务对象对电子政务的参与度、期望值和满意度，在社会层面上形成对电子政务逐渐增强的正评价。对于电子政务建设，业内叫好不算好，政府叫好也不能算好，服务对象的参与度、满意度、期望值和正评价的集合才是电子政务建设持续发展的动力。

政府门户网站是电子政务与社会公众接触的第一界面，也是政府利用信息化手段展现服务型政府的窗口，因此，以增加和完善政府门户网站的服务内容为龙头，逐次有序地推进后台支撑体系建设，应该成为政府电子政务建设的出发点和归宿点。

电子政务建设的逆行路径就是打破先分散后整合再服务的常规建设模式，按照以人为本、为民服务的施政宗旨，从服务企业、服务公众的电子政务建设目标出发，在整体规划的基础上，以政府门户网站为龙头，以依据目标具体化的服务内容为导向，打破部门、系统界限，逆向梳理业务流，设计电子政务项目，按照项目优先级的区分，组织建设，分工维护，逐步推进，实现网上服务四阶段的扁平化。争取建设一个项目，构造一条协同业务流，产生一条共享信息流，为政府门户网站增添一项服务功能。这也可以算作是按逆行路径推进电子政务建设的远景目标。

按照逆行路径推进电子政务建设，可以充分体现想得要大、起步要小、扩展要快，小步快走、步步见效、积小胜为大胜的电子政务建设指导思想。在一定程度上避免目前电子政务建设中存在的前述种种弊端，在投资硬约束条件下，收到事半功倍的效果。同时，也较为容易实现电子政务推进与社会公众满意度提高的良性互动，为电子政务的发展创造一个良好的环境。

三、国外电子政务发展举例

2001年在联合国的190个成员国里，已经有88%的国家建立了政府相关网站，并实施了某种形式的电子政府服务。但是，其中还有25%多的国家仅停留在提供静态的、不充足的信息性服务阶段，即仅仅是政府公开信息发布、政府机构介绍等，缺乏以客户为中心的理念，主要表现在亚洲、非洲等一些国家。而在欧洲、北美及大洋洲等一些发达国家，很多都实现了互动性，甚至事务性的服务，许多国家都建立了一站式的门户网。

出在双向互动阶段的55个国家里，有12个国家建立了单一的政府入口，另有31个国家也建立了事实上的门户，用户通过它可进入大多数的政府机构及主要五大职能部门：卫生、教育、劳动、社会福利及金融。在所有的这55个国家里，用户都可以通过电子邮件或是留言板的形式与政府实现交流。在这个阶段里，信息与内容是两大主题，并能得到经常更新。用户可以实现感兴趣的相关资料下载，并填写、上传电子表格。

事务处理是电子政府最核心的应用目标之一，在这个阶段，用户可以完成与政府交易的一个完整过程。在已发展到事务处理的17个国家中，均为经济合作与发展组织（OECD）成员，这些国家都建立了单一的门户入口，英国与新加坡还采用了用户ID加入系统。在这些国家中，都倡导“以用户为中心”的服务理念。所有的内容都随着用户的需求而作出及时更新。澳大利亚、英国、爱尔兰、巴西及美国等都为用户提供了一个简洁的导航门户，以便进行交易处理。

在所有实施在线交易的服务项目中，以电子税务的运用最为成熟。许多国家都实现了网上税务申报，但成功实现在线支付的还不算多。西班牙政府在这方面遥遥领先，居民和企业可以成功实现网上税务申报、在线支付以及退税、补税，同时还运用了数字签名技术。德国和芬兰也成功地开发了针对居民与企业的在线税务支付系统。爱尔兰引进了在线增值税支付，同时还实现了公民在水、煤、电、气费等方面的在线支付。挪威税务局在收入税、财产税及营业税方面实现了在线交易。美国在电子税务应用方面也大大提升，但在电子退税方面还不尽如人意。法国在很多年前就开始运用电子化税务系统，但面向网络平台的在线服务的转移并不是太成功。加拿大的电子政府是世界上最为先进的电子政府之一，除提供双语的门户外，还提供了大量的、友好用户的高效服务。

根据 Accenture 公司 2005 年对北美、欧洲和亚洲 22 个国家电子政务发展状况进行的调查评价，在网络服务和电子政务成熟度上，加拿大名列第一，新加坡第二，美国第三。这是 Accenture 第四年发布电子政务研究报告。Accenture 根据电子政务的成熟级别将所有的国家，分为五个级别。第一个级别是成熟度最低的，它仅仅提供了有限的基本的信息。第五个级别是最高的级别，提供全面而完整的事务服务。加拿大是惟一进入第五个级别的国家。

研究表明，加拿大政府之所以客户服务做得如此优秀，是因为它采取了独特服务的视角、方法、并提供了集成的政府服务平台和提供了网络服务的交叉代理。这给客户提供了多个通道，方便地进行交互。加拿大电子政务发展步骤值得刚刚起步的中国电子政府借鉴。

1999 年，加拿大政府正式颁布了国家的电子政务战略计划——“政府在线”（Government On-line），提出政府要做使用信息技术和互联网的模范，到 2004 年实现政府所有的信息和服务全部上网。为保持电子政务在全球的领先地位，加拿大政府发挥了强大的领导力作用，推行了“统一的政府”（A Whole of Government）实施策略，以加强各级政府和各部门的电子政务协同发展，力争满足公众的需求，向他们提供一体化的电子服务。2001 年 1 月，加拿大对政府门户网站进行了意义重大的改进和重新设计，目的是全面推行“以客户为中心”的网上服务。2001 年 6 月，政府与私有部门签署了一项关于“安全通道”的工程合同，目标是为加拿大的电子政务发展提供通用的基础设施建设，确保整个政府完成安全的、重隐私的、无缝隙的电子交易。大而全面的系统结构和一个经过不断整合而成的电子政务架构，给加拿大的电子政务带来强有力的发展基础。

加拿大政府一直致力于确保所有的加拿大人都能享受到政府的电子服务，包括确保一些有先天上网障碍的人士获取政府信息和服务。2001 年，加拿大对国家政府网站（www.canada.gc.ca）进行了重新设计，新设计的门户将政府所服务的群体分为：加拿大公民、加拿大企业和国际客户三类，体现了以客户为中心的服务理念，改变过去政府网站按照部门或机构的职责来划分组织信息的形式。每一个入口严格按照主题、客户需求或者生活周期事件分类进行信息、服务传递。

加拿大政府正在规划推动的电子政务应用项目包括：

推动电子化的公开投标系统，使加拿大全国各地区的公司都能有同等的机会对政府采购活动投标；推行单一的商业注册登记号码；运用电子资料交换系统推动“电子商务”，进行政府采购、支付和税费的征收；试行以电子布告栏及国际互联网传送政府的电子文件。

电子政务带给政府有效性和责任性的巨大发展，但是各自为政的局面不免带来一些影响。为进一步推进电子政务，加拿大政府采取一系列的策略性创新措施，将共同性的需求整合成一个整合性的电子信息基本框架，这些措施包括：共同性的电子邮递服务系统，连接大约 15 万名联邦公务员；政府网络合理化方案，最终的目标是要建立一个供联邦政府使用的单一的、共同骨干网络，这项措施对于提供单一窗口的服务是相当重要的一环；国际网络服务及电信与信息服务，包括信息安全等内容。

信息技术的使用和电子政务的推广极大地提高了加拿大政府的效率。加拿大政府电子邮件传递系统是世界上最大的政府局域网之一，大约有 2 万加拿大公务员在此网上工作。加拿大信息高速公路是一个全国范围的框架，一个全国“无缝”的网络，通过政府的网络和计算机，政府可以与加拿大公民直接对话。2002 年有 40% 的加拿大公众主要通过政府机构的网站享受政府服务。加拿大政府认为，推行电子政务更重要的是使加拿大人与世界联成一体，提升政府在世界范围内的地位，使加拿大政府在 21 世纪数字化时代居于领先地位。

主要参考文献

1.（美）埃弗雷姆·特伯恩等著，王理平、张晓峰译．电子商务：管理新视角：A Managerial Perspective．北京：电子工业出版社，2003

2．邓凯，常晋义主编．电子商务．北京：中国电力出版社，2003

3．李再跃，王宪云等主编．电子商务概论．北京：北京工业大学出版社，2003

4．钟诚主编．电子商务安全．重庆：重庆大学出版社，2004

5．雷信生等编著．电子商务安全技术．北京：国防工业出版社，2002

6．北京市信息化工作办公室组编．电子政务概论．北京：清华大学出版社，2003

7．赵国俊主编．电子政务教程．北京：中国人民大学出版社，2004

8．欧阳峰主编．电子商务技术．北京：中国财政经济出版社，2001

9．周一鹿主编．电子商务网站建设与管理．重庆：重庆大学出版社，2002

10．祁明主编．电子商务实用教程．北京：高等教育出版社，2000

11．冯英健著．网络营销基础与实践．北京：清华大学出版社，2004

12. 杨振宇主编．电子商务知识与技术．北京：中国商业出版社，2000

13. 牛东来等编著．电子商务理论与实践．北京：北京理工大学出版社，2000

14. 沈红芳等编著．电子商务理论与实践．北京：人民邮电出版社，2001

15. 汪传雷等编著．电子商务．北京：中国商业出版社，2003

16. 矫云起等编著．电子商务．北京：中国铁道出版社，1999

17. 兰宜生编著．新编电子商务概论．北京：中国财政经济出版社，2001

18. 杨坚争著．虚拟市场：经济全球化中的电子商务（经济全球化论坛）．上海：上海社会科学院出版社，2001

19. 李红，梁晋编著．电子商务技术．北京：人民邮电出版社，2001

20. 龚炳铮．中国国际贸易促进委员会经济信息部．http：//www.ec.org.cn/

21. 谢垂民，罗凤翔主编．国际电子商务．北京：中国审计出版社，2000

22. 姜灵敏，谢建国编著．电子商务实用基础．北京：人民邮电出版社，2001

23. 埃弗雷姆．特伯恩．电子商务：管理新视角．北京：电子工业出版社，2003

24. 吴渤．电子商务在国际贸易中的应用初探．西安邮电学院学报，2004（7）

25. 覃征，陈俊英，王昱．电子政务导论．北京：高等教育出版社，2005

26. www.e-finet.com

27. www.sina.com.cn

28. www.qianlong.com

29. www.china.com.cn
30. www.ebay.com.cn
31. www.alibaba.com
32. www.iresearch.com.cn
33. www.people.com.cn
34. www.sina.com.cn
35. www.cnfol.com
36. www.ennic.net.cn
37. www.56.com.cn

21世纪
高等学校通识教育系列教材

简明世界史
简明中国史
▲大学语文
▲写作
▲演讲理论与欣赏
▲音乐的文化与审美
人文科学概论
▲伦理学简论
▲美学
逻辑学导论
社会心理学

……………………

▲法律理念
国际法与国际组织
▲社会转型与转型社会
▲人类学基础
▲中国经济改革与发展
▲电子商务与电子政务
中国禁书概览
当代中国政治制度
西方政治制度
当代国际关系与中国外交
当代中国社会问题透视
管理学
▲大学生健康
▲宪法通识

……………………

数学精神与方法
▲博弈论
化学与社会
生命科学导论
▲资源环境与可持续发展
20世纪物理学
▲宇宙新概念
材料科学
▲科学技术史

……………………

▲中国文化概论
中国文学简史
▲外国文学名著导读
西方发达国家文化
中国哲学智慧
西方哲学史
▲中国美术鉴赏
▲维纳斯巡礼
▲诗词曲赋鉴赏
▲唐诗宋词名篇精选精讲
▲明清小说名著导读

……………………

▲创业学
▲公共关系学通识教程
▲社交礼仪
领导学
建筑美学
科技革命与世界发展
▲《孙子兵法》鉴赏
▲性与社会
书法
▲大学生职业规划与就业实
▲女性学导论
▲西方近现代兵法导读

……………………

▲已出书